本书是2013年国家社科基金项目成果（批准号：13BFX135；题目：森林资源新型法制化管理模式研究）。

九州文库

现代森林资源法制化
管理新论

张才琴 蒲 能 朱志超 著

九州出版社
JIUZHOUPRESS

图书在版编目（CIP）数据

现代森林资源法制化管理新论／张才琴，蒲能，朱
志超著 . -- 北京：九州出版社，2021.12

ISBN 978 - 7 - 5108 - 7861 - 9

Ⅰ.①现… Ⅱ.①张… ②蒲… ③朱… Ⅲ.①森林法
—研究—中国 Ⅳ.①D922.634

中国版本图书馆 CIP 数据核字（2021）第 271675 号

现代森林资源法制化管理新论

作　者	张才琴　蒲　能　朱志超　著	
责任编辑	曹　环	
出版发行	九州出版社	
地　址	北京市西城区阜外大街甲 35 号（100037）	
发行电话	（010）68992190/3/5/6	
网　址	www.jiuzhoupress.com	
印　刷	唐山才智印刷有限公司	
开　本	710 毫米×1000 毫米　16 开	
印　张	17	
字　数	325 千字	
版　次	2022 年 4 月第 1 版	
印　次	2022 年 4 月第 1 次印刷	
书　号	ISBN 978 - 7 - 5108 - 7861 - 9	
定　价	95.00 元	

前　言

　　森林资源管理，从世界上大多数国家来看，都经历了传统的木材经营阶段、多资源管理阶段及近现代社会的森林生态系统管理阶段。现代社会更强调对森林资源的法制化管理。森林资源的法制化管理，是一个庞大的系统工程，既要遵循森林生态系统可持续发展的自然规律，又要将现代化管理纳入立法、执法、守法的法制化轨道。所以现代森林资源法制化管理，涉及到森林生态学、管理学、法学等许多交叉学科的知识，也涉及到法律制度、现代林业制度、森林产权制度、森林生物多样性管理、森林遗传资源管理、森林生态补偿制度、城乡一体化与森林资源保护、森林资源的跨国保护、执法与责任等诸多方面的管理制度。而且，随着国家信息化、现代化进程的加快，森林资源法制化管理还将更加完善，更加先进，在我国现代化建设进程中，将发挥巨大的作用。

　　本书由三个作者合作完成。张才琴负责第一章、第二章、第三章、第四章、第五章、第六章、第八章、第九章、第十章、第十二章的共30万字的写作。蒲能提供了大量的实务中的案例资料，协助查阅大量的文献资料，并且负责第七章的共1.5万字的写作.朱志超做了收集大量文献资料和社会调查资料的工作，查阅了大量的相关法律法规资料，并且负责第十一章的共1万字的写作。

目　录
CONTENTS

绪　论

一、自中共十八大以来，中国就非常重视生态文明建设。习近平总书记为生态文明建设提出了一系列新思想。2013年9月7日，习近平总书记在哈萨克斯坦纳扎尔巴耶夫大学发表演讲时指出，我们既要绿水青山，也要金山和银山。这充分表达了党和政府节约资源、保护环境的明确态度和坚定决心。党的十九大报告中首次提出"必须树立和践行绿水青山就是金山银山的理念"；最新修订的《中国共产党章程》总纲中也明确指出，树立尊重、顺应、保护自然的生态文明理念，增强绿水青山就是金山银山的意识，坚持节约资源和保护环境的基本国策，坚持节约优先、保护优先、自然恢复为主的方针，坚持生产发展、生活富裕、生态良好的文明发展道路。因此，我们应该像对待生命一样对待生态环境。生态环境就是国家的生命源泉。生态的兴起会带动文明的兴起，生态的衰落会导致文明的衰落。

恩格斯在《自然辩证法》中写道："美索不达米亚、希腊、小亚细亚等地的居民为了得到耕地，毁灭了森林。但他们做梦也没想到的是，这些地方今天竟因此成为不毛之地。"他深刻地指出，"我们不应该为人类战胜自然而陶醉。每一次这样的胜利，自然都会报复我们。"中国黄土高原、渭河流域和太行山地区，人口、植被稀少，这些地方曾被森林、山脉和河流覆盖，适合种植、灌溉、种草和畜牧业。但是，人类的森林砍伐活动严重破坏了这些地区的生态环境。楼兰古城最终的衰亡，与不断地垦荒和引水灌溉，引发孔雀河改道不无关系。由于开垦、灌溉，楼兰古城衰败，孔雀河转移，塔克拉玛干沙漠蔓延，摧毁了繁荣的丝绸之路。我们必须认真地总结这些深刻的经验教训。

中华文明已经延续了五千多年，积累了丰富的文化和保护环境的经验。古人早说，春天的三个月，不得上山砍伐树木，"以成草木之长"；夏季的三个月，禁止入湖泽河川捕鱼，"以成鱼鳖之长"。孔子还说："子钓而不纲，弋不射宿。"《吕氏春秋》中也有这样的记载："竭泽而渔，岂不获得？而明年无鱼；焚薮而田，岂不获得？而明年无兽。"除此之外，"天人合一""道法自然"的治国理念，"劝君莫打三春鸟，儿在巢中望母归"的经典名句，"一粥一饭，当思来之不易；半丝半缕，恒念物力维艰"的大家箴言，蕴含着质朴睿智的自然价值观。五千年历史的华夏文明，为现代化的中国传承了尊重自然、善待自然的文化保藏。

二、现代化一词，从20世纪60年代西方社会的科学研究中开始流行。现代化的一个新的特点，就是在发展过程中，要突出发展现状、发展目标和先进水平。"生态学"这一术语，由德国动物学家海克尔在1866年提出，他认为生态学就是动物与无机、有机环境的关系。生态学是指人与自然的和谐互动，就是整个自然界，包括人与自然界的运行，而且可自成一个体系。1895年，VALMIN为植物生态学奠定了基础。1935年，英国生态学家坦斯利提出了生态系统的概念。他认为，在生态系统中，生物体必须与环境形成自然生态系统。在这个系统中每个生物都扮演着自己的角色，每个生物之间都有异同，即生态系统。梅多斯等人于1972年在罗马俱乐部发表的《增长的极限》报告引发了人们对人类发展前途的不懈争论：地球上的资源和环境是否足够人类长期发展所用？如果不够，我们应该面临什么选择？如何保证我们拥有持续不断的自然资源？虽然如此，在20世纪70年代至80年代，世界范围内对生态管理的运营都是失败的，污染到处扩散而不是减少。在这一背景下，1985年胡贝尔教授在德国的马丁路德大学提出了生态现代化理论：（1）生态改革的核心机制是现代科学技术；（2）建立新的环境议程，建立风险管理模型和制定环境管理公约；（3）对于危机，看到机会作为一种工具来减少经济的竞争力，而不是需要额外的补充和结束时的生活昂贵的治疗技术维护；（4）预防性环境政策被使用，是因为采用了预防原则，采用了积极的生产和消费模式。对结构性变化做了长期的准备工作；（5）尊崇生态学原理的理论，坚持可持续发展的理念；（6）建立可持续发展的生态社会。

1986年，发生在苏联切尔诺贝利核电站的重大事故，让人们对现代技术有可能带来巨大的破坏提高了警惕。同年，联邦德国的贝克教授出版了《风险社会——走向新的现代性》。他在书中提出了后来产生广泛影响的两个概念：风险社会和再现代化。这两个新生概念在国际学术界风靡一时。再现代化理论认为：（1）世界发展的现代化进程包括普通现代化（正统现代化）及再现代化。其中，普通现代化的概念是指传统社会向工业社会的转变，又经过一段时间的发展后，工业社会向风险社会的转变，这就是所谓的再现代化。

（2）建立现代工业社会，是我们追求的目标，也是普通现代化的目的。这构成了普通现代化向工业社会转变，而再现代化又带来了风险社会的依次变化。（3）再现代化的特点是人们将进行自我解构，人们更加自觉地适应新现代化的工作、生活模式，这些理念的产生，需要我们很多人用很多时间来慢慢认识和实践，再现代化是现代化基础上的现代化。（4）对新的科学领域和未来知识的学习和认知将成为人们努力去探索的目标，工业社会将解体，并克服了传统程序给人们带来的依赖性，甚至是全球范围内的相互依赖，再现代化的两个方面表现为个性化和全球化。（5）是通过即时的、非政治的促进来实现的两个社会时代间的转变。新社会并不总是在痛苦中诞生，还有其他可能的方式来进行。（6）再现代化的发生，是工业社会前无声息的变化，没有提示，没有预计。一般发生在现代化的后期或者末尾。不管怎么变化，政治制度常规不变，就不会发生根本改变。（7）随着现代化程度的提高，工业社会的基础也是在不断地被消除、冲击和重组。（8）工业社会现代性为普通现代性，风险社会则是反射现代性。普通现代性被称为第一现代性，反射现代性则为第二现代性。在许多先进国家，森林生态保护的管理制度是在生态现代化提出后开始改革和创新的，现代林业要求林业生产力的持续和稳定，并要求代际公平。即在发展林业时，要考虑后代人是否能够享受森林资源。

二、森林生态保护的管理制度在许多先进国家是在生态现代化提出后开始改革和创新，新的现代林业理论产生了。现代林业是指充分发挥科学技术，建立现代管理模式，创新使用各类社会条件，吸纳全体社会成员的参与，保护和维持森林的可持续发展，将森林的各类价值进行全方位、多角度的发展，配合和适应现代人们生产生活，精神文明的需求。林业现代化是一个全球概念，虽然各个国家基本国情和国策的不同导致了其在发展和实现林业现代化的道路上千差万别，但是，都是为了在实现林业现代化的过程中追求生态平衡，所以在内容和标准上有着异曲同工之妙。现代林业的基本特征可以概括为以下几点：（1）多样性。实现森林生态系统的多样性的功能，也就体现了对现代林业的管理和经营的多样性，包括公益功能、国民经济基础、现代农业的生态屏障等。（2）科学性。科学性表现为在森林生态系统的管理和经营中大量运用现代科学技术，包括技术装备的现代化。（3）社会经济特征。森林生态系统经营的最终目的，是为了在森林产出的同时，维持生态环境的平衡，满足人们对优美的生态环境的享受，所以这就是我们常说的林业的公益性，公益性一定是最具有社会性的特征的。反过来说，现代林业的社会性要求森林生态的公益性积极为社会服务来体现其价值，注重林业的全球化。

现代林业作为森林生态系统的协调发展规划的基石，要求我们积极发展和努力，追求我们常说的代际公平。代际公平即发展当代的同时，惠及千秋，将后代的利益与需求也同时考量在内，这也是现代林业的宗旨和我们的方向。同时也要求开发利用森林资源统一生产与消费。林业发展的全球化也是现代林业的发展要求，因为各国林业的发展要相互支持、相互合作，才能达到保护森林生态和生态平衡的目标，使之更好地为人类服务，这是各个国家公认的。新型生态林业法制化管理模式则是现代林业的基本经营模式。现代林业经营模式可实现林业和林区经济与生态功能高效、协调、持续发展。其生产不仅不会对环境产生负面影响，同时为满足社会经济发展的需要，还要求随着森林经营的发展逐步趋于良性循环，木材和林产品产量能够满足社会需求。自然和人工森林生态系统的生态平衡，才应是生态林业的本质特征，达成这样的要求，才可称为可持续的高效产业。生态林业赖以发展的理论基础我们称之为生态平衡理论。森林生态系统最稳定的时期是森林达到演替顶极时期，而此时期也是拥有较高的生物量的一种最佳平衡状态。我们的科学观念在于可调节性，根据自身需要来对系统做出相应的调整，以使得目标森林长期处于适合人类需求的某一时期，来满足人们的生产生活需求变化。生态林业内容包括合理利用资源、保护生态环境。建设现代林业的主要方式为林业生态工程，主要生产手段为现代生产技术，主要管理方法为现代化的管理方法，多管齐下，才可以实现整个生产过程中的有效管控、调节。

中国对国有森林资源经营由国家林业行政机关依职权管理。因此，过于宏观的行政管理体制必须独立于政府和企业。国有森林资源资产所有者的经济实体地位从未真正建立起来，管理往往被行政管理所取代。林业行政主管部门的资产所有权和宏观经济性管理权利没有区别，商业实体的权利得不到保障，权责关系混乱，现代企业制度难以建立是因为企业没有法人财产权。以林业为根本的企业没有真实有效的森林资源所有权，即便国家参与到企业的宏观管理之中去，从资本运作的各个方面上来讲，国家宏观监督权实际效率并不突出，无法对所有权实行内部监督。国有森林资源经营管理监督流于形式，森林资源管理失控，资产流失。中国实施林业现代化战略就要打破国有林区原有的运行机制，引入现代管理模式；完善分类管理法律制度，完善森林物种，分类管理，建立森林物种分类新体系，有针对性地管理作业。彻底解决管理职位空缺的核心问题，建立适应市场经济的分类管理组织；明确森林资源财产权，将人、财、物联系起来，建立科学的国有森林资源管理机构；国有森林经营机构履行投资者的职责，承担政府管理职能的责任，享有所有者的权益；组织承包商委托经营，国有森林资源管理机构进行监督、管理和主导。

三、20世纪80年代以来，森林生态保护工作一直是中国生态保护工作的重中之重，也采取了一系列具体措施，如天然林保护工程、退耕还林工程等。我们对森林资源生态建设要求有一个全新的认识。森林资源的构成部分主要为森林，但不仅仅只有森林本身，其更加强调森林的生态价值。森林资源的含义为一国或地区内林地面积、树种及木材蓄积量等的总称。有着"地球之肺"美称的森林，在平衡地球生态系统和孕育人类文明等方面都发挥着举足轻重的作用。与此同时，森林生态系统作为环境系统不可或缺的一部分，它的重要性表现有二：一是在时间、空间、种群等方面的优势，带来的强大生产力在陆地生态系统中首屈一指，同时在保障环境系统有序结构中起着决定性作用；二是森林应该是一定区域内的三维空间里以林木或其他木本植物为主的生态系统。

在中国，森林资源主要涵盖林地及林区内所有的野生动植物。它的特点主要有：可再生性、生长的周期性和易受人类开发利用。森林作为陆地生态系统的主要组成部分，有着涵养水源、保持水土等生态功能，在促进旅游业发展方面也表现不俗。以林业重点工程为依托，紧紧围绕本地区森林生态系统所面临的问题，以促进生产发展、生态良好、生活富裕为目标，加快政策调整，用好资金，发展后续产业，建设区域性生态工程和产业基地，积极稳妥地推进林业重点工程：（1）加快适宜林业发展的荒山荒地荒沙的造林绿化进程，加大防沙治沙力度，将这项工作延伸到土地沙化和石漠化严重的其他省市，努力提高以森林植被为主体、林草结合的生态治理水平，并大力发展沙区产业。（2）继续按照退耕还林规划，推进水土流失治理进程，同时完善退耕还林工程的有关后续政策。（3）尽快启动沿海防护林体系建设等工程，提升林农的生产要求。（4）采用先进的生产科学技术，利用空置无用的土地，深入挖掘植树造林的潜力，增大林业植被面积，保障国土安全。（5）继续实施生态移民工程。对山区居民采取生态移民工程，在山下进行异地安置，减少森林植被破坏，促进山区森林生态系统的加速恢复，山区村民可通过发展生态旅游、生态农业、加大扶贫力度等措施，保护山区生态状况。通过以上措施和途径，加快对森林资源的培育进程。人工林仍是今后中国森林生态系统不可或缺的内容之一，仍是森林建设的主要内容之一。但目前人工造林存在造林成活率低、保存率低、成林质量差等问题，加之中国地形复杂，造林难度大，因此为全面提升中国人工林的质量，必须坚持科学造林。造林时因地制宜，采用多方式、多方法造林。中国地域广阔，自然地理条件复杂，类型多种多样，要迅速有效地全面增加森林面积与覆盖率，应采用一切有利于加快绿化的方式方法，因地制宜地造林。即根据当地自然、经济条件，采用封、飞、造等多种方法相结合，乔、灌、草相结合和针、阔叶树种相结合，用材林、经济林、防护林和薪炭林等多林种相结合的方式、方法，培育多树种、多林种和多功能的人工林体系。重视育苗，发展良种。苗木是造林的物质基础，大面积造林必须提前培育足够的苗木，并要培育壮苗造林。中国目前的林木良种工作还很薄弱，必须有计划地加快建设林木良种基地，保护优良珍贵树种的种源，提高良种生产水平，逐步实现林木良种化。同时指导和扶持农民开展对优良种子和苗壮苗木的培育，提高优种壮苗的供给能力。将土壤等自然条件的保护放在退化生态系统恢复的首要位置，并通过工程措施和生态工程技术加以改进。例如，在泥石流多发地区，应采取工程防护措施，并根据坡度设置适当的缓冲区，或种植适宜的草种，以保持水土。在做好上述工作后，可以考虑土壤和水的健康问题和社区整体恢复计划。对干扰小、自然条件稳定的退化生态系统应整体恢复。弃耕地的生态恢复是一个相对较复杂的问题，要解决农业生态系统恢复问题，有赖于一定的农业知识、生态知识、技术条件、经济水平和人类资源。森林可满足人类对木材及林产品的需求，是经济和社会发展独一无二的资源；多效益的特点，在其生态安全和可持续发展进程中起着关键性作用。

健康的森林生态系统是维护中国生态状况良性循环的生态屏障，也是从根本上改善中国生态状况的关键。为了保障区域可持续发展及森林生态系统的健康，必须针对退化森林生态系统的现状和问题采取措施，其中缺乏法律监督是很突出的问题。①

中国是世界上人口最多的发展中国家。然而由于社会的进步，人口增加带来的压力，发展经济建设而忽视环境保护的副作用，生态环境与经济发展的矛盾不仅没有得到妥善处理，反而愈演愈烈。原始社会森林文化的主要表现是采花摘果、狩猎建棚等。奴隶社会至20世纪初期的漫长历史中，森林文化主要体现在以天然林采伐、木材培育等林产品生产经营中，偶尔有皇家园林、风水林等生态社会利用。20世纪60年代西方出现了生态觉醒，随着温室

---

① 法律监督又称法制监督，有广义和狭义两种理解。狭义的法律监督是指有关国家机关依照法定职权和程序，对立法、执法和司法活动的合法性进行的监察和督促。广义的法律监督是指由所有的国家机关、社会组织和公民对各种法律活动的合法性所进行的监察和督促。本文所指法律监督是从广义上理解的。

效应加剧、生物多样性锐减等全球问题的日益严重，生态问题已成为国际社会关注的焦点，民间生态保护组织层出不穷，绿党、生态党等也适时而生。中国改革开放至 20 世纪末，林业既是国民经济的一项基础产业，又是一项社会公益事业。建设现代林业，是对林业发展战略认识上的一次飞跃，是 21 世纪中国林业先进文化的前进方向。历史将证明，全面推进现代林业发展，才能完成历史赋予我们的重大使命。截至 2020 年，中国森林覆盖率已达 23.0%。①

由此看出，中华人民共和国成立五十多年来从森林植被的覆盖率的数据表现来说，森林资源是得到了一定程度的保护及恢复，但是实际境况却并不像数据反映的如此乐观。因为从森林资源的质量上来说，其面临的问题还很严峻。国家为了保护森林资源，也推出了例如采伐限额这类的制度，森林资源总体生长量大于消耗量，特别是 20 世纪 90 年代初期以后，全国范围内的森林资源总生长量与消耗量相比基本达到持平状态。中国森林资源与其他国家相比是拥有自身的优势的，从现实的客观条件看，建设现代林业是中国林业的迫切要求。历史发展到今天，对于中国林业来说，全面推进现代林业建设可谓适逢良机、恰到好处。

第八次国家森林资源清查从 2009 年开始，2013 年结束。用了 5 年时间。有 2 万名技术人员参加，采用了森林资源连续清查方法，这种方法是国际公认的。调查人口涵盖各省（区、市），对 41.50 万个固定样地进行测定，调查了 160 多个调查因子。这些因子反映森林资源数量、质量、结构和分布的情况，还对森林生态状况和功能效益作了测量和记录。调查结果显示，全国森林面积为 2.08 亿公顷，活立木总蓄积 164.33 亿立方米，森林覆盖率 21%，天然林面积 1.22 亿公顷，森林蓄积 151.37 亿立方米，天然林蓄积 122.96 亿立方米；人工林面积蓄积 24.83 亿立方米，达 0.69 亿公顷。人工林面积世界第一位，森林蓄积量居世界第六位，面积居世界第五位。据详细调查，数量上，中国森林资源得到很大保护，而且在质量上也取得了显著的进步。带来的经济效益也处于初始规模，总体上呈现良好的上升趋势。特点有：第一，不断增加了森林总量。森林面积现在是 2.08 亿公顷，而原来是 1.95 亿公顷，多增 1223 万公顷；森林覆盖率现在 21.63%，原来是 20.36%，多了 1.27%；森林蓄积量，现在是 151.37 亿立方米，原来是 137.21 亿，多了 14.16 亿立方米；天然林面积，现在是 2.08 亿公顷，原来是 1.95 亿公顷，增加 215 万公

---

① 数据来源：国家统计局官方网站。

顷。人工林森林蓄积量增加 37%；天然林蓄积量增加 63%。第二，提高了森林质量。每公顷森林蓄积量，达到 89.79 立方米，比原来增加 3.91 立方米，平均每年每公顷增加 0.28 立方米，达到 4.23 立方米。每公顷增加 30 株植物，平均胸径增加 0.1 厘米左右，近成熟和过成熟森林的比例增加了 3 个百分点，混交林的比例增加了 2 个百分点。中国森林植被总生物量为 170.02 亿吨，总碳储量达 84.27 亿吨。年涵养水源量 5807.09 亿立方米，年固土量 81.91 亿吨，年保肥量 4.3 亿吨，年污染物吸收量 3800 万吨，年滞尘量 58.45 亿吨。第三，天然林面积稳步增加，现在是 1.2184 亿公顷，原来是 1.1969 亿公顷，增加 215 万公顷，实现了稳步增长。天然林蓄积量，现在是 122.96 亿立方米，原来是 114.02 亿立方米，增加 8.94 亿立方米。其中，天保工程区天然林面积增加 189 万公顷，蓄积量增加 5.46 亿立方米，大大促进了天然林的生长。第四，人工林快速发展。种植面积现在是 6933 万公顷，原来是 6169 万公顷，增加 764 万公顷。人工林蓄积量，现在是 24.83 亿立方米，原来是 19.61 亿立方米，增加 5.22 亿立方米。大量的人工造林，大大增加了森林总量，对于森林生态系统的保护做出了重要贡献。第五，人工林在森林采伐中的比重继续上升。全年森林采伐量 3.34 亿立方米。其中，天然林年平均收获量为 1.79 亿立方米，减少 5%；年森林采伐 1.55 亿立方米，增长 26%；人工林采伐占森林采伐总量的 46%，比原来增加 7 个百分点。结果已经表明，中国森林资源在数量增长和质量提高方面都已经进入了稳定的发展期，中国相关制度规范加强①。森林覆盖率平均 31%。人均森林面积仅为世界人均水平的 1/4，人均森林蓄积量仅为世界人均水平的 1/7。森林资源仍然缺乏、质量较低、南北森林资源分布不均的不良状况改变很少。这说明，中国林业发展需要我们更加努力。

第一，从清查结果可以看出，前期森林翻一番的目标已经实现，森林蓄积量增加的目标已经实现，森林面积增加的目标已经完成接近 60%。然而，调查结果表明，森林面积的增长速度已经开始放缓。森林面积的增长仅为上一次清查的 60%。现有未成造林用地比上次减少 396 万公顷，只有 650 万公

---

① 如，1987 年前林业部发布实施的《森林资源代码森林调查》、2001 年 5 月国家林业局发布实施的《生态公益林建设技术规程》、2002 年 10 月国家林业局发布实施的《天然林资源保护工程"四到省"考核办法试行》、2003 年国家林业局发布实施的《森林生态系统定位观测指标体系》、2003 年国家林业局发布实施的《造林作业设计规程》、2003 年 4 月国家林业局发布实施的《森林资源规划设计调查主要技术规定》、2003 年 5 月国家林业局发布实施的《天然林资源保护工程核查技术细则》等。

顷。与此同时，只有 10% 的森林适合植树造林，54% 的森林质量较差。其中三分之二位于西北和西南地区。不良的现场条件使植树造林越来越困难，成本越来越高，见效越来越慢。第二，严格坚持林业生态保护红线的压力是巨大的。近 5 年来，非法建设各类林地，每年占用林地 200 多万亩，其中林地约占一半。在某些地区，森林砍伐仍然是一个严重的问题。现在生态建设空间将进一步压缩，保住林业生态红线，是我们最基本的任务，也是以后我们要面临巨大的压力。第三，加强森林管理要求迫切。中国林地生产力相对较低，每公顷的森林蓄积量仅为世界平均值 131 立方米的 69%。森林的平均胸径只有 13.6 厘米。龄组结构仍不合理，中幼龄森林面积比例高达 65%。过度稀疏和过度茂密的森林占乔木林的 36%。森林保护区储蓄的年平均损失增加了 18%，达到 1.18 亿立方米。进一步加大投入，加强森林管理，提高林地生产力，增强生态服务功能。第四，森林有效供给与不断增长的社会需求之间的矛盾依然突出。中国对国外木材的依赖率接近 50%，木材安全形势严峻。目前，用材林可采面积仅为 13%，可采储量仅为 23%。资源稀缺、大直径用材林和珍稀木材品种短缺，木材供需结构矛盾突出。森林生态长期以来生态功能脆弱，使得中国森林资源的管理和发展受到制约，发展一度缓慢。中国对其早就有相关法律规定，如《中华人民共和国宪法》（以下简称《宪法》）通过确立自然资源的国家所有权实现对国有林等森林资源的保护①。《土地管理法》《民法典》《农业法》等也做了很多重要的制度规定②。《民法典》规定公民个人对林木的合法所有权受法律保护③。《民法典》规定了公民、集体

---

① 如《宪法》第 9 条规定："矿藏、水流、森林、山岭、草原、荒地、滩涂等自然资源，都属于国家所有，即全民所有；由法律规定属于集体所有的森林和山岭、草原、荒地、滩涂除外。国家保障自然资源的合理利用，保护珍贵的动物和植物。禁止任何组织或者个人用任何手段侵占或者破坏自然资源。"《宪法》第 26 条就环境保护和鼓励植树造林作了规定，即"国家保护和改善生活环境和生态环境，防治污染和其他公害。国家组织和鼓励植树造林，保护林木"。其他的基本法律和具体法律都不能与宪法精神相违背。

② 如中国《土地管理法》规定对包括国有林地在内的土地实行用途管制制度；《民法典》规定了公民等对国有林地等享有承包经营权；《农业法》规定了加强林业生态建设，实施天然林保护、退耕还林和防沙治沙工程，加强防护林体系建设，加速营造速生丰产林、工业原料林和薪炭林等；《刑法》规定了非法猎捕、杀害国家重点保护的珍贵、濒危野生动物罪等。

③ 《民法典》规定，公民的个人财产，包括公民的合法收入、房屋、储蓄、生活用品、文物、图书资料、林木、牲畜和法律允许公民所有的生产资料以及其他合法财产。公民的合法财产受法律保护，禁止任何组织或者个人侵占、哄抢、破坏或者非法查封、扣押、冻结、没收。

所有制单位与全民所有制单位对国有林地等土地资源的用益权制度及应承担的相关义务。《农村土地承包法》就林地的承包期、土地承包经营权证或者林权证等证书的发放、林地等土地承包经营权的流转方式以及法律责任的承担等作了具体规定，等等。近些年来，中国相关法律也较以前更多，逐步完善了森林资源保护的法律体系。

以生态文明建设为重点，贯彻党的十八大和十八届三中全会精神，将民生林业与生态林业的发展齐头并进，提高林业综合效益，仍然是未来现代林业的重中之重。因地制宜对不同性质的林地进行针对性的管理，对非公共项目占用林地的情形进行严格的把控，引导林地经济集约式的发展。继续将森林防火和病虫害防治工作一如既往地贯彻实行。通过精确立法确立森林生态的法律红线，设计好违法违规的惩戒措施。二是从质量上来看，林业重点工程的实施将有效增加森林单位面积蓄积量。中国森林单位面积蓄积量只有84.7立方米/公顷，主要原因是中幼龄林比例过大，经营管理粗放，低产低效林多。据第六次森林资源清查，中国中幼龄林面积达9688.16万公顷，单位蓄积量仅约47.12亿立方米/公顷，而近熟成熟林只有3713.52万公顷，单位蓄积量141.7立方米/公顷。林业重点工程将采取最新科技成果，规划年生长量15立方米/公顷，即使全部林分按年生长量9立方米/公顷这一中等水平来计算，届时单位蓄积量也将达135立方米/公顷，与世界林业发达国家的水平基本一致。三是大力抓好林业综合改革。森林可持续经营需要科学知识与专业技能上的转变，在林业可持续发展战略的规划与协调下，通过生物、经济与社会的综合途径来实现：（1）森林可持续经营需要的知识创新主要包括以下方面：系统观念和系统的方法、学科间的交叉与综合、把研究扩展到更大的空间规模与更长的时间尺度、加强基础研究和应用研究。（2）森林管理可持续发展要求掌握的专业技能包含：自然、社会、经济和政治的综合分析能力，观念和知识上的统摄与综合能力，交流与信息传递，善于组织有关人员、有关学科进行协作，具有组织与领导管理的才能，以一种综合的方式解决问题。

生态文明既是理想的境界，也是现实的目标。在现代经济社会的发展之下，生态文明所倡导和追求的形式就是人与自然能够达到真正的和谐共处，我们这个时代的重任就是将人类与自然的关系继往开来。周生贤认为，中国特色环保新道路，在于妥善处理好"实现什么样的发展、怎样发展"和"需要什么样的环保、怎样环保"。在有了发达国家已经实践过的"先污染后治理、牺牲环境换取经济增长"的前车之鉴下，我们更应该探索出更加具有效益的发展方式，不再将环境保护与经济发展看作是非此即彼的对立个体，也不再遵循孰轻孰重，有先有后的陈旧定义，而是将这二者看作可以高度统一的有机融合。对生态环境的保护将会进入到更深的阶段，因此为了贯彻施行可持续发展战略，我们需要从长远的法律制度的设计上对其加强保护，增加森林资源的生态功能和经济、社会效益。

第一章　森林生态系统概述

第一节　森林资源的基本含义

一、森林资源的内涵和分类

（一）森林资源的内涵

森林可分为季节性雨林、热带雨林、温带落叶阔叶林、热带常绿阔叶林、阔叶混交林、中温针叶林和寒温带针叶林、竹林。森林还与其所生长的灌木地、湖泊及沼泽地组成共生的生物社会，形成具有生物多样性的生态系统，给人类带来美丽的享受和财富。中国的《森林法》将森林划分为五种类型：用材林、经济林、防护林、薪炭林和特殊用途林。森林是陆地生态系统的支柱，被称为"地球之肺"，其自然特征是最完整和最强大的。它是人类社会不可或缺的资源库、遗传基因库和水库。

森林资源的特点是：第一，可再生性。森林资源是可再生资源，只要采伐和利用有序，禁止砍伐森林，森林资源就将得到持续供应。第二，树木的长期周期性和习性决定了森林的长期生长周期。从种植到木材，很容易受到破坏，影响其生长周期。第三，多元功能性。森林资源还具有经济价值、医学价值和科研价值，而且还具有极其重要的生态价值。如：森林资源具有防风沙、涵养水源、调节气候、防止土壤侵蚀、保护物种、提供娱乐和服务、净化污染的能力，以及物种资源的重要基因库。

森林生态系统属于环境系统，并在环境系统中发挥着不可替代的作用，其主要作用分为两个方面：第一，它维持着环境系统中各个子系统之间的动态平衡，有着强大且及时的调节能力。第二，它与人类社会息息相关，并随着时空的变化而发展，能提供丰富的森林资源。森林生态系统是指存在于某一地区的树木和其他木本植物的生物群落，以及草、灌木、湖泊和沼泽的协调共生。法律规定的森林保护与森林资源保护之间没有实质性差别。森林是陆地生态系统的主体。一方面，它们可以对气候进行调节，是天然的制氧厂、消音器；另一方面，它们还可以涵养水源、保持水土以及防止风沙，是空气的净化物，是天然的污水过滤器。总的来说，森林不仅为人类提供了生产生活所需的林木产品资源，在开发利用森林及其产品过程中，人类还形成了以生活和娱乐等为主体的森林文化，在造福全球的生态环境安全和经济社会可持续发展方面发挥着关键作用。

在过去的几十年里，特别是 20 世纪 80 年代以来，中国加大了保护森林生态资源的力度，并为此采取了一系列具体措施。森林生态系统需要我们对其进行有效且及时的保护，因为其具有经济、社会、文化上的多重效益，所以在现代社会中占据着重要的地位。在过去一万年流失的世界森林当中，有一半是在过去 80 年中毁坏的，而这 80 年中对世界森林的毁坏又有一半是发生在过去 30 年之中。追溯至距今约四千年的夏代，那时中国的森林覆盖率约为 60%。但是，从农耕文明时农业的火种火猎，再到工业文明的兴起，人类不仅是因为生存的需求在消耗着有限的森林资源，无尽的欲望带来的战争和掠夺也都加剧着对这些资源的消耗。中华人民共和国成立前夕，森林覆盖率降至 12.5%，从 1989—1993 年，第四次国家森林资源清查结果为 13.92%；1994—1998 年，第五次国家森林资源清查结果为 16.55%；1999—2003 年第六次国家森林资源清查结果为清查结果为 18.21%。2013—2017 年第八次国家森林资源清查结果为 21.63%。

中华人民共和国成立以来，从森林的覆盖率的数据表现来说，森林资源得到了一定程度保护及恢复，但从森林资源的质量上来说，其面临的问题还很严峻，不可小视。国家为了保护森林资源，推出了例如采伐限额这类的制度。随着此类制度的施行，森林资源总体的生长量开始大于消耗量，特别是 20 世纪 90 年代初期以后，全国范围内的森林资源总生长量与消耗量相比基本处于持平的状态。但是中国的森林覆盖率低，资源分布不均，人均拥有量小，中国人均森林面积和人均森林资源量分别仅相当于世界人均水平的 1/5 和 1/8。仍然是森林资源贫穷国家。2009 年 8 月 22 日，在贵阳生态文明大会上，生态环境部部长周生贤表示，我们在森林资源的保护和管理上取得了成就。2009 年 10 月 1 日，中国开始实施的《规划环境影响评价条例》极大地推动了中国的环境影响评估工作。我们非常清楚，中国的生态环境的保护正在深入发展，中国未来的重要任务是大力推进生态文明建设。社会不断地向前发展，也在不断提高对生态文明的要求。因此，必须努力加强对森林资源的法律保护，增加森林资源的生态功能、经济效益和社会效益，促进森林资源的可持续发展。

（二）中国森林资源的分类

森林群落分类系统一般是指林纲、林系和林型三个主要的分类等级，这样分类是为了使划分出来的各个具体类型尽可能在群落学和生态学意义上保持相似。特征区划与功能区划的实质是森林分区，是指从森林类型的自然地理分布出发，揭示森林群落的相似性和差异性规律，对森林群落进行整合和区分，划分森林群落的区域单元。

中国的森林分区一般采用二级制的分区系统，即Ⅰ级区和Ⅱ级区。

Ⅰ级区"地区"反映大的自然地理区，反映较大空间范围和自然地理环境特征以及地带森林植被的一致性，如东北地区、华北地区、西南高山峡谷地区等。东北地区主要分布在中国东部的温带，以针阔叶混交林和温带针叶林构成的天然用材林区为主体；而华北地区则分布在中国东部暖温带，以华北山地水土保持林和华北平原农田防护林为主要经营树种。Ⅰ级区的分界线基本上是以比较完整的地理大区（一般以大地貌单元为单位）与大地貌的自然分界为主。Ⅰ级区以上不列级，比如在传统的中国自然区划方案中，根据全年400毫米降水量等值线把全国划分为东南半部的季风区和西北半部的干旱区。此外，大地貌上的中国三大地理阶梯也不列级。

Ⅱ级区"林区"反映的自然地理区较小一些，一般呈现出自然地理环境的较具体的空间一致性，如相同或相近的地带性森林类型和经营类型、相同和相近的树种、相同的经营方向等。一般以自然流域区或山系山体为单位，以流域和山系山体的边界为界，如大兴安岭山地落叶松林区、辽东半岛山地丘陵松栎林区等。Ⅱ级区的命名沿用了具体山地、平原、盆地或流域的名称，加上具体的重要树种的森林类型或林种，体现出具体"林区"的所在地、主要树种、林种和经营方向。

在中国，自然地理环境和森林类型复杂多样，森林类型的自然分布有明显的规律性。大的森林类型通常呈现出地带性分布的特征。在1997年出版的《中国森林》一书所提出的森林区划方案中，全国森林被分为9个森林地区和48个林区：第一，东北温带针叶林及针阔叶混交林地区（东北地区）、大兴安岭山地兴安落叶松林区、小兴安岭山地红松混交与丘陵阔叶林区、长白山山地红松与阔叶混交林区、松嫩平原草原草甸散生林区、三江平原草甸散生林区。第二，华北暖温带落叶阔叶林及油松侧柏林区（华北林区）、辽东半岛山地丘陵松（赤松及油松）栎林区、燕山山地落叶阔叶林及油松侧柏林区、晋冀山地黄土高原松（油松、白皮松）侧柏林区及落叶阔叶林林区、华北平原农田防护区及散生落叶阔叶林、山东山地丘陵松（油松、赤松）侧柏林区及落叶阔叶林林区、陕西陇东黄土高原落叶阔叶林及松（油松、华山松、白皮松）侧柏林区、秦岭松（油松、华山松）栋林区及北坡落叶阔叶林林区、陇西黄土高原落阔叶林森林草原区。第三，秦岭南坡大巴山落叶常绿阔叶混交林区、四川盆地马尾松柏木慈竹林区及常绿阔叶林林区、华东马尾松杉木竹林地区（华东中南地区）及中南亚热带常绿阔叶林区、江淮平原丘陵马尾松林区及落叶常绿阔叶林区、华中丘陵山地常绿阔叶林及马尾松杉木毛竹林区、南岭南坡马尾松杉木林区及福建沿海常绿阔叶林区、台湾北部高山针叶林区及丘陵山地常绿阔叶林区、华东南丘陵马尾松黄山松（台湾松）毛竹杉木林区及低山常绿阔叶林区。第四，滇东北川云南松林区及西南山地常绿阔叶林区、云贵高原云南松林地区（云贵高原地区）及亚热带常绿阔叶林区、滇西高原云南松华山松林区及峡谷常绿阔叶林区、滇中高原云南松华山松油杉林区及常绿阔叶林区、滇西南桂西黔云南松林区及西南落叶常绿阔叶林区。第五，华南热带季雨林地区（华南热带地区）、海南岛（包括南海诸岛）平原山地热带雨林季雨林区、滇南及滇西南丘陵盆地热带季雨林雨林区、台湾南部热带季雨林雨林区。第六，西南高山峡谷针叶林地区（西南高山地区）、大渡河雅碧江金沙江云杉冷杉林区、洮河白龙江云杉冷杉林区、崛江冷杉林区、藏东南云杉冷杉林区。第七，内蒙古东部森林草原及草原地区（内蒙古东部地区）、内蒙古呼伦贝尔市东南部森林草原区、大青山山地落叶阔叶林及平原农田林网区、鄂尔多斯高原草原及平原农田林网区、贺兰山山地针叶林及宁夏平原农田林网区。第八，内蒙古、新疆荒漠半荒漠及山地针叶林地区（内蒙古、新疆地区）、祁连山山地针叶林区、阿拉善高原半荒漠区、河西走廊半荒漠及绿洲区、阿尔泰山山地针叶林区、天山山地针叶林区准噶尔盆地旱生灌丛半荒漠区、塔里木盆地荒漠及河滩胡杨林及绿洲区。本地区属干旱、半干旱地带，境内除一定海拔高度的山地和沿河地带外，无森林分布。第九，青藏高原草原草甸及寒漠地区（青藏高原地区）、青海高原草原区、柴达木盆地荒漠半荒漠区、青藏高原东南部草甸草原区、青藏高原西北部高寒荒漠半荒漠区。

二、森林资源的功能

森林资源一般有两个功能：第一，有形价值。森林能够生产木材、竹子等特殊产品。人们通过核算这些产品的成本、数量和价值，将其投入市场进行交易，实现森林资源的经济功能。森林经营者以此得到丰厚的经济回报。第二，无形价值。无形价值体现在森林资源所具有的巨大的生态效益。生态效益由于无法进行经济核算，无法进入市场交易，所以往往被称作生态功能。

从经济角度来看，森林的生物价值和非生物价值决定了森林生态系统的生态的价值。现代社会，生态经营对技术的要求越来越高，人们对生态系统平衡的需求也越来越大，对生态环境的要求也越来越高，消耗的森林资源将会越来越多，人类需要对其进行保护，不再仅从自然角度，而是从社会的角度对森林资源进行保护，使其变得可再生，而后利用具有成效的保护使森林资源进入社会资源交换中。这种社会再生产，使森林资源具有更多的经济价值。

从生态学的角度来看，森林的内部的质量才能突显森林生态系统的生态价值。森林中的生物必须与周围的环境进行能量交换，生物之间也要形成一个生物圈，相互制约，物竞天择，形成一个完整的能量循环系统。森林生态系统形成一个天然的保护屏障，使生物圈的各种各样的生物处于稳定的环境中。维持生物体赖以稳定的环境，并实现自身的更新和继承。森林生态系统自我更新、演替和再生，其生态功能是不可替代的。森林生态资源自我更新的特殊性，生态功能的内在特征和属性不是由人类意志转移的。

森林生态系统有保护生物多样性的功能及其他生态功能（详见表1.1）。

表 1.1　森林生态系统的主要生态功能

森林生态系统	抗逆作用	减缓坍塌、滑坡、泥石流 降低低湿地区的地下水位 降低灾害风险的程度和时间 减轻病虫害
	涵养水源	消洪补枯 增加蓄水量 减少地表径流量

续表

	保持水土	增加土壤容量 减少水土流失
森林生态系统	改良土壤	提高氮、有效磷等植物营养物质的含量 增加土壤的容量 提高土壤有机质含量
	调节气候	增加降水 增加湿度 调节温度
	改善大气 （环境）质量	吸收二氧化碳 增加负氧离子 净化污染物 释放氧气
	提供旅游观光	具有美学价值 作为游憩场所 提供观赏风景
	保护生物多样性	保护生物多样性 作为科学研究基地 保护物种多样性 保护遗传基因多样性

森林的后期功能长期以来一直被社会忽视，森林生态效益得不到适当的补偿，制约了林业的发展，特别是生态公益林的发展。因此，我们应该更加关注森林的生态价值。

（一）森林生产有机物的功能

森林可以利用太阳能来合成有机物，这是森林生态系统最基本的功能。太阳可以固定这种功能，并为人类及其他生物提供生命所需要的能量。通过光合作用，森林里的绿色植物将太阳辐射能转化为化学能和热能，动物将植物的化学能转化为机械能和热能。森林绿色植物固定太阳能只对某些太阳辐射①有效。太阳辐射通过大气辐射到地球，绿色植物吸收的生理活性带变为生理辐射。光合作用将一部分光能转化为存储在生物体内的化学能。由于森林植物叶面的光合作用，以及含有很高的叶绿素的原因，直接决定了森林生态系统的生态功能。森林生态系统的固定能量在生物圈中较高，约为 15072～37681 千焦/（平方米/年），是温带森林 24493 千焦/（平方米/年）的 1.5 倍。世界各类森林的年固定能量为：热带森林 2.7×1017 千焦/（平方米/年），温带森林 1.6×1017 千焦/（平方米/年），针叶林 6.4×1016 千焦/（平方米/年）。这表明森林在提供能源方面的作用是巨大的。事实上，准确计算森林生态系统中的能量流动是极其困难的。但是，我们仍然可以发现，森林等植被具有巨大的生态功能，可以产生有机物。

（二）森林涵养水源的功能

保护水源是森林的重要生态功能之一。森林与水源之间的关系包括拦截降水，增强土壤渗透，减少蒸发，减缓地表径流，改变融雪条件和增加降水量等。森林的这一功能分别从时间和空间上作用于河川径流，一方面，它可以及时地对河流的旱涝作出反应，平衡河流水位；另一方面它还可以调整河流的径流时间。森林中的大量降水，将地表径流进行转变，流入土壤成为土壤径流，进而再流入地下成为地下径流，通过蒸发作用形成水循环，并重新分布大气降水。当森林带宽达到 80 米时，一般来说，降水不会有地表径流，水将被储存，然后缓慢地流入地下径流中。

1. 森林与降水的关系

由于不同气候的影响，大气中的水分可以以不同的形式返回地面，如雪、霜和雨。森林的增加和减少对大气降水有直接影响。根据苏联学者的研究，森林可使年降水量增加 1%～25%。在印度南部平原，植树造林可以使降水量增加 12%。在中国长白山地区，平均降水量减少了 2%～5%。事实上，森林的气流机制，成为影响降水的主要原因。森林就是一个天然屏障，气流的方向随着屏障方向的改变而改变，气流不断地旋转上升，凝结大气水分，并形成降水。第二是蒸腾②机制。植物对水的蒸发称为蒸腾作用。森林每年降水量至

---

① 太阳辐射是一种电磁波，它通过大气层时，一部分被放射到太空，另一部分被大气层吸收。

② 水分通过叶片上的气孔以气体状态从植物体内散发到体外的过程，叫做蒸腾。

少为 1130~250 毫米，年蒸腾量超过年降水量的 1/4~1/3，绝对值可达 500 毫米。由于森林在蒸腾过程中需要吸收大量的热量，森林上方的温度较低，且有较高的湿度，使降水条件形成。第三是捕获机制。由于其多层结构和茂密的树叶，森林可以将雾凝结成水，通常被称为露水或树雨。

2. 森林土壤与其他土壤的关系

森林土壤与其他土壤不同，因为它具有特殊的结构，土壤表面通常覆盖着一层苔藓和枯枝落叶。该表层通常由茎、叶、果实、花、枝和其他从苔藓和森林植物落下的枯枝落叶，以及分解的动植物尸体组成，其在保护水源方面具有特别重要的作用。像海绵一样，它吸收森林中的降水并储存。储存的水量的大小，是通过衡量截取降雨量和持水量指标进行的。截取降雨量是指雨水如果落在森林表面，一部分水被枯枝落叶层拦截，被吸收后蒸发到大气中；持水量是指枯枝落叶层的最大蓄水量。枯枝落叶层的最大持水量通常为其自身的 2~4 倍。

3. 森林与洪水的关系

森林和洪水具有一定的相关性，并具有减缓洪水的作用。当植被丰富时，土壤有机物含量高、渗水性好，大量雨水通过土壤渗透转化为地下水，减少了土壤表面的水流量，降低了水的流速。同时，植物丰富的根能抓住土壤，不让地表水把土壤带走。例如，1998 年夏天，长江、诺明河、嫩江支流、鸭绿江、月尔河、穆尔河、乌裕尔河等河流流域和松花江经历了罕见的洪水，洪灾覆盖全国 29 个省，由此造成的直接经济损失达 2000 多亿元（自中华人民共和国成立以来，全国林业基础设施投资总额仅为 588 亿元）。这次如此重大的自然灾害，究其原因，就是长江上游原始森林长期没有得到有效保护，森林覆盖率从 51% 下降到 27.6%，森林边缘退缩 20 多公里。据估计，每公顷森林土壤（1 米深）可储存 500~2000 立方米的水，其中一些被转化为地表径流，另一部分成为河流径流的主要补充。数据显示，森林覆盖率每增加 1%，河流径流量就会增加 9.4~11.9 毫米。因此，森林水源涵养功能在水资源分配中起着重要作用。森林是一个调节水分配的天然监管组织。

（三）森林的纳碳吐氧的功能

森林中碳和氧的作用十分重要。森林生态系统最大的一个作用就是维持大气中二氧化碳的稳定性。空气中的二氧化碳和水由树木中的叶绿素吸收，然后转化为碳水化合物，进一步将光能转化为生物能，同时释放氧气。可以估计，1 公顷阔叶林在一天内可以消耗 1 吨空气中的二氧化碳。10 平方米的森林可以吸收一个人呼出的二氧化碳，1 公顷的森林可以满足 937 人所需的氧气。森林就是这样通过空气中的二氧化碳和氧气的相互化学反应起到一个调节作用。近年来，全球气候变暖的现象越来越明显，大量二氧化碳向空气中排放形成温室气体。温室气体透过太阳辐射，吸收了地球发射出来的长波辐射能和红外线，导致地球温度上升。所以，人们经过不断的实践，不断的总结，人们明白二氧化碳对温室效应的严重性后，更引得人们注意的是森林的纳碳功能。

氧气是地球生物得以生存的必需品，也是大气中成分含量较高的气体，是空气的重要组成部分。在标准条件下，氧气占空气的 20.95%。森林等绿色植物是氧气循环的重要组成部分。一公顷阔叶林在生长季节每天可产生 720 千克氧气。据估计，地球上超过 60% 的氧气来自陆地上的森林等植被。

（四）森林保持水土流失的功能

晚清作家梅曾亮（1786—1856）曾经有过这样的描述："未开之山，土坚石固、草树茂密，腐叶积数年可二三寸。每天雨从树至叶，从叶至土石，历石罅滴沥成泉，其下水也缓。……又今以斧斤童其山，而以锄犁疏其土，一雨未毕，沙石其随下，奔流注壑，涧中皆填淤不可贮水，毕至洼田乃中止，及洼田竭，而山田之水无继者。"这非常形象地说明森林土壤保持的功能，表明当时人们对这种生态功能有了更深入的了解。

森林郁闭度对土壤保持功能有影响。森林的郁闭度是指森林中乔木树冠在阳光直射下地面的总投影面积与此林地总面积的比例。森林的土壤保持功能主要为：一是调节地表径流。灌木林冠层可以对降水进行截留，改变落在林地上的降水量和降水速度，从而减少雨滴对地表的直接冲击和侵蚀。二是改良土壤的理化性质。森林中的各种枯落物经过化学反应和分解，可直接增加土壤中主要营养元素和有机物的含量，促进林地养分的有效化，缓解土壤侵蚀。三是巩固土壤。树木的根部在土壤中盘根错节，可以固定倾斜的坡体，减少泥石流和山洪暴发。

一旦森林遭到破坏，其土壤保持功能就会减弱甚至消失，主要表现在：一是土壤侵蚀导致大量土地荒漠化。据报道，由于土壤侵蚀，在中国，现在已有 3843 万公顷的土地已经荒漠化，土地成了沙漠，平均速度为 10 公顷/秒。二是土地养分流失。每年土壤带走的有机质和 N、P、K 等营养成分相当于中国每年生产 4000 万吨化肥的营养品质，仅损失每年就达数百亿元。养分流失的后果会导致土壤肥力下降，影响农业生产，污染水源水，发生河湖富营养化。如果增加化学肥料的投入，虽然可以保持土地的生产力，但又会产生新的损失。三是水利工程受沉积影响，使用寿命缩短。由于土壤侵蚀，河流和湖泊已在中国沉积，内陆航行里程在 20 世纪 60 年代是 17.2 万公里，而现在是 108000 公里，减少了 37%。此外，大量的上游的泥沙在河底淤积，使河床抬高，湖泊和水库的容积变小，增加了洪灾的风险。

（五）森林生物多样性的功能

森林是陆地物种基因库。生物多样性的维护和保持是森林生态系统的重要功能之一，世界上最丰富的物种分布在热带森林生态系统。热带生态系统也称为热带雨林。热带雨林只占有地球表面的 10%，却有 50% 的生物物种生活在那里。据统计，热带和亚热带森林中，生活着 200 万~400 万种生物，而在全世界的生物物种只有 1000 万种左右。近年来，热带雨林也和其他森林资源一样开始退化，每天有 137 种植物和动物消失，相当于每年损失的物种超过 5 万种。

近百年来，世界工业化程度越来越高，人口迅速增长，严重威胁世界生物多样性。《濒危野生动植物种国际贸易公约》所列的 640 种世界濒危物种中，中国有 156 种，约占其总数的 1/4。一类物种灭绝即意味着其永远消失于地球之上，自然界万物相辅相成，互为制衡，一旦物种灭绝导致生态平衡被打破，将会对生态造成不可挽回的损害。

（六）森林净化环境污染的功能

森林等绿色植物有净化环境污染的功能，包括四个方面：污染物的吸收、防尘、消除细菌和降低噪声。森林等绿色植物将吸收的有机物中的化学物质转化为生物体本身的过程称为生物合成。研究表明，森林可以吸毒吸尘，净化大气和水质，例如相关技术人员测定每公顷云杉林可以吸烟尘 32 吨，油松林可吸尘 36 吨。同时，各类树木的树叶可以分泌出杀菌素杀死肺炎球菌及白喉、肺结核、伤寒、痢疾等病原菌，达到消毒杀菌的作用。除此之外，森林犹如一个过滤网，在阻隔部分核武器散落物、放射物和辐射传播方面起着重要作用。

（七）森林的游憩功能

森林可以为人们提供游乐场。森林是人们放松休闲，呼吸新鲜空气的最好去处，这就是其生态功能的最好体现。这种功能对提高人们的生活质量，丰富人们的精神生活有着明显的作用，人们生活水平不断提高，对外出旅游的热情越来越大，旅游业成为国民经济收入一块重要的产业。旅游有生态旅游，也有非生态旅游。森林休闲在生态旅游中发挥着重要作用，森林是森林公园和自然保护区等自然景观的主要组成部分，其娱乐价值巨大。

1872 年，美国黄石国家公园建成。黄石国家公园成为世界上第一个国家公园。之后，世界上许多国家的国家公园相继建成。瑞典于 1909 年以来共建立了 8 个国家公园，西班牙 1918 年开始建立国家公园，苏联在十月革命后开始建立自然保护区。到 20 世纪 50 年代，北美国家公园从 50 个增加到 350 个，欧洲国家公园从 25 个增加到 379 个。

1988 年，世界上的国家公园、森林公园、植物园和自然保护区等占了很多国家的国土面积的 10%以上。1971 年，国家公园和森林保护区占世界陆地总面积的 0.6%，而 1980 年上升到 2.29%。现在，很多国家，森林旅游已成为最大的产业之一。在美国，超过 92%的国家林地（包括公共林地和私有森林地）允许公众进入参观和游览。1977 年，美国的户外休闲消费超过 1600 亿美元，超过了石油工业，成为美国最大的产业。在 20 世纪 80 年代，美国每年的户外娱乐消费达到 3000 亿美元，美国人平均收入的 1/8 用于户外娱乐。到 1990 年，美国森林旅游区每年接待游客超过 3 亿（其中约 10%来自国外），美国人在国家公园和森林公园的年度娱乐活动上花费超过 120 亿美元。在法国，仅枫丹白露森林就吸引了每年高达 1000 万的森林游泳者，其中 70%都集中在周末和节假日。森林休闲的内涵也得到了极大的扩展。游客对森林的使用远远超出了"审美"的简单形式。中国森林公园的建设第一阶段是 1982 年至 1990 年，张家界森林公园建成后，庐山森林公园、台山森林公园、千岛湖森林公园相继建成。现在共有国家森林公园三百多个。这将推动交通运输业、餐饮业、加工业、种植业和零售业的发展。

三、世界森林资源

森林占世界陆地面积约 30%。日本的森林覆盖率约为 67%。就森林覆盖率而言，印度尼西亚为 62%，俄罗斯为 55%，美国为 32%，印度为 23%，亚洲及太平洋地区 29 个国家中至少有 10 个国家的森林覆盖率超过 50%。

在当今世界，森林面积正在减少，森林质量正在下降。由于人类的大量耕种，森林和草原面积都减少了。从 1850 年至 1980 年，草原和牧场没有太大变化，耕地面积扩大了三倍，森林减少到 1/3，热带雨林每年减少 1130 万公顷。如果考虑到燃烧和稀释作业造成的森林破坏面积，实际面积则大大超过了这个数字。东南亚使用传统烧耕方法的农业人口约为 2700 万～3000 万，约占当地人口的 8%。许多国家将木材用作出口原材料之一。预计商业木材在不久的将来会减少，出口量将大幅下降。也就是说，如果我们继续以目前的速度使用硬木资源，那么亚洲将会在 40 年内，非洲将会在 85 年内，拉丁美洲将会在 156 年内用尽其目前各自蕴藏的木材资源。根据世界银行和联合国开发计划署的国际联合研究报告，世界上现有的 33 个原木和木材产品出口国将在 21 世纪减少到不足 10 个，出口木材及其产品的总价值将下降至 70 亿美元。热带雨林的经济价值很难估计，这是因为热带雨林有许多的特殊林业产出，如蘑菇、水果、漆、桐油、植物油（如棕榈油）、坚果、植物纤维、葡萄藤、橡胶、树脂、染料、蜡、单宁、幼苗、化妆品、装饰材料等产品。

森林管理中最重要的是土地所有权问题。日本的森林分布为：国有林占 31%，其余为私有森林和公有森林。就国有林而言，在亚洲，占所有森林资源的 80%～90%，在一些拉美国家如巴布亚新几内亚，还有南太平洋群岛，国有林所占比例就与其他国家不同。

1997 年 4 月，美国华盛顿世界资源研究所绘制了世界森林分布图，了解 8000 年前世界只有 1/5 的森林仍具有原始森林的特征，且大部分分布在北部、欧亚大陆的尽头。一半的原始森林分布在冷土的北端，热带地区约 44%，温带地区约 3%。且温带地区的原始森林现在许多已被开垦成为工业和农业地区。尤其是新近的考察发现，除了其他地区有热带雨林外，拉丁美洲的亚马逊流域拥有世界上近一半的热带雨林，总面积为 6.5 亿公顷，占地球生物总量的 1/5。它被称为"自然天堂"和"人类宝库"。但是在 1965 年至 1979 年之间，当地政府耗资 4 亿美元砍伐森林和土地复垦，摧毁了价值 77 亿美元的木材。加拿大北部森林的森林砍伐量约为每年 100 万公顷。在过去 10 年中，其砍伐的森林面积相当于前东德的面积，所砍伐的树木主要用于生产木材和纸浆。砍伐的木材中有 90% 来自森林，其中 1/4 不能再种植，造成土地侵蚀和水土流失，并且使森林受到了永久性的破坏。

第二节　森林生态系统安全

一、森林生态系统安全的含义

(一) 森林生态系统

森林由各种生物（包括树木、草本植物、灌木、地被植物，以及各种动物和微生物）及其周围环境（包括土壤、气候、大气、岩石、水分、阳光、温度等）集合形成，森林中各种生物、非生物相互作用，构成一个完整的生态系统。因此，森林是占有一定地理区域、具有能量交换、物质循环代谢和信息传递功能的生态系统。生态系统不只包括森林生态系统，还包括草地生态系统、湿地生态系统、海洋生态系统等。但森林生态系统是其中最重要的生态系统（如图1-2所示）。

$$\boxed{生物} + \boxed{周围环境} = \boxed{森林生态系统}$$

图1-2　森林生态系统模型

森林生物群落与其环境在物质循环和能量转换中，形成一个功能系统——森林生态系统。森林生态系统含有丰富的物种，包括动物、植物以及微生物。一方面，这些物种的生长需要森林作为天然的保护伞，从森林生态系统中获取充足的能量；另一方面，这些物种也通过各种各样的方式对森林进行着反馈，维持森林生态系统自身的活力和平衡。森林生态系统是一个复杂的系统，具有物种多样性、结构多样性、食物链、食物网以及功能过程性等特点。按照一般的分类方法，森林生态系统主要有四种类型：热带雨林、亚热带常绿阔叶林、温带落叶阔叶林和北方针叶林。这些不同类型的生态系统的功能和内部运动机制是明显不同的。森林群落的生物成分十分复杂，包括许多动物、植物、微生物，以及非生物的部分，如土壤、矿物质、岩石、水分，大气中的阳光、温度、湿度、氧气、二氧化碳等等。这些森林群落与无机环境相互作用，形成复杂的森林生态系统。森林中生物与非生物环境之间的能量不断相互转化，传递信息，形成一定的结构。

森林生态系统有以下特点：

1. 物种繁多

系统中的绿色植物包括乔木、灌木、草本、蕨类、苔藓和地衣，在生态学上，称它们为初级生产者，它们生产自身所需要的物质，也给森林中其他生物提供了食物。系统中还有一种生物叫消费者，如原生动物、软体动物、蠕虫动物、脊椎动物、节肢动物等，它们相互组成食物链；森林植物所需要的无机养分依靠土壤中现有的可溶性无机盐类。生态系统中的分解者有细菌、放线菌、真菌、藻类等微生物。分解者将死亡后的动植物分解后加入土壤形成物质转化。因此，森林生态系统中的生物成分比其他任何生态系统都丰富（如图1-3所示）。

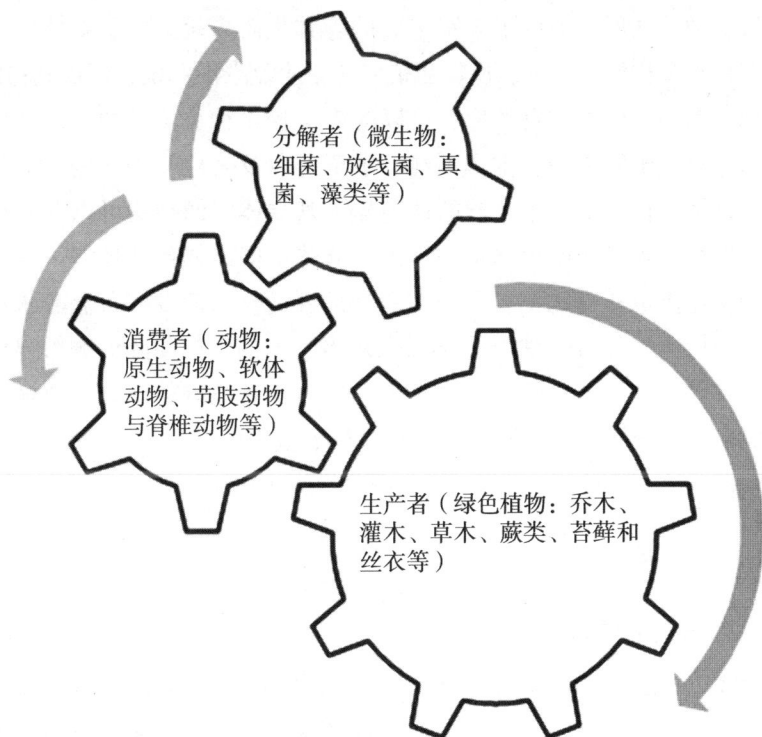

图1-3　森林生态系统的生物成分

2. 结构复杂、类型多样

森林生态系统具有垂直结构。森林按照垂直结构分层，形成梯度变化。较明显的梯度变化是随着光、温、湿等环境变化而有所不同。植物群体的每层按不同年龄的植物组成，由绿色植物组成的生产层专门通过光合作用生产有机物。位于生产层的上面部分可以接受较充足的光，自养代谢最强。位于生产层的下面部分可以接受的光线较弱。光线越低，光线越少，自养代谢越低。这种多层次的植物群落为森林动物提供了很好的栖息环境和食物来源。动植物的共生，形成生物多样性和生态平衡。不同类型的森林动植物资源形成多种类型的森林生态系统。森林生态系统的纬度和经度水平分布明显，山区垂直分布。森林植被与气候条件和地形相互作用，就产生具有特色的有各种各样动植物和无机物组成的森林环境。各种不同类型的森林生态系统形成了各种独特的森林环境。

3. 稳定性强、功能健全

经过长期的发展，形成了丰富多彩的森林生态系统。由于森林生态系统自身具有物种多样性的特征，所以虽说它是一个复杂的系统，但极其稳定。

森林作为一个庞大的资源库，可以为人类提供种类丰富的生产和生活资料，例如木材、干鲜果品、木本粮油、中草药以及其他一些林副产品等。同时，森林作为大自然中一个天然的调节器，其立体空间结构可以对降水有一个缓冲的作用，雨水经过森林这种错落的立体空间结构到达地表，与其直接到达地表相比流量和流速都有了一定程度的缓解，从而发挥着涵养水源、调节径流的作用。森林对于城市的作用也是多方面的，例如降低城市温度、吸收城市尘埃等。森林小气候对周边农田和草地也有很好的影响。森林可吸收大量二氧化碳，减缓变暖。树冠和丰富的林下植物可以防风固沙并改善土壤，使森林生态系统更加坚固，生物多样性发挥更大的作用。

（二）生态安全

1. 生态安全的概念

随着 20 世纪科学技术的迅速发展，人类活动在广度、深度和强度上都有了很大提升，大大改善了人类的生活条件和生活质量。然而，在利用和改造自然的过程中，环境问题也在不断增加和扩展。全球环境问题是由臭氧层的破坏、酸雨腐蚀和有毒废物的全球转移造成的。生态安全问题不是一种纯生态系统安全的生态理论，而是涉及环境、健康、经济、社会和国家安全的重大问题，成为 21 世纪政府的共同目标。

所谓生态安全，是指生态系统的结构是否受到破坏，生态功能是否受到破坏。人们享受生态系统中的好处时，发现生态系统本身存在很大问题，有些因素对人构成威胁时，需要及时恢复生态系统内部的元素和结构，排除威胁生态系统的干扰因素。所以，生态安全的内涵不是单一的。首先，生态系统自身的状态是否符合标准。其次，对人类社会而言，生态系统是否能跟得上人类社会的发展，尤其是其资源的供给能力。生态安全作为国家安全的一部分，是国防、政治和经济等综合安全的基础。1989 年，国际应用系统分析研究所首先使用了生态安全的概念，并且进一步建立了全球生态安全监测系统。人们的生命、健康、福祉等都可以成为生态安全考核的指标，人类适应环境变化的能力成为生命安全的变动因素，自然生态安全、经济生态安全和社会生态安全构成了复杂人工生态系统。

　　生态安全具有以下内涵：（1）生态安全能够保持一种状态，使人类在其中得以生存，并且可以享受一种良好的生态环境。由于生态安全的特殊功能，它成为人类的生存和发展的必要条件。（2）生态安全不是绝对的安全，由于生态环境的复杂性和生态系统的不断变化性，生态安全只有相对安全。生态安全的构成复杂，不同地区和不同文化背景的人和国家的差异，对生态安全及生态环境的需求是有很大差异的。因此，生态因子质量依旧没有一个统一的标准，综合系统的评价指标不同的国家有所不同。如果用生态安全系数来表征生态安全保障程度可能因地而异。（3）生态安全也同其他事物一样，是不断变化和发展的一个概念。每个国家和地区，对生态安全的满意程度也在不断变化，生态安全本身的指标不是一成不变的。（4）生态安全强调"以人为本"①。所谓的安全是指人类在生态环境中的生存和发展的安全，不是其他的安全。（5）生态安全在不同的国家和地区有不同的条件上限制和变化。生态灾难是有一定的形成条件的，例如洪灾需要大面积的强降水，旱灾则需要持续性的干旱。（6）可以规范生态安全。随着科学技术的发展，人类可以利用各种各样的技术进行生态干预。生态不安全往往是人类自己的破坏活动造成的，所以人类要靠自己不破坏生态环境来维持生态安全。

　　生态安全的研究实际上是对可持续发展理念的延伸。生态安全的倡导其实是对人类与自然之间矛盾关系的一种调和，是一种辩证思维的体现。人类既需要从自然中获取生产和生活资料，又要保护生态环境，保证生态系统的良性循环和发展。生态安全不仅仅是对生态环境的保护，更是对人类社会未来发展的保护。如何获得一个稳定安全的生态环境，是对可持续发展理念提

---

①　胡鞍钢，王亚华.21 世纪前 5 年中国可持续发展战略的取向［J］.中国人口·资源与环境.

出的新要求。大自然的自我修复和再生能力是有限的，我们对其的保护更多是来源于破坏后的修复，这种修复更多的是缓解而无法弥补。生态环境作为未来人类社会发展的重要保障，不能只着眼于环境本身的状态和发展，更多的应该把经济、社会、文化等因素考虑进去。不仅要协调人口、环境、资源和发展之间的关系，还要考虑代际公平、人与自然的共同进化以及发展丰富的传统文化。研究表明，可持续发展成为生态安全研究目标。两者相互促进，相互对应。

2. 生态安全问题给国家造成的威胁

第一，发达国家实施污染转嫁导致新一轮的生态侵略。由于环境污染不受国界和边界的限制，随着全球经济一体化的发展，一国的环境污染也将对其他国家的生态安全构成威胁，以国际经贸合作为名，许多发达国家通过跨国公司的经营和直接投资等渠道，将具有比较优势的传统产业转移到别国。1992年以后，1200多家使用氟利昂的生产企业以"技术转让"的形式转让。发达国家出现的环境问题，不仅增加了治理难度，而且成为制约别国经济发展甚至危害公众身体健康，影响社会稳定的重要因素。

第二，直接影响人类的生存和健康。生态环境直接关系到人类的生存和繁衍以及人类社会的发展。它还与地球上所有生物的生存有关。如果一个国家或地区的生态系统被破坏导致人们失去生活条件，他们将被迫在不同的地方重新定居，成为"生态移民"。例如，内蒙古阿拉善联盟因其沿海干涸而迫使25000人离开家园。人们在迁移的过程中，对自然资源的消耗也是巨大的，也相当程度地破坏了生态环境。生态环境的破坏，严重影响当代人的生产和生活，也使后代人生产生活受到严重影响，带来严重的代际不公平。

第三，增加跨国动植物病害的传播风险。比如近年来口蹄疫和疯牛病在一些西方国家蔓延。事实表明，随着基因工程技术的推广，转基因产品和农作物的贸易量随着贸易渠道的多样化而增加幅度加快，从而增加了在别国传播外来动植物疾病的风险。

第四，生物技术发挥效率优势的同时带来国家安全问题。生物技术是一个国家的重要领域，在工农业生产、医药、资源开发利用和环境保护等方面发展迅速，但是也带来了一系列国家经济安全问题。生物技术的三大风险是：（1）生态风险。一些外来物种通过将当地物种直接捕食和杂交到当地物种的基因库和病原体的直接入侵，引起疾病传播，形成生物物种的灭绝。（2）健康风险。健康风险是指生物技术在使用或消费产品时，对产品的接触不安全，以及对食用的食品不安全。（3）道德风险。道德风险中典型的就是人类遗传资源的获取和生产中的问题导致的风险。

第五，国际环境贸易竞争对各国新兴环保产业冲击巨大。环保产业是防止污染和生态破坏的物质基础，是当代产业结构调整生态安全的重要途径。第三世界国家是在环境贸易市场上具有巨大潜力的国家，必将成为发达国家竞争的目标。但是，由于第三世界国家经济和科技落后，环保产业起步晚、起点低、规模小、产品单一、技术含量低，缺乏国际竞争力。环保产业不能作为新兴产业受到特别保护，而是面临国际市场竞争。在市场准入和非歧视性待遇的情况下，国际资本可以利用其资金、技术、管理和规模通过竞争来强制甚至控制其环保产品和服务的市场份额。环保企业受到兼并、转换或关闭的威胁。

二、森林生态系统与其他系统的关系

1. 森林生态系统与草原生态系统

中国草原生态系统约占国土面积的1/5。由于地形、地貌和气候的差异，由东向西分布为3个类型，即草甸草原、典型草原和荒漠草原。此外，在中国西北和西南地区，还有山地草原和荒漠草原、高寒草原等类型。草原位于湿润森林区和早期沙漠区之间，靠近森林一侧，半湿润气候，植被茂盛，物种丰富；靠近沙漠一侧，降雨量减少，气候干燥，形成了特殊的气候。由多年生草本植物主导的生物群落，我们称这些生物群落为草原生态系统。中国草原生态系统是欧亚大陆温带草原生态系统的重要组成部分。草原的特点是森林和草原植被共存，具有丰富的生物多样性。中国的森林草原交错带始于内蒙古东北部，沿额尔古纳河，从大兴安岭西部延伸至西南，穿过河北坝上高原、山西大同盆地和陕西黄土高原，结束于甘肃省渭源一带。

在部分地区，由于水热条件的改善，镶嵌分布有成片的耐旱灌丛地、白刺灌丛地或灌木林地和华北驼绒藜半灌木丛地。由于地形类型复杂多样，草地植被分布也不同。例如，乌兰察布高原，草原类型从典型草原发展到荒漠草原。

山地植被是一种植被复合体，按照一定的规律由许多不同的植被类型组成，包括山地森林植被、山地灌木植被和山地草甸。草原地区分布的灌木林地以及草原边缘丘陵山区的丘陵林对维护草地生态系统的稳定性和畜牧业的安全起着重要作用。一方面，这些森林或灌木一旦受到外部干扰，很容易改变其生存样态。当有利于森林生态的条件出现时，森林或灌木林面积将扩大，森林附近草地生态系统的湿地类型分布面积将扩大，牧场质量将得到改善。另一方面，由于森林或灌木的存在，树冠是地球与大气之间最粗糙的内部界面，增加了地球表面的粗糙度，增强了气流的阻碍，阻隔了风沙的流动，减少草原的荒漠化。同时，森林和灌木的存在丰富了草原生态系统的生物多样性，更有利于草原生态系统的能源和物质转化。一旦这些森林或灌木遭到破坏，草原生态系统就会失去其固有的稳定性，生物多样性将减少。

干旱或半干旱草原和灌木林在干旱季节可以作为临时牧场，以缓解牲畜对草场的破坏。在冬季草原遭受雪灾的情况下，它们成为唯一的饲草基地，对稳定畜牧业经济具有十分重要的意义。浑善达克沙地上的白皮云杉、白榆草原疏林和黄柳、山杏、绣线菊、小叶锦鸡儿灌丛化草原，构成锡林郭勒草原区一种典型的林草类型的特殊景观。

山地森林或灌木（丛生）在干旱和半干旱草原地区占有重要地位。在森林的保护下，草地的单位草产量较高，有利于巩固风沙，防止草地退化或荒漠化。草原和森林的镶嵌分布充分利用了土地资源，为各种经济用途的发展奠定了基础。草原是畜牧业发展的物质基础，有效地减少了林业与畜牧业的矛盾，减少了对森林的破坏。在荒漠草原地区，山地森林包括贺兰山森林、祁连山森林、阿尔泰山森林和天山森林，它们是沙漠中的绿洲，有效地阻止了沙漠的扩张和迁徙。它们还保护了该地区的水源，减少了黄河等河流的沉积物含量，减少了雨季的地表径流，并调节了河水、河流的流量以及洪峰的滞留，减缓了洪水灾害，对河流下游地区生产、生活和经济建设的安全稳定、维护草原的生态安全起着重要作用。

2. 森林生态系统与湿地生态系统

湿地具有水和陆地生态系统的特征，被称为"地球的肾脏"。在世界自然保护计划中，湿地与森林和海洋，并列为世界三大生态系统。湿地在中国广泛分布，占世界湿地面积的11.9%，位居亚洲第一，世界第四。中国将湿地分为沼泽湿地、湖泊湿地、河流湿地、滨海湿地、人工湿地。

沼泽和森林之间的过渡区称为森林沼泽。沼泽通过森林交错的地表生态环境演变成一片有沼泽的森林，耐湿的沼泽植物落户形成沼泽区。由于内部积聚了大量死亡生物，在水面上方形成小块区域为树木的生长创造了条件。适应沼泽栖息地的森林和沼泽植物开始了沼泽地森林的生长过程。在树木和沼泽交织区域下部形成小块地，地形抬高，陆地水转化为地下水，成为陆地。交错区的空间分布发生了变化，向前演替发展，最终成为一个森林沼泽。

3. 森林生态系统与农业生态系统

平原地区以农业种植区为基础，形成农田森林。农田森林以带、网和片的组合，形成一个综合的农田防护林系统，在保护农田、稳定生产、防灾减灾等方面发挥着重要作用。平原农业区的森林网络还可实现地面的立体种植，提高单位面积产量。北方林带的蒸腾作用可以有效地增加空气湿度，有利于作物的生长发育，形成区域小气候，减少各种自然灾害。南方林带（网）蒸腾也能有效缓解当地盐渍化和洪涝的情况，有利于农田生态系统的水循环，保证农田耕作。林带还可以改变气流场的特性，降低风速，减弱风的能量，从而防止风蚀，减少沙土的破坏。

农田防护林抵御的自然灾害主要是：沙尘风暴、干热风、风灾、低温灾害、洪涝、土壤盐渍化、霜冻及冰雹等。农田防护林的防护效果与树木高度和林带结构有直接关系。林带结构可以通过合理配置来实现，林带的高度影响林带的防护效果。因此，树种的选择在农田防护林建设中具有决定性的意义。适当选用有经济价值的树种，在积水区选择蒸腾量大的树种，都是很好的选择。在东北西部、内蒙古东中部的农田防护林区，主要农业灾害是风沙和干旱。适宜树种有杨树、柳树、榆树、樟子松、红皮云杉、落叶松、胡枝子、紫穗槐、沙棘、锦鸡儿、柽柳等。在西北绿洲灌溉农区，主要农业灾害是沙尘暴和干热风。适宜树种有杨树、沙枣、白蜡树、桑树、杏树、沙拐枣、沙柳等。在华北中原地区，主要农业灾害是高温、低湿，因此，防护林带的作用是降低气温，增加空气湿度，适宜树种有杨树、槐树、泡桐、臭椿、桑树、白蜡树、枣树、侧柏、怪柳、水杉等。在长江中下游地区，主要农业灾害为洪涝、台风等，适宜树种有杨树、杉树、桑树、乌桕、桤木、灌木柳类等。

在粮食主产区，农田防护林在农田周围排成条状或网状，以抵御沙尘暴、干热风、风暴、寒害、洪水、土壤盐碱化等自然灾害。平原地区除西北绿洲灌溉农业区外，还包括中国西北部，内蒙古东部和中部平原，华北中原地区和长江中下游平原。这些地区是中国的粮食、棉花、石油、肉类、蛋类和牛奶生产基地，是最大的农业生产区。平原主要形成农业区农林复合生态系统，在系统内的土地上以不同的组合种植树木和作物。合理配置林木和农作物，可以加快平原绿化，更好地发挥系统的综合功能。中国农林立体种植历史悠久，主要类型有林农间（轮）作型（如泡桐、枣树、杉木、杨树等与农作物间作；先种植豆科树种进行沙荒地改良，固沙后再进行林木和果树间种或林木和农作物间种）、林牧（渔）间作等。农林立体种植，层次结构非常明显，包括地上空间、地下土壤、水域立体层次，空间容量较单一，资源利用率很高。在水平布局上，有带状间作、均匀混交、斑块混交等，因地制宜。通过农林立体种植合理利用农时，随季节变化因时而种，实现长、中、短期利益结合。

4. 森林生态系统与城市生态系统

中国将以城市为"点"，以河流、海岸和交通干线为"线"，以及东北和西北地区等八大林区为"面"，综合作为"点、线、面"组合。森林生态网络的布局框架使城市与森林和谐共存。因此，城市森林的发展已成为中国森林生态网络系统的重点。所谓城市森林包括城市道路、公园、绿化森林和郊区森林公园、风景区、果林、防护林、水源森林等。城市森林不仅让人感到平静，感到快乐，精神焕发，轻松愉快，而且还有益于人们的健康和长寿，有调节情绪、增强智慧的效果。城市森林的形状、颜色、色调、气味、声音和季节变化为人们带来心理和审美享受；温度调节、加湿、产氧、降噪、杀菌、清洁气体等功能对促进人体健康起着重要作用。因此，城市森林的生态作用是巨大的。在以前的城市园林中，主要目的是种植花草，美化生活。在注重生态效益的今天，城市森林将是城市园林发展的主要内容。大都市森林通常包括森林公园以及小街景、小型绿地、小型游乐园、公园和广场的小片林木。中国的大多数小城镇森林面积小，结构单一，随季节变化。北部地区小城镇的森林通常是郊区的农田防护林带。在郊区，农业、林业和畜牧业交织在一起。在城市环境保护设施不完善的情况下，小城镇森林在污染防治和除臭方面发挥着更大的作用。

第三节　中国古代森林资源

一、新生代以前森林的演变

古生代早期地球大陆连成一体，表面陆地大部分被海洋淹没。到奥陶纪末期发生加里东运动，中国华北地区整体上升为陆地；到泥盆纪初期，地球又发生海西运动（俗称造陆运动），使地球分为南北两大块。地球在这一地质阶段即发生离合，又发生极为强烈的上升和沉降的造陆运动。泥盆纪的森林由原始鳞木、薄皮木和有节类的芦木和楔叶蕨等组成。这些植物叶片发达，茎干粗壮高大，从而取代了裸蕨，此时已经有裸子植物出现。石炭纪时期，森林达到全盛时期，蕨类植物繁茂，出现了高大的原始森林景观，那时整个中国大地基本上为森林所覆盖。在石炭纪、二叠纪时，地球造陆运动频繁，多次发生沉降运动，是地球史上的主要成煤阶段，中国90%的煤田在这一时期形成。原始森林主要分布于中国的东南半壁，北部天山—阴山以北属安加拉植物区，喜马拉雅山北坡—隅属冈瓦纳植物区。北方区属亚热带大陆性气候，森林以银杏类、松柏类、有节类等树种组成。从侏罗纪至白垩纪整个中生代时期，地球发生了强烈的造山运动，即燕山运动，使中国南北大地的地质地貌发生了巨大的变化。东北地区和华北北部森林繁茂，气候暖湿。除了较多森林分布在沿海地区外，中国大部由于气候干旱，森林的组成以松柏类为主，森林稀疏，苏铁类和银杏类进一步减少，并开始出现了被子植物。由于燕山运动的发生，使中国南北大地普遍发生了地质的沉降，促使茂密的森林在一些地区深埋地下，出现了中华大地的第二次造煤期。新生代是地质历史上最新和延续时间最短的一个时代，距今约6700万年。新生代是被子植物大发展的时代，此时动物界中鸟类繁多，哺乳类昌盛。森林树种的组成也发生了重大变化，依其种类组成的不同，分别覆盖于不同区域，形成今天丰富多彩的森林生态系统。

二、春秋和清末前期的森林演变

（一）春秋时期

春秋时期，森林资源极其丰富。《尚书·益稷》称："予（系禹自称）乘四载，随山刊木。"当时因森林资源过于丰富，实行伐木焚林，是为了人们更好地生产和生活。这一时期的人口从夏初的100多万增加到西周末的500万，增长了约5倍。森林资源因砍伐、火场狩猎、战争等而遭到严重破坏。人们活动越频繁，森林破坏越严重，破坏面积和范围也越大。作为人类活动的中心，黄河中下游的中原地区的森林也是第一个遭受严重破坏的地区。尽管森林遭到破坏，但由于当时人口较少，森林资源仍然很丰富。

那时的黄河中下游地区，河流纵横交错，森林和沼泽密集，气候潮湿。很多野兽、鸟类和鱼类居住在这里。哺乳动物有大象、老虎、鹿、狼、狒狒、狐狸、兔子、猴子等；两栖或水生动物有蛇、乌龟、鱼、蟋蟀；驯养的动物有牛、马、羊、驴、狗等。这些动物适合在平坦的沼泽地区和潮湿的森林植被的环境中生长。①

随着人口的增加，人类社会文化和科学技术的发展，人们开始使用木材来建立部落、城市、宫殿，许多森林被砍伐。在战国时期，黄河中下游的许多原始森林由于广泛的伐木、火灾和战争焚烧而演变成天然次生林，甚至变成了农田和山脊，淮河和长江中游的平原森林大部分变成了农田。

（二）清末前期

春秋战国时期，秦国统一中国，建立了中央集权，鼓励农业和手工业发展，社会有更大的进步。大规模的建设又导致大量的森林被砍伐。到了汉代，由于农田的开发和房屋的建设，大量的森林消失了。秦汉时期，森林覆盖率约为40%。三国后至晋南北朝时期，黄河流域仍处于战争分裂状态。北方居民大量向南迁移。长江以南大面积森林逐渐被开垦为农田，森林覆盖率约为30%。唐宋时期，东北地区的森林仍然密集。在北方和西北地区，由于人口增长和经济发展，森林砍伐达到了前所未有的规模。山区森林面积大幅减少，森林覆盖率降至20%左右。

清初，虽然森林更新和绿化都得到了发展，但森林砍伐造成的森林资源减少使森林覆盖率从21%下降到17%。鸦片战争后，中华民族陷入内外交困危机，森林资源被严重破坏。这一时期的森林覆盖率从17%下降到14.5%，而晚清时期，对森林的破坏达到了有史以来的最高峰，很多农民依靠伐木为生。同治年间，政府允许伐木，但征伐木税。鸭绿江林区的木材商人数量急剧增加，大量采伐树木，森林急剧减少。柴火消耗、手工业的消费、采矿和冶金业冶炼燃料、烧砖、瓷器等的消费，使森林木材供不应求。一些地方也进行了植树造林活动，但是，由于战争的影响，效果甚微。由于森林大规模消失，洪水、干旱、风暴、昆虫等自然灾害加剧，野生动物的生存受到严重影响。树栖动物数量减少，几乎灭绝，而啮齿类动物繁殖并大量毁坏农作物，气候开始发生变化，生态环境严重恶化。

---

① 农夫．沧海桑田的时光森林［J］．绿色中国，2016：34-41页。

第四节 中国近现代森林资源

一、民国时期的森林演变

民国时期，东北地区森林面积最大，树种、材质最好，最多的是针叶林和针阔混交林。西南地区的森林面积占全国的第二位，针叶林和针阔混交林较多。渭南地区属热带气候，形成热带雨林，森林高大，材料优良，生长迅速，树种极为丰富。雅鲁藏布江的森林有高云杉原始针叶林，森林面积较大。东南地区和中国中部属亚热带气候，形成许多常绿阔叶林。中国东南部和中部地区的农民有林业经营的传统，经营了许多经济林，种植了大量的杉木、马尾松、竹林和油茶树、桐油树、桑葚树和茶树等。西北和华北地区的森林较少。这时的森林覆盖率约为 8%~12%。北洋军阀时期，政府没有进行森林调查，森林资源状况不是很清楚。抗日战争时期，日本军队采取了残酷的"三光"政策，引发了许多森林大火。① 战争也消耗了大量木材。为了解决粮食问题，大量农民不得不砍伐森林，开垦耕地。大多数城市和农村居民使用木材和木炭作为燃料。工业所需的木炭数量更令人吃惊，例如，江西景德镇和江苏宜兴的陶瓷工业每年消耗的柴火数量巨大，当时就有"一里窑，十里焦"的民歌在景德镇流传。② 加上经常发生森林火灾和洪灾，严重影响了当时社会经济的发展。

二、中华人民共和国成立后的森林演变

中华人民共和国成立之初，政府制定了"普遍护林护山，大力造林育林，合理采伐利用"等林业建设指导方针。③ 根据 20 世纪 60 年代初（各省、区、市）森林资源调查数据的分析和统计，1962 年国家森林面积 11335.56 万公顷，森林覆盖率为 11.81%。天然林在森林资源方面具有绝对优势。从 20 世

---

① 樊宝敏. 中国清代以来林政史研究［D］. 博士学位论文，北京林业大学，2002 年。
② 樊宝敏. 中国清代以来林政史研究［D］. 博士学位论文，北京林业大学，2002 年。
③ 郭捷友、黄珍、张训华等. 中国森林经营管理现状及发展趋势［J］. 现代园艺，2015（10）：40-43.

纪 60 年代初到 70 年代，"四旁"种植树木取得了新的进展，后又从"四旁"扩展到大田；木材林基地建设已经恢复，播种速度有所提高。1972 年，南部共完成了 132 万个空中播种。根据 1973—1976 年第一次国家森林资源清查结果，国家森林面积为 12186 万公顷，森林蓄积量为 95.32 亿立方米，森林覆盖率为 12.70%。与 20 世纪 60 年代初相比，人工林资源明显增加，天然林面积呈下降趋势，森林资源总面积增加，森林覆盖率反弹，积累量减少。20 世纪 70 年代末，改革开放给林业的发展带来了新的希望。但是，由于政策不明确，制度不完善，在资源短缺、经济发展和需求快速增长的背景下，森林利用的速度和强度不断增加，森林面积和森林覆盖率明显下降。① 根据 1977—1981 年第二次国家森林资源清查结果，国家森林面积为 11527.74 万公顷，常设木材总量为 102.61 亿立方米，森林覆盖率为 12.0%。与第一次国家森林资源清查结果相比，森林覆盖率显著下降；人工林和天然林面积从最初的 2369 万公顷和 9609 万公顷的库存减少到 221.917 万公顷和 87911 万公顷。国家森林蓄积量同比略有下降，林木需求的增长和消费呈上升趋势，消费量大于林木增长量。

到 20 世纪 70 年代末，森林物种结构变化不大，主要是用材林。1976 年和 1981 年两次国家森林资源调查的结果显示，木材林占 73% 以上，其余的就是防护林。这充分反映了那时以木材利用为主的传统森林经营理念。

党的十一届三中全会后，党中央、国务院高度重视林业的发展，把植树造林和绿化作为国家发展的基本政策，作出了一系列发展林业的重大决策。但是，森林资源仍然继续保持高消费趋势，年平均森林木材缺口为 9610 万立方米，年平均森林资源消耗量（3.44 亿立方米）仍高于森林年平均生长量（3.16 亿立方米）。自 1987 年以来，国家实施了森林采伐限额制度，初步建立了森林增长采伐总量配额管理制度和森林采伐限额管理执法体系。1990 年 9 月，国务院批准《1989—2000 年全国造林绿化规划纲要》，提出 1989—2000 年全国造林绿化规划目标，发布"全党动员，全民动手，植树造林，绿化祖国""绿化祖国，造福世代"的号召，掀起了全国大规模的造林绿化运动，造林和绿化取得了很大成绩。

根据 1989—1993 年第四次国家森林资源清查结果，国家森林面积 13370.35 万公顷，常设木材 117.85 亿立方米，森林覆盖率 13.92%，人工林

---

① 郭捷友、黄珍、张训华等. 中国森林经营管理现状及发展趋势 [J]. 现代园艺，2015 (10)：40-43.

面积增加到 3425.1 万公顷。可比口径种植园的年均净增长量为 184.84 公顷；天然林面积增加，天然林面积 9428 万公顷，占森林面积的 73.35%，年均净增加约 55 万公顷；由于国家实施了一系列森林资源管理制度和措施，天然林的消费受到一定程度的控制，增长量已开始超过消费量。这扭转了长期赤字的被动局面，实现了森林面积和森林积累的双重增长。1993 年，国家制定并颁布了《林地管理暂行办法》，规定了林地权的管理、林地的开发利用，保护、占用和征用的审批、授权、奖惩办法，使林地的损失得到有效控制。1994 年，国务院办公厅发布《关于加强森林资源保护管理工作的通知》，要求各级政府和林业主管部门切实加强对森林、林地、野生动物和珍稀植物的管理和保护，森林覆盖率达到 16.55%。1997 年，江泽民提出了"再造一个山川秀美的西北地区"的号召。1998 年，国务院制定了改善生态环境的指导方针，如封山育林、退耕还草、退耕还林，恢复绿化和保护发展。1998 年以来，已经启动了 6 个主要的林业项目。2020 年，修订后的《中华人民共和国森林法》颁布。森林生态效益补偿基金制度开始实施，反映了森林资源的开发利用价值的一个重大转变，森林资源得到有效保护和发展。

第二章 森林资源管理制度历史溯源

第一节 典型国家森林资源管理状况

一、美国

美国国有森林总面积为 5600 万公顷，由联邦林业局直接管理。联邦政府下设林业局直接管理国有森林，并全权负责机构的设置和规划，以及人员配置和财务，还包括生产和销售、科学研究。国家林业和草原局负责管理州内的当地林业。联邦政府和州政府制定了一系列相关法律法规，对私人林业活动范围进行规制。不仅包括环境保护、野生动植物保护，还包括水资源保护等。州政府对其他森林管理的活动，独立进行干预，联邦林业局和国家林业和草原局没有领导关系。美国林地管理组织致力于使国有林地得到有效保护，并逐渐形成了一套完整的系统和较为先进的模式，以全力保存位于生态系统极度脆弱地区的大片森林，并且形成了卓有成就的生态屏障，有力地推动了商业用途的木材生产。然而，在此过程中，国家森林资源管理保护出现了一些意料之外的状况。首先一个日益突出的矛盾就是森林保护与森林发展之间的矛盾，例如，高尔夫球场的建设需要占据大面积的林地，砍伐大面积的森林林木，球场周围又需要修建道路并大量建造房屋以促进森林旅游的发展。与此同时，公众的环保意识逐渐增强，对环境保护的力度越来越大，越来越重视对社区森林的保护。美国联邦林业局和各种森林经营区已经意识到，有必要改变多年来关闭森林资源的管理方法，实施民主管理和开放式管理，以有效保护森林并有效地发展林业生产。

二、加拿大

94%的加拿大森林是公有森林，其中71%属于各省的管辖范围，23%属于联邦，私有森林为6%。加拿大的森林资源占国土总面积的42%，约占世界森林面积的10%，森林资源非常丰富。加拿大森林资源管理局由联邦、省和市（县）各级管理局共同组成。联邦政府的林业局设在自然资源部下。他们的主要工作是：第一，协助制定国家有关林业政策和法律规范；第二，管理联邦森林，并对私有森林进行协助管理；第三，组织基础林业科学研究，并且通过示范林形式向周围开展推广工作；第四，负责林产品的国际贸易。除英属哥伦比亚林业部外，其余省份由自然资源部林业局管理，这说明各省林业主管部门的组织形式基本上是一个模式。根据《加拿大联邦宪法》，各省管理基本森林资源。省林业主管部门主要负责：第一，制定省级森林资源管理利用法律规范；第二，负责各省对占全国71%的森林资源进行管理；第三，推动林业产业发展和增加相关岗位促进就业；第四，提供文娱场地；第五，为有需要的私有森林所有者提出建议和提供帮助。市（县）级森林资源管理部门主要工作就是社区所有森林的管理。市（县）级林业主管机构相对较小，辖区内管辖面积相对较小，一般只有几百到几千公顷。

此外，加拿大有两种类型的森林资源管理模型。公有森林的管理组织一般分为三个层次。第一层次是总部，主要负责政策制定、新法律法规发布，制定发展战略、发展目标，控制财务等。第二层次是辖区办事处，主要工作是解释项目咨询政策。第三层次是林区办事处，他们的主要任务是负责私有森林业主的项目执行管理和咨询。加拿大组建了专业的林地管理团队，纳入公务员系列管理。一般而言，林业管理者不直接参与公共森林的管理。相反，林业管理机构与合格的公司签订合同，以此管理和规划森林资源。国家对于私人拥有的林地资源管理并没有制定强制性措施，主要是以技术咨询的方式、公共教育和税收政策支持，小林地的管理也可以由业主通过协会进行。

三、德国

德国土地面积35.70万公顷，森林面积10.80万公顷，森林覆盖率30%，森林分布均匀，每公顷木材积累量为270亿立方米。德国生态功能十分明显地归功于生长条件极其良好的林木。德国的洪德斯哈根在1826年提出了闻名学界的"法正林"概念，德国因此迅速成为世界先进林业国家。德国对于林地资源经营管理有着很高的衡量标准，并造就了林业管理所追求的典型理想化林地状态。可是因为这个理论只是以木材管理为中心，仅仅涉及森林的木材蓄积可持续，并没有将林地资源的生态社会功能、稳定性及可持续化的转化纳入其中，因此很多森林稳定性不足、不易充分运转的潜在问题应运而生。20世纪中期，随着工业和经济的持续进步，德国根据林业政策效益理论和森林效益可持续管理理论，出台了林业发展战略。20世纪60年代，德国又开始探索森林多功能理论，并着手实施森林多效发展战略。20世纪中后期，正式颁布了《森林法》。20世纪末，德国采用"近自然林业"的方法，强调森林的多功能特征，还将其作为一项新的林业政策和管理政策，以促进森林的可持续利用。

德国的国有森林根据所有权归属可划分为公共森林和私有森林，公共森林占54%，私有森林占46%。《德意志联邦共和国森林法》中明确指出，如果政府需要占用森林所有者的私有森林以用来进行国家建设，就应从国有森林中分配相同规模的国有森林给私有森林所有者，质量相近或进行价格补偿。由于林权的稳定性，林主已经建立了林业长期管理的理念。大多数州的林业管理部门分为农业部和林业部。联邦农业部、林业部负责制定和监督国家林业制度、木材进口和外汇。各州主要负责落实国家林地资源管理方面的法律法规和林地管理长期计划，与联邦政府共同进行协调工作、行政和经济互动，监督检查他们的附属公司。林业局实施国家林业法律法规，监督和管理基层林业局的工作，做好国有林场的前期组织、中期组织和后期组织以及私有森林的协助工作。《德意志联邦共和国森林法》规定，森林采伐量不得大于增长量；除发生自然灾害外，禁止砍伐。私人拥有的林地不得向外国人出售。对于私有森林经营，除了国家林业业务指导外，国家还积极为其发展提供资金。

德国政府早就认识到森林是生态和环境的重要组成部分。为了及时准确地对森林资源对气候变化和环境污染的动态做出准确的评估和预测，德国对森林资源检查检测的内容逐渐丰富，技术手段日新月异。林地资源的监控可分为两部分，宏观角度的林地资源监控和微观角度的林地管理检测。内容涉及以往的森林生长以及树木测量指标、林地健康状况和生态环境影响因素等。德国通过对国有林地资源进行全方位的监测，可以了解掌握实时的国家林地资源现状，并以此为依据做出相应的调整。另外，德国为了实现可持续性转化，达成经营目标，确定了对各州森林进行详细的监管调查，制定了十年为一个周期的详细计划，作为林地资源管理的经营利用原则。德国有效的监管技术促进了可持续森林的管理。

德国监测体系是由联邦农业部下设的森林木材工业局负责的。国家森林资源监测系统主要包括三个方面：国家森林资源清查、国家森林健康调查以及国家森林土壤和树木营养调查。具体的监测工作由联邦农业部和林业部以及国家林业局负责，制定一致的技术规划标准，交由各个州完成具体的操作。再由与联邦相关的研究所统一总结、分析和评估，编写国家报告。出版部分由联邦农业部和林业部主要负责。对清查林地资源、调查森林健康和土壤营养，德国利用其先进的高端科学技术给予支持，通过高分辨率遥感成像和航空照片对林地种类以及土地利用情况进行层层分析，对林地开展全面的地面调查。

四、日本

日本的森林政策和法规非常健全，很大程度上推动了它的林业建设发展进程。1951年颁布了《森林法》，后来经过数次修订，森林保护利用方面的基本框架已经成型。随后，1964年颁布了《林业基本法》，1978年颁布了《森林组合法》。其中，《林业基本法》指出了国有森林资源的规划政策目标和林业发展方针。上述三项法律制度是该国在林地资源保护方面最为重要的法律制度，另外还颁行了相应的法规，如《自然环境保护法》《造林临时措施法》《治山治水紧急措施法》等。

日本的森林分为国有森林和民有森林。民有森林分为公共森林和私有森林。在森林面积中，国有森林占差不多1/3，民有森林占68.8%，其中私有森林占全国林地总面积的58.6%。日本政府还鼓励各大企业对植树造林进行商业支持，国家会进行一系列的经济方面的补偿，国有森林全部由政府出资投入，民有森林方面，政府一般出资标准为30%~50%。其他林农自行筹集，收入由国家和林务员按一定比例分配。森林地区的道路建设由国家补贴80%。规划中的森林公路总长度为278000公里。到1998年，它已完成127982公里，完成率为46%。日本森林地区的道路网络密度很大。目前，每公顷林地已达到9.4米，目标预计为18米。为了充分发挥森林的多样性，1997年以前，日本一般将国有森林分为四类：一是国家森林保护林或防护林，这种防护林主要用来防治水土流失和防止山体滑坡，并通过种植这样的人工防护林来保护水和农田。该国在防护林带的规划、补偿、采伐和有效性方面建立了相对完善的制度；二是保持自然林的完整性，其目的主要是为了保护野生动物；三是使用森林资源建设文化基地，主要是为了让人民享受观光、文化健康的作用；第四是木材生产林，主要目的是生产木材，以满足国内木制品日益增长的需求。由此看出前三类森林是公益林的性质。1998年以后，日本为增加公益林的比例，重新划分了国有森林。1997年以前，国有森林类型划分中木材林占国有森林面积的多半，自然林占19%，森林空间利用林占8%。在上述种类中，除木材林外都是公益林，占总数的46%。1998年以后国有林地资源类型被重新归纳划分，资源和环境利用森林占19%，水土保持森林占54%，共生林占27%。其中，除资源和环境外，其他森林的性质为公益林，整体占81%。

日本对于不同的森林所有者的管理方法进行了不同程度的调整。农业部、林业部、渔业部和县政府直接管理国有森林，并为私有森林的管理提供指导。林业部设有林业局和林分局。私有森林的所有权由业主管理和运营，私人业主的积极性得到充分调动。

五、俄罗斯

俄罗斯的森林面积为7.28公顷，占俄罗斯联邦国土总面积的43%。俄罗斯木材储备量占全球总储备量的1/4，是世界顶尖的木材储备国。俄罗斯第一部规范自然性质的法律《俄罗斯森林法典》早在1016年就问世了，其中规定对盗窃木材和树木的行为进行处罚。1678年和1681年，俄罗斯沙皇颁布禁止伐木和狩猎的法律。20世纪，苏联组建了林地资源管理组织，1923年的《森林法典》建立了林地资源利用方面的新型关系。法律制度要求尽最大可能将森林价值最大化，对林地资源进行集中化的经营管理。1977年和1978年先后通过的《苏维埃国家森林法》和《森林法典》这两部法律中声明，森林是国家经济和军事实力的根基，其具备的生态经济及社会价值巨大，所以森林资源是极为重要的。1993年的《森林法》，明确规定将森林与土壤、水、矿产资源的相互关系进行了调整。1997年，以国家的《森林法》和联邦政府颁布的《俄罗斯联邦林业局条例》为基础，颁布新的《森林法》，规定森林资源的利用、保护和森林更新管理有三个方面：动物社区的管理、生活环境的保护和国家自然环境保护的管理。

六、印度

印度森林面积6413.1万公顷，森林覆盖率21.6%，占世界森林资源的1%，居亚洲第三位。人均森林面积仅为0.1公顷。这个数值与中国不相上下。人工林面积为352.78万公顷，占世界人工林面积的17.45%，占亚洲人工林面积的28.12%，排序仅次于中国位居第二。随着农业现代化的进步，人口持续增加，城市面积也在逐渐扩张，热带雨林的面积正在逐年减少，其土地和牧场面积只占世界总值的 2% 和 0.5%，人口数量和畜牧业牲畜的占比却达到了惊人的 16% 和 15%。以往的农业生产传统对于森林资源构成了一定的阻碍，林木的减少和焚烧对森林构成很大威胁。在印度，养殖畜牧业的牲畜数量几乎突破 4.5 亿，急需的畜牧饲料供应严重不足，放牧现象屡禁不止。政策落实不到位也是砍伐森林的一个重要因素。在森林资源的管理和利用方面，国有森林与周边社区之间存在冲突，这就是为什么印度必须在社区参与的情况下开展联合森林管理。

第二节　典型国家森林资源管理制度的特点

一、多元化的产权制度

典型国家的森林资源保护是多重产权制度并存。美国的人工造林工程，在森林资源的发展规模上，成果占 80% 以上。森林私有者拥有超过半数的林地，采伐数量占比将近 60%，林务局和土地管理机构有着两成的林地，采伐数量占比 6%；州政府和地方政府有着 9% 的树林，采伐量占总量的 5%。在美国，林业产业为国家的经济建设做出了巨大的贡献，除了生产大量的木材，还解决了大量的就业压力，提高了人们的收入水平，对于社会环境的改善也不可忽视。在瑞典，森林资源总量并不算高，森林面积为 2713.4 万公顷，占世界的 0.70，蓄积量为 29.14 亿立方米，占世界的 0.75%，但是他们的锯材生产量达到了世界的 6%，纸浆产量占 7%，纸产量占 3%。芬兰的林地资源庞大，支撑着国民经济，面积为 2193.5 万公顷，蓄积为 19.45 亿立方米，人均林地 4 公顷，其人均林地面积数值在欧洲范围内居首位，林地工业贸易额约占世界总值的 15%。私人拥有的林地面积占全国森林总面积的 70%，占全国森林总蓄积量的 84%，占木材供应量的 70%。国内有着四十余万的私有森林业主，就业人员数量超过八十多万人，1/6 的芬兰人是私人森林的拥有者。葡萄牙和西班牙私人拥有的森林则更多，达到了全国总面积的 3/4。意大利的数据显示达到了 2/3 的数量。多元化的管理是林木资源的多途径使用的基础条件，森林的主要任务是公益事业。大力推进合理利用，切实保护林地资源，提高其生产力，增加它的产量。公益事业是建立自然保护区和国家森林公园。一些发达国家经济条件有优势，公有森林和私有森林的商业生产和生态使用相互转化，互相促进。私有森林不仅用于商业目的，政府也限制其采伐量和提供财政补贴来保证其生态功能。

加拿大明确规定了森林产权的责任、权利和利益。加拿大森林主要是公共森林，总占比约在90%以上，管理方面的原则为，"谁拥有，谁管理，委托经营，用于赔偿"。经营者与国家之间签订合同，并根据合同和法律独立运行。政府主要负责经营者的合同履行情况，并不干扰经营者的日常经营活动，并给经营者足够的经营自主权。日本采用多种所有制共存的森林资源法律管理模式，如国有、公有及私有等。国家森林经营也采用宏观指导和调控政策等多种方式，大多数森林都是采用宏观指导和调控政策进行培育、管理和木材加工，根据地区的特点和各自的优势发展林业。

二、重视森林生态保护

现代社会，世界各国对森林生态保护已经达成一致共识，认识到森林生态的保护迫在眉睫。林业资源管理中，强调保护的内容包括森林生态环境、生物多样性和森林的多角度利用。森林是我们的宝贵财富，在生态和社会效益方面表现卓著，强化了在执法方面的努力。如，加拿大林业工作的一个显著特点是减税和补贴，由于对科技的重视，促进了森林的可持续化发展。多元化的管理使得森林资源的利用更加灵活，产量大幅度提升，促进国内森林资源的利用保护。国有森林承担大量的公益事业，比如自然保护区、国家森林公园等，发达国家经济发达，公有森林和私有森林的作用与角色相互补充，共同促进。私有森林不仅有商业功能，国家还可以通过限制采伐量和供给财政补贴来保证其生态功能。林地资本的投资管理是日本的重中之重，因为日本经济发达，可以投入巨大的资本。民众的保护意识较强，可将林业保护实施于各个层面。日本的森林科学技术处于世界先进地位，在林木培种、防虫防病、养护经营、采集加工等方面的研究都十分细致，由此产生的大量成果在实践中得到应用。

值得一提的是，德国强调森林的生态功能、生物多样性和生态保护。德国制定了植树造林和保护天然林的原则。天然林中，生态系统的自然规律和动植物间很多关系都能很好地反映出来。在德国，准确计算年增长率并确定年度采伐，尽量减少砍伐森林，因此保留了很多有价值的森林资源。德国每十年就会进行一次森林规划调查。其主要是地面调查。它调查了每个小规模林场的场地因素、生态环境因素和树木测量因素，最终形成了实现近自然林业的总体规划和商业目标。德国森林经营规划调查仔细，遵循规划和设计调查的设计。林业资源筹划及运作调查主要包括地面的场地条件、森林植被等各林木的树木测量因子、生态状况等，将森林立体结构等相关因素与调查结果相结合。做到了对森林生态环境因素的定量估算，如现场条件评价、近自然度、生物多样性、林分透气性等。森林产值包括场地要求、树木种类等等一系列的森林保护和管理目标及措施的地图。林业资源经营的计划基础、分析、目标结果等等通过栖息地图展示出来。这些构成了森林经营计划的基础，为后来的森林资源、生态环境评估提供基本数据。德国的森林资源检测已从传统的木材资源中心转化为森林环境监测。除了木材资源的调查，还涉及森林健康生长、生态等等，很大程度上对林业发展起到积极推动的作用，保障了生态建设和环境建设。

三、完备的法律制度作保障

典型国家的相关法律制度都比较完整，对于林地资源的保障有着切实的保护作用。法律很清晰地确定了保护林地资源的各种权利义务，通过有效的实施落到实处，在法律宣传方面也很出色。在瑞典，设立了 8 个委员会对森林法的施行状况进行监督检查。1982 年，德国对于未指明的苗木的出售实行严格的批准制度并销毁所有已售出和种植的幼苗。森林管理法律制定全面广泛，包括了树苗培育、植树造林、树木产品的收获和更新等方面。尽管法律保护私人拥有者的权利，但也适度限制他们的生产和经营。一般规定，采伐量要低于增长量，但不是明确的每年的采伐量或者森林活动的具体措施。这样的要求实现了增长量和采伐量的宏观管理，使得森林资源的消耗得到控制。加拿大建立了自上而下的完整的法律以及监察体制，对于森林资源管理有着严格详细的规定，管理者或者经营者必须在法律规定的范围内开展工作，森林行政执法关键在于预防而不是善后，根据行政处罚的轻重，决定经营者是否继续经营。

四、注重社会公众的作用

一些社会中介组织，如各国的行业协会，在私人森林的发展中发挥了非常重要的作用。从小数量森林的私人拥有者的角度来说，规模限制了他们对木材的加工程度。他们大多是家庭手工业者，一般只能进行木材的粗加工。

该业务模式的特点是运营广泛，规模效率低，市场竞争力强，风险抵抗力低。一些森林所有者合作发展森林管理和森林产品的制造，能够突破个体或者小型林业拥有者的资源、劳力、技术水平和资金等多方面的限制，强化小森林所有者和大政府，小森林所有者和大企业，小森林所有者和大市场之间的关系，充分把握市场的资源，强化应对能力。印度的民众参与该系统的积极性高涨，他们的意见建议体现在决策的商议和决定过程中。其实民众的意见看法具有更强的可操作性。尽管印度的土地国有，但是民众的参与可以使得森林在治理方面表现不凡。印度实施这样的政策取得成功的主要原因在于当地百姓和民众可以从中获利，甚至有木材和森林产品的收益。这样的规定使得政策的实施广受好评，并且民众都积极参与其中。印度还注意加快建立社区伙伴关系，共同管理自然保护区。当然，这些做法都是为了保护野生动植物和向当地社区提供相应的帮助，如建设沼气池、发展农牧业以及建立粮仓。这可以有效地促进当地社区居民积极参与森林防火、森林资源管理和野生生物保护。

五、对中国的借鉴和启示

美国花了将近一个世纪的时间才形成了一个相对完整的森林法律体系，但现在仍然面临着新的挑战。这说明改善森林法律制度是一项长期而艰巨的任务。在中国国有森林资源管理过程中，我们应该更加重视森林资源保护和生态系统建设，完善森林资源法律法规。中国法律制度正在逐步完善，法律环境日益改善。可以说，建立系统、独立的森林法律体系是中国的当务之急。就德国而言，非常重视建立健全森林管理条例和准则体系。在森林法以外，联邦和各个州还创制了森林保护和管理的具体计划，这两方面结合起来，显示了国家林业管理部门和各级森林资源保护机构的共同的指导目标和意义。政府制定的相关规定与林地管理和政府资金相匹配，在一定程度上支持了这种架构。另外明确定义一些技术问题，如细化森林树木的采伐方法等。中国林业的发展目前正处于转型期。在这个阶段，德国的治理模式值得学习，尤其是德国的森林行政组织的精简这项举措。德国将社会教育摆在重要的位置上，提高社会公众的参与度，在这个问题上，德国表现得非常出色，也值得我们学习。加拿大拥有世界10%的森林资源，但其人口仅占世界人口的1%。中国要学习的是加拿大国家森林资源管理的高度和全面性，特别是国家管理实施的有效性。日本将森林法作为基本法和森林林业基本法。日本《森林法》

第 1 条规定了森林规划，森林和其他森林的基本问题。目的是促进森林的可持续性种植，提高森林的生产力，保护国家发展。由此可知，日本颁布的《森林法》明确规定的森林保护和管理基本要求，对于森林保护发展、政策目标和基本概念提供了原则性的规定。因此，在某种意义上是森林保护和林业发展进程的基本法律规范。

美国、德国、日本等国家已经完成了国家基本法律和地方政府立法等多个层面的森林法律架构，对于强化林业管理部门的权威、完善森林资源管理部门与林业管理企业的关系有着不可忽视的作用。只有完善森林资源管理组织的权力划分，才能真正做到森林的可持续性发展。

第三节　中国古代森林资源管理制度

一、中国古代的自然资源管理思想

（一）认识到自然环境的好坏对国家兴衰和贫富有重要影响的思想

西周时期，人们认识到保护山野蔽泽是国富民强的保证。《管子·立政》篇中讲到富国立法有五条，其中第一条就是"山泽救于火，草木殖成，国之富也"。将山泽防火、草木生长置于富国之道的首位。《国语·周语》中述周制："国有郊牧，疆有寓望，薮有圃草，圃有林池，所以御灾也。"这说明当时人们认识到郊牧、圃薮、林囿可以用来救饥荒、防灾年。而著名的政治家管仲则将诸侯之君能否严格地保护山林原泽不使其受破坏作为判断可否立为天下之王的标准，即"为人君不能谨守其山林菹泽草莱，不可以立为天下王。"（《管子·轻重甲》）这就足以说明人们对保护山林原泽等生态资源环境的重视程度了。《孟子·梁惠王上》云："不违农时，谷不可胜食也；数罟不入洿池，鱼鳖不可胜食也；斧斤以时入山林，材木不可胜用也。谷与鱼鳖不可胜食，材木不可胜用，是使民养生丧死无憾也。养生丧死无憾，王道之始也。"将环境保护上升到称王称霸的地步，这与管仲的环境保护思想可谓不谋而合。

（二）崇尚和顺应自然规律的思想

早在先秦时期，人们就已经初步懂得了人类与大自然的依赖关系。《吕氏春秋》中说："夫稼，为之者人也，生之者地也，养之者天也。"也就是说人类的生产是依赖于大自然的，所以必须遵循自然规律办事。在两千多年前，中国伟大的思想家老子从对宇宙自身和谐的认识出发，提出了"人法地、地法天、天法道、道法自然"的理论。在这里，他提出了"人""地""道"与"自然"之间关系的重要问题，指出在"天""地""人"以及其他万物的生成至毁灭的全过程中，都不能离开"道"即自然规律的规制。人应该效法天地之"道"，对万物"利而不害"，辅助万物成长，增进和维护自然的价值，而不应违背"道"的"自然而然"的特性。否则，一切过度的事情都不能持久，人最终都会受到惩罚。

比老子稍晚一些的道家思想家庄子，他的基本思想就是"齐物论"。他认为万物本是同一的，并无质的区别。所谓高低、贵贱、美丑等判断实际上都是人的主观"我见"。他举"浑沌"被凿七窍的寓言故事（《庄子·应帝王第七》）说明，用这些"自我观之"的功利心态去改造自然，就必然会造成对自然，包括人自身的损害，而社会也就会分裂变得不安宁。并进一步指出人应该尊重自然，尊重一切生命的原因，人的生命、禀赋、子孙都是大自然和顺之气的凝聚物。为此，在《庄子》一书中他特别强调人应顺应"自然"。孔子也曾言："断一木，杀一兽，不以其时，非孝也。"将顺应自然规律的适时的伐木杀兽视为孝的行为。

对于违背自然规律的行为，古人则认为其必然引起自然的惩罚。在汉代，人们就知道了破坏森林会导致自然灾害。《汉书》说："斩伐林木，亡有时禁，水旱之灾，未必不由此也。"将水旱之灾与违背自然规律地利用自然资源相联系起来。北魏著名农书《齐民要术》说："顺天时，量地利，则用力少而成功多。任情反道，劳而无获。"按照自然界的生态规律进行生产，就能事半功倍，获得较多的经济效益，反之则不然。顺从自然规律，主要是遵循一个"时"字。所谓"时"，指的是动植物的生长发育成熟繁殖的季节。《逸周书·文传解》中说："山林非时，不升斤斧，以成草木之长；川泽非时，不入网罟，以成鱼鳖之长。"这说明了当时的人们已经认识到了对林木的砍伐、动植物的猎捕要适应自然规律之"时"，才能保障人们对该自然资源的合理利用。"不违农时，谷不可胜食也；数罟不入洿池，鱼鳖不可胜食也；斧斤以时入山林，材木不可胜用也。"（《孟子·梁惠王上》）体现了生态效益和经济效益相统一、自然资源的利用与保护相适应的思想。顺从自然规律，还要注意一个"节"字。所谓"节"，就是在使用和开发自然资源的问题上必须有节制，不能掠夺性地使用资源。传说商汤见到郊外有人四面张网，认为"尽矣"，于是他命"去其三面"，不要一网打尽，竭泽而渔。（《史记·殷本纪》）捕鱼不用密网，不在树木生长时节砍伐，也都是为了自然资源的再生。

（三）"天人合一"的"和合"思想

"和合"是中国文化生命之所在，它是被普遍认同的、一般的原则，是中国传统思想中人与自然和谐一体的理论，即人与自然相互依存，人不能脱离自然而独立存在。西周末年，史伯提出"和实生物，同则不继"的深刻思想。这里"和"是"以他平他"，指不同事物和因素的结合，是差异性和多样性的统一。"同"是"以同裨同"，指完全相同的事物和因素的结合，是不能产生新事物的直接同一。因而"和"能生生不息，"同"则没有持续发展。史伯的这种思想与当代关于"生物多样性"与"可持续发展"的思想是完全一致的，至今仍有着重要价值。在《易经》《内经》中把自然与人比作"大宇宙"与"小宇宙"的关系。《易经》将人视为是自然界的一部分，与天地合称"三才"，认为："《易》之为书也，广大悉备，有天道焉，有地道焉，有人道焉。"（《系辞下传》）强调在"天地人"的关系中要按照自然规律办事。孔夫子也认为应以"天地人"生生不息来追求和维持在时间和空间上的和谐与均衡，主张"节用而爱人""吾道一以贯之"，在理念上反对通过掠夺自然来增加财富和享受。道家代表人物庄子提出了"太和万物"的命题，意思是说在天地万物中本来就存在着最大的和谐关系，因此人们应"顺之以天理，行之以五德，应之以自然"。人应该顺应天道的规律，按照五德来规范自己的行为，以适应自然的要求。儒学大师董仲舒则系统地表述了"人副天数"和"天人合一"说。他认为"天亦有喜怒之气，哀乐之心，与人相符，以类合之，天人一也。"人与天地具有感通性，天地的某些变化、迹象预示着人类社会的起伏、曲折，人的活动也会引起天地的回应，水旱、地震、山崩等自然灾害是天对人的谴告。如果我们撇开董仲舒的唯心主义体学和非合理的成分，仅从环保的角度来审视它，其含义无非是说天（自然）是放大了的人，人是缩小了的天（自然），天和人具有高度的一致性、相似性。它的合理成分在于从整体、系统的角度处理人与自然的关系，人与自然息息相通、密切相关的，人的活动会引起自然环境的变迁，自然环境的变化教人"以察时变"，最终实现和谐一体的天人关系。

自秦汉以来，各代的思想家都从不同的层面上对"天人合一"的思想进行了发挥和论证。例如：程朱学派提出了"人与天地万物一体"的观点，并以"参赞化育"作为"和合"的目标以处理人与自然的关系，维持生态平衡。佛教的"依正不二"原理也是对"和合"思想的阐发，"依正"是指"依报"（环境）和"正报"（生命主体），两者"不二"是说生命及其环境是不可分割的整体。由上论述，我们可以看出，在中国文化思想史上，"天人合一"是一个基本的信念，始终是中国人思维中或明或暗的一条主线。总之，中国"天人合一"传统文化蕴涵着丰富的生态伦理思想，为世界历史所罕见，足以成为东方生态伦理学之代表。

二、中国古代的森林管理机构和措施

（一）中国古代的森林管理机构

中国古代不仅有丰富的环保思想，而且许多朝代都设立了初具规模的环保机构。中国从帝舜任命伯益为"虞"起，设立了虞、虞部、虞衡，是世界上历史最早的环境保护管理机构。《尚书》记载，一次帝舜召集大臣们议事，他问："谁能替我掌管山林川泽的草木鸟兽？"众臣说："让伯益来担任这个职务吧。"舜说："好，伯益，你来担任我的虞官。"史书上说，伯益有丰富的生物学知识，他把山林川泽管理得很有条理，使草木生长得很茂盛，人们敬佩地尊称他为"百虫将军"。虞衡机构的目标和职责是保护各种生物和自然资源，负责制定管理山林川泽的政令，虞衡官员执行这种政令。它设有专职官员，如虞部下大夫、虞部郎中、虞部员外郎、虞部承务郎、虞部主事等。其中，虞师总管山林川泽政令，虞候管理湖草，贮备薪柴。虞人，是各级专职虞官。专管山林、狩猎、湖泽的虞人，分别称为山虞、兽虞、水虞、野虞等。衡官，是虞官的下属，如林衡、川衡。

秦汉以后，山林川泽都归少府管理，具体分管的有林官、湖官、破官、苑官、畴官等，至唐宋时朗，虞衡又兼管了一些其他事务。据《旧唐书》记载，虞部之职"掌京城街巷种植、山泽苑圃、草木薪炭供顿、田猎之事。凡京兆、河南二都，其近为四郊三百里皆不得戈猎采捕……"在当时，虞部不仅管理山林川泽，且管街道、物资供应等等。到明清时，虞衡机构除继续主持环境保护工作之外，还增加了采捕与陶冶，负责办鸟兽之肉、皮革、骨角、毛羽，以供祭祀、宾仪之需及礼器军需之用。

（二）中国古代的森林管理措施

中国从四千年前的帝舜以来，就把自然保护列为国家重要任务，并逐渐制订和形成一套法律法规与政策措施。西周时颁发的《伐崇令》，就用兵之事明确规定"毋坏屋，毋填井，毋伐树木，毋动六畜，有如不令者，死无赦。"《逸周书·大禹篇》里的《禹禁》，是针对古代人口增长和垦殖发展，森林植被遭受破坏，引起水土流失、沙漠蔓延、湖泊湮废、水源短缺、气候变化、物种的分布变迁或灭绝等问题，制定的历史上最早的一部森林保护法。据《禹贡》《管子》等记载，中国古代重视国土合理开发、利用与环境整治，特别是中国自古就设置自然保护区。齐相管仲坚决主张采用立法和执法手段，管理山林川泽和保护生物资源，明确提出"修火宪，敬山泽林薮积草"（《管子·立政》）。

秦朝的《田律》，是迄今所见到的古代自然资源保护法律保存最完整的文献，不仅是中国也是世界上最早的环境保护法律。在十八种秦律中有一种称之为《田律》，它有一部分专讲自然资源保护，包括古代生物资源保护的所有方面，如山丘、陆地、水泽以及苑囿、园池、草木、禽兽、鱼鳖等，非常全面。

秦以后，唐宋两代的森林保护又有了一定的发展，特别是北宋重视立法、执法，皇帝以下诏令的方式，一再颁发和重申自然保护的禁令。唐玄宗李隆基采纳宰相姚崇和宋璟的建议，决定煞住滥捕滥猎鸟兽以制奇装异服的侈靡之风，发布诏令，将宫中所有的奇装异服一律送至殿庭，当众付之一炬，并不许朝官吏民再穿锦绣珠翠之服，中国历史上最严重的破坏野生动物资源的事件才结束。宋仁宗下诏，不许捕鹿取胎，不许戴鹿胎冠，如有违犯，严行断遣，并奖励检举揭发。至明朝时，通过诏令对突发的森林破坏行为进行控制的形式仍然为明朝政府所应用。明朝永乐年间，土豪劣绅勾结奸商盗伐五台山山林，伐木者"千百成群，蔽山罗野，斧斤如雨，喊声震天"，百分之九十以上的山林被砍光，转手倒卖，牟取暴利。针对五台山毁林事件，明朝万历皇帝发布诏令，不论新木旧木，一概不准变卖，也不准再行砍伐，并责成有司日夜巡缉，遇有进山盗林者，立即捕获严办。这样才使一部分残林得以保存。

纵观中国历史上的森林资源保护的措施，大体可以分成如下几个方面：

1. 对动植物的保护

中国各朝各代的有为的统治者重视对动植物的保护，通过保障生物资源的可再生，来促进生物资源的合理利用。对动植物的保护主要是通过对动植物资源的利用的时间和数量上进行控制的方式来确保动植物资源不会受到严重的掠夺性的破坏。如《礼记·月令》记述匕半年孟春正月到季春六月均有保护林木鸟兽龟鳖等生物资源的禁令。从孟春"禁止伐森，毋覆巢……"，到仲春"毋竭川泽，毋流破坡，毋焚山林"，再到季夏"树木方盛，命虞人入山行木，毋有斩伐"。几乎月月都有明文规定。《逸周书·大聚》篇中说："春三月山林不登斧，以成草木之长；夏三月川泽不入网署，以成鱼鳖之长。"这些都是从时间上来保证生物资源的合理利用的。

2. 防火

原始社会时期，由于野兽众多，人们为了驱逐禽兽并获取食物，用火焚烧森林原野。然而，这样做对动植物资源造成了极大的破坏，以至于"童山枯泽"。到春秋战国时期，人们逐渐认识到山林泽薮的价值及其火灾造成的危害，于是严禁在冬春放火烧荒，因为此时气候干燥，草木黄落，最容易造成大火灾。一年用火陶冶及焚草的时间只限定在季春三月及季秋九月之间，其余时间严禁用火。《周礼·夏官司马》仁也记载："季春出火，民咸从之，季秋内火，民亦如之。时则施火令。"这说明除做饭和取暖之外，春季一、二两个月及冬季两个月均是不可用火的季节。《秦律·田律》中也规定："不夏月，毋敢夜草为灰。"其原因就是秋冬春三季气候比较干燥，草木枯黄易燃，如果在夜间放火烧草，会引起森林火灾，而夏季气候湿热多雨，草木青绿，在夜间将砍掉的草木烧成灰烬，不易引起火灾。这种规定是有一定道理的。

（三）中国古代森林管理制度的现实意义

森林资源管理在中国古代早期，只强调事物（即森林）的管理。后来发展到从多个角度和方面考虑资源，将调和人类社会（即人类社会行为和社会结构、社会组织等）与自然之间的相互作用作为管理目标。其次是财富管理，这实际上是一个生态经济管理问题。除了直接经济利益外，还有间接利益，包括木材、非木材产品、土地和其他森林资产的经济和财务管理。对象的管理变得更有意义，不仅包括森林本身，还包括在森林中生存的野生动物的管理，对森林防火的管理措施。中国古人很早就认识到自然环境的好坏对国家兴衰、国家富贫具有重要影响；在保护自然资源时崇尚和顺应自然规律，懂得违背自然规律的行为必然受到惩罚。在保护自然资源时，提倡"天人合一"。特别重要的是，中国古代许多朝代都设立了初具规模的环保机构，制订和形成一套法律法规与政策措施。这些中国古代保护森林中的重要的思想和措施对中国现代意义上的森林保护法律制度的建立，在立法思想、立法宗旨、立法原则上都有极其重要的借鉴意义。

第四节　中国现代森林资源管理立法

一、中华人民共和国成立前后的森林立法

1912 年，北洋政府起草了《林政纲要》，共 11 条。1914 年 11 月 3 日，《森林法》正式颁布，共 6 章，32 条，这是中国最早的森林法。1914 年 6 月 30 日，颁布了《森林法实施细则》和《造林奖励条例》。1932 年，国民政府重新颁布了修订后的《森林法》，共有 10 章，77 条。该法律于 1945 年再次修订，共有 9 章。在国内革命战争时期，共产党领导的革命根据地，颁布和实施了许多关于森林资源保护和管理的法律法规，如《保护森林决议案》《井冈山土地法》《保护山林条例》《闽西苏区山林法令》《晋察冀边区禁山办法》。在抗日战争和解放战争期间，共产党领导制定了《森林保护条例》《植树造林条例》和《砍伐树木暂行条例》。在东北解放区，还制定了《东北解放区森林保护暂行条例》等。这些法律在当时保护森林资源方面发挥了很好的作用。

中华人民共和国成立后，党中央国务院根据各个时期的要求，颁布了许多关于森林的法律法规。例如，《土地改革法》第 18 条规定，大型水利工程、大规模森林、大山、大片荒地的所有权为国家，并由各级人民政府专门经营。这项规定是中华人民共和国成立初期为了保护国有森林资源而制定的。这些法律的出台极大地促进了中国林业的建设。然而，由于"大跃进"影响，中国的森林生态资源遭到了很大的破坏。为此，党中央及时调整了林业建设的方针政策，对促进各地区林业建设发挥了积极作用。

表 2.1　中华人民共和国成立前后森林生态系统立法概况

时间	法律文件名称	制定主体	备注
1912 年	林政纲要	民国北洋政府	
1914 年	森林法	民国北洋政府	中国第一部森林法

续表

时间	法律文件名称	制定主体	备注
1914 年	森林法实施条例	民国北洋政府	
1914 年	造林奖惩条例	民国北洋政府	
1927 年	保护森林决议案	江西农民代表大会	中国最早的地方性植树规定
1928 年	井冈山土地法	湘赣边界工农兵苏维埃政府	中国共产党领导下的第一部具有法律效应的、成文的土地法
1930 年	闽西苏区山林法令	根据地政府	中国共产党历史上第一部涉及生态建设的法令
1932 年	森林法	国民政府	修订后重新颁布
1934 年	保护山林条例	中华苏维埃共和国人民委员会	
1938 年	晋察冀边区禁山办法	根据地政府	
1941 年	森林保护条例	陕甘宁边区政府	
1941 年	植树造林条例	陕甘宁边区政府	
1941 年	砍伐树木暂行条例	陕甘宁边区政府	
1945 年	森林法	国民政府	再次修订颁布
1949 年	东北解放区森林保护暂行条例	东北行政委员会	
1950 年	中华人民共和国土地改革法	中央人民政府委员会	
1950 年	关于全国林业工作的指示	中央人民政府政务院	
1951 年	关于一九五一年农林生产的决定	中央人民政府政务院	
1951 年	关于适当地处理林权、明确管理保护责任的指示	中央人民政府政务院	
1951 年	关于节约木材的指示	中央人民政府政务院	
1956 年	国有林主伐试行规程	中华人民共和国林业部	

续表

时间	法律文件名称	制定主体	备注
1961 年	关于确定林权、保护山林和发展林业的若干政策规定（试行草案）	中国共产党中央委员会	
1962 年	国务院关于节约木材的指示	中央人民政府国务院	
1962 年	国务院关于迅速采取有效措施严格禁止毁林开荒、陡坡开荒的通知	中华人民共和国国务院	
1963 年	森林保护条例	中华人民共和国国务院	
1972 年	育林基金管理暂行办法	中华人民共和国农林部、财政部	
1973 年	森林采伐更新规程	中华人民共和国农林部	

二、中国现行森林立法

党的十一届三中全会以后，森林资源的保护以及相关法律制度发展有了质的飞跃。国家在此期间对林业发展制定了许多政策和战略，如《中共中央、国务院关于大力开展植树造林的指示》《中华人民共和国森林法（试行）》《中共中央、国务院关于保护森林发展林业若干问题的决定》等。这些法律法规的实施，表明中国已开始全面对森林资源进行管理，并步入依法保护森林资源的轨道上。1985 年，中共中央国务院发布的《关于进一步活跃农村经济的十项政策》规定职工在国有林场还可以实现家庭承包或合资企业的决定。在 1982 年《中华人民共和国宪法》和颁布于 1997 年的《中华人民共和国刑法》（曾于 2002 年修订）中，共有 15 条涉及非法狩猎、走私野生动物及其产品、非法采伐、珍贵树木被毁有关的犯罪。除了宪法、刑法这两类法律外，中国在其他法律中仍然对森林保护做出了规定，这些法律法规有：《中华人民共和国森林法实施条例》（1986 年）、《中华人民共和国土地管理法》（1986年通过，1988、1998 年修订）、《森林防火条例》（1988）、《中华人民共和国野生动物保护法》（1988，以下简称《野生动物保护法》）、《中华人民共和国环境保护法》（1989）、《森林病虫害防治条例》（1989）、《植物检疫条例》

（1992 年修订）、《中华人民共和国农业法》（1993）、《中华人民共和国猎枪弹具管理办法》（1993）、《中华人民共和国自然保护区条例》（1994）、《中华人民共和国野生植物保护条例》（1997）、《中华人民共和国种子法》（2000）、《中华人民共和国防沙治沙法》（2001）、《退耕还林条例》（2003）等。

同时，国务院和原国家林业局针对森林现状，还出台了大量林业法规和规范性文件，按照颁布的时间顺序有：《林业行政处罚程序规定》（1996）、《林业行政执法监督办法》（1996）、《国务院关于保护森林资源制止毁林开垦和乱占林地的通知》（1998）、《国家林业局关于授权森林公安机关代行行政处罚权的决定》（1998）、《林木和林地权属登记管理办法》（2000）、《国家林业局、公安部关于森林和陆生野生动物刑事案件管辖及立案标准》（2001）、《国务院关于进一步完善退耕还林政策措施的若干意见》（2002）等等。并且从经济和社会发展的角度出发，结合可持续发展理念和市场经济的一般规律，将森林资源产权制度化和法律化，形成林业可持续发展体系。1989 年，东北的国有林区成为第一个获得林权证的林区。1993 年，为了更好地对全国的森林资源进行管理，国有资产管理局和原国家林业局联合下达了《关于加强国有森林资源产权管理的通知》，将资产管理制度运用到森林资源管理中去，肯定了森林资源的重要价值。与此同时，为了保障利益分配的科学合理，森林资源的内部林价体系必不可少，须以此体系来达到平衡森林和森工利益关系的目的。

目前来看，中国的林业执法机构在森林资源管理、林木种子管理以及野生动植物保护等方面展现出了越来越专业和科学的管理能力，相关执法人员的素质和执法能力都有了显著的提高。全国目前已建立木材检查站 4000 多个，森林公安机构 6700 多个，负责林业执法的人员全国有 20 余万人，其中森林警察 4 万多人。调查显示，国家每年有 10 万多件林业行政案件和 11 万件刑事案件，加大惩罚力度，充分发挥法律的作用，切实保护林业建设成果。但值得注意的是，事后惩罚并不能作为唯一的保护手段，杜绝相关的违法和犯罪活动还需一套完善的监督机制来进行监督和防范。

2020 年，十三届全国人大常委会第十五次会议表决通过了新修订的《中华人民共和国森林法》（以下简称《森林法》），自 2020 年 7 月 1 日起施行。新修订的《森林法》，有着全新的森林生态保护和森林经营的理念。这部新的《森林法》，实现了习近平关于绿水青山就是金山银山的理念，在未来，如何保护森林资源，经营森林资源，合理利用森林资源，维持森林生态平衡，建设生态文明等方面，都将跨入一个崭新的时代。我们从六大方面解读这部

《森林法》：（1）加强森林权属保护。明确森林权属关系，加强产权保护，是调动林业经营主体和投资者保护发展森林资源积极性的根本措施。（2）实施森林分类经营。（3）强调规划统领。以后中国将把森林资源保护和林业发展纳入国民经济和社会发展规划，职责将落实到中国县级以上人民政府。（4）加强森林资源保护。坚持用最严格的法律制度保护森林、林木和林地。（5）改革林木采伐管理制度。为适应行政审批制度改革的要求，坚持"放、管、服"相结合，对采伐制度进行了完善。（6）强化目标责任和监督检查。加强森林资源保护发展，重要的是明确责任，强化监督。

新《森林法》加大对林业改革发展的支持，表明要完善扶持措施。第一，新的《森林法》在"总则"中规定，全力支持森林资源的保护和发展将作为以后的基本制度。国家将在以后森林资源管理和开发的各个方面，包括财政、税收、金融等方面采取措施，支持森林资源管理、开发和利用，尤其强调各级人民政府责任到位，强化和保障森林生态保护修复投入。第二，强化森林生态效益补偿制度。1998年修改的《森林法》曾经规定，国家设立"森林生态效益补偿基金"，但是没有真正落实。2004年，中央建立森林生态效益补偿资金，对提供生态效益的防护林和特种用途林进行补偿。但由于种种原因，未能实现。第三，新《森林法》健全了森林了生态效益补偿制度，重点对公益林加大了保护和支持，规定重点生态功能区之间可以根据需要进行转移支付，对于地区间的横向生态效益补偿，给予全面的指导和落实；对于重点林区如何转型发展，规定了具体的措施，即重点林区根据不同情况，可以享受国家的转移支付政策。第四，新《森林法》，对盗伐、滥伐林木的违法犯罪行为，加大了处罚力度。对于罚款，规定了"一事不再罚"的原则，只能按照"毁坏林木价值五倍以下的罚款"或者"恢复植被和林业生产条件所需费用三倍以下的罚款"，选择较重的予以处罚。

新《森林法》成为森林资源法律系统中的核心法律，体现新型林业和森林资源在中国经济、社会和环境建设中的重要地位和综合作用。新《森林法》强调森林保护和森林生态建设，揭示社会经济发展机制，注重对公众的社会调节机制，体现生态优先、生态安全、生态文明、人与自然和谐的新的森林观，体现当代环境资源法的基本理念，考虑现代化的中国已经走上信息化、科学化的飞速发展的道路的现实状况。

第五节　中国森林资源管理制度

一、森林资源管理机构和权属制度

根据现行《森林法》，中国森林资源保护和利用的基本管理制度如下：

（一）森林资源管理机构

《森林法》规定，国务院林业主管部门负责国家林业工作，县级以上人民政府林业主管部门负责在该地区的林业工作，乡镇人民政府配备专职负责林业工作的兼职人员。

（二）森林权属制度

森林资源有两种所有权：国家所有权和集体所有权。一些个体零散树木由个人拥有。林地承包制度实际上是在不改变国有性和林地权属的前提进行的。林地承包商依照合同享有森林、林权和林地使用权，并有权依法经营使用森林和森林植物资源。稳定的产权制度对于保护和发展森林资源至关重要。

其他林权如森林经营权、森林收入控制权、国有林地使用权等，法律也作了相应的规定。《森林法》规定，企业可以合法参股或合营，合作造林或以森林经营的方式取得木材、经济林、薪柴林及其林地的使用权。合同管理制度也是中国林权制度中非常重要的一项。合同管理和管理法律制度是指森林、林业、林业经营者和承包商的合法权益保护制度。农民依法可以对集体所有和国有的林地进行承包，从而获得林地承包经营权。对于不适合家庭承包的荒山、废弃沟渠、荒山和贫瘠海滩等农村土地，可以以其他方从事造林活动并获得林地合同管理权。除了《森林法》的规定，在 1984 年，中国共产党中央委员会和国务院制定了《关于深入扎实地开展绿化祖国运动的指示》，鼓励跨区域以补偿贸易或合资企业的形式进行跨行业合作。合同内容、合同期限按照有关法律法规执行，法定合同期限可以延长在履行相关手续后，达到法定时限。不愿继续签订合同的农民可以返回集体组织进行进一步处置。实际上，从那时开始，合同管理制度已经出现。2007 年《中华人民共和国物权法》（以下简称《物权法》）对林权制度制定了许多新规定。《物权法》明确规定了森林资源的所有权、森林权利的转让、抵押权以及对林地占用的补偿，为实施林业政策奠定了法律基础，保障了林业的改革和发展。但是，我们清楚地看到现行《物权法》与《森林法》之间存在着许多冲突，给司法实践带来了许多困难。《物权法》将土地承包经营权定义为用益权，并确定林地承包商拥有使用林地并获利的权利。林地承包经营权的承包期由法律明确规定，合同期限为 30~70 年。承包商可以起诉其他承包商和第三方的侵权行为，包括政府的非法干预。承包商有权自行转让林地的承包经营权，任何人都不得强迫或阻碍林地的承包经营权。《物权法》的这些详细规定是对《森林法》条款的重大改进。但实践中存在的问题是，法律规定森林资源为国家和集体所有，森林资源被定义为多个权利实体（包括国家、集体经济组织和林农）。公有制和非公有制的所有权各自获得了不同的所有权，导致了"一物多权"的现象。这种"一物多权"现象给森林相关案件的处理带来了一定的困难。

二、森林资源管理制度

中国《森林法》对林业长远发展规划了法律制度、森林资源档案制度、分类经营法律制度、森林资源转让制度、植树造林制度、森林采伐制度、森林资源监督管理制度和森林资源监测制度：第一，分类经营法律制度。中国为了提高森林的综合效益，对森林物种进行分类，实施分类管理。第二，森林资源转让制度。《森林法》《中华人民共和国民法通则》《中华人民共和国土地承包法》《中华人民共和国农村土地承包法》都有相应的规定。现行流通的制度有：承包、转让、租赁、持股、抵押、分包、交换、转租；转让主体主要是农村及城镇的居民、科技人员、干部、外国投资者、私营企业主、企业、机构以及自然人（包括外国人）、法人（包括外国公司）和其他社会组织。第三，植树造林制度。《森林法》规定，关于植树造林的义务主体主要是政府。种植树木和保护森林是公民的义务。各级人民政府组织全民自愿种树，开展绿化活动。县级人民政府要认真组织绿化验收，核实造林面积，保证质量。植树造林的面积应以 2% 或更高的比例进行检查。如果成活率低于 85%，则不应纳入年度造林区。在新建的育林地和其他生态林地，政府可以组织封山。法律规定，中华人民共和国的所有公民，11—60 岁的男性，11—55 岁的女性，除了失去工作能力的人，都有植树的义务。第四，森林采伐制度。《森林法》规定了采伐的具体措施和方法。第五，森林资源监测制度。森林资源监测可以了解森林质量和数量的特点及变化，从而为可持续森林经营和林业政策提供依据。第六，森林资源监督管理制度。为确保法律的有效实施，促进林业可持续地、健康地发展，中国建立了森林资源监管体系。自 1989 年实施森林资源监管体制以来，森林资源监督机构一直密切关注国家林业建设政策，认真履行监督职责，在侦破破坏森林资源案件、控制林地流失、抑制森林资源过度消耗、推动天然林保护等方面成效显著。

三、森林资源保护制度

中国森林资源保护法律制度主要包括：（1）建立森林资源保护机构，指定森林保护区，并配备全职或兼职的护林员；设置森林资源保护专门公安组织；武装森林警察部队执行预防和打击国家森林火灾的任务。（2）设立森林资源防火制度。森林火灾分为四类：一是一般森林火灾，即受害森林面积不足 1 公顷或其他林地着火；二是较大森林火灾，即受害的森林面积在 1 公顷和 100 公顷之间的火灾；三是重大森林火灾，即受害森林面积超过 100 公顷不到 1000 公顷；四是特别重大森林火灾，即受害森林面积超过 1000 公顷的火灾。《森林防火条例》规定，国家应组织预防和控制森林火灾。严禁森林防火区放火；如果放火是在特殊情况下需要，必须由县级人民政府或者县级人民政府授权的部门批准。森林区域设有防火设施，主要包括：消防观察台、防火隔离带、消防车辆、火灾探测设备、消防道路等。此外，还应建立森林防火行政领导责任制、森林防火组织、森林防火体系、森林灭火系统和森林防火协调统计系统。《森林防火条例》还明确指出，武装森林警察部队的任务是预防和打击引起森林火灾的违法行为。（3）建立森林资源病虫害防治体系。法律规定，森林病虫害防治应实行"预防为主，综合治理"的原则和"谁操作、谁控制"的责任制，采取多种手段达到预防的目的，比如混交林，应及时清理被烧毁的土地，将采伐的林木运出切割区并及时清理和检疫；划定受感染区域和保护区；加强对森林地区各种有益生物的保护；制定森林病虫害防治计划、监测预报系统和报告系统。（4）其他规定。如对于原始的生态森林资源，《森林法》禁止砍伐、采砂、挖掘和其他砍伐森林活动，对破坏森林、放牧等相关违法行为实施相应的处罚。

第三章　森林资源法制化管理的基本理论

第一节　生态学原理

一、生态学的定义和特征

（一）生态学的定义

1866 年，德国生物学家海克尔在动物学著作中对生态学做出了影响深远的定义。他认为，探寻动物与有机、无机环境相互关系的学科称之为生态学。同时，他还着重强调了动物与生物之间的关系。由于人类活动对环境的影响，以及生态学、自然科学和社会科学的交叉，在方法论上，环境因素和生理学方法的研究是不可分割的，没有物理和化学完全分开的研究方法。理论上，将生态系统代谢概念引入生物生理学是从物理学、化学和生理学的综合视角研究生物学与环境之间相互作用的最佳方法。

生态学主要是由人口、社区、人与自然的关系和生态系统组成。在某些环境条件下，人口趋于稳定，生态系统内不同物种之间数量的相对稳定会避免竞争的发生，如，一方面，植物之间争夺空间，争夺水和争夺土壤和养分。另一方面，不同物种之间又具有一定的生存依赖关系（见图 3.1）。

生态系统包含着无处不在的动态能源，且会形成相应的新陈代谢，人们可以充分利用其生产和生活资源。如果人们只考虑短期利益，就会破坏环境、打破生态平衡，进而带来生态灾难。

（二）生态系统的特征

生态系统是指有机系统，其中有机体（包括植物、动物、微生物）及其

种群	群落
生态系统	人与环境的关系

生态学

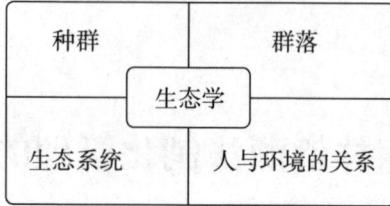

图 3.1　生态学的构成

所处的环境依赖于物质循环和能量流的相互作用。人类的生物圈内就包含着或大或小的生态系统，如城市、农村、草地、森林、海洋、河流等生态系统。在人类生物圈内，这些生态系统并不孤立存在，而是相互作用的，从而形成了完整的生态系统（见图 3.2）。在生态系统中，生命物质和无生命物质持续相互循环和相互转化，从而达到生态平衡①（见图 3.3）。

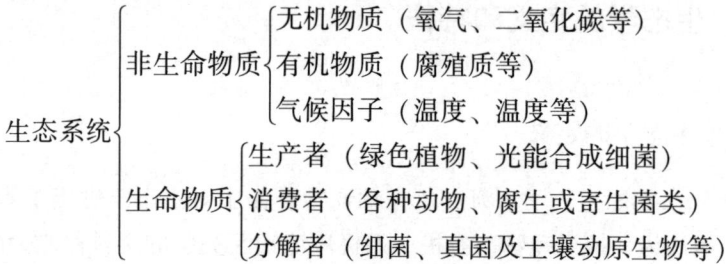

$$
\text{生态系统}
\begin{cases}
\text{非生命物质}
\begin{cases}
\text{无机物质（氧气、二氧化碳等）}\\
\text{有机物质（腐殖质等）}\\
\text{气候因子（温度、温度等）}
\end{cases}\\
\text{生命物质}
\begin{cases}
\text{生产者（绿色植物、光能合成细菌）}\\
\text{消费者（各种动物、腐生或寄生菌类）}\\
\text{分解者（细菌、真菌及土壤动原生物等）}
\end{cases}
\end{cases}
$$

图 3.2　生态系统图示

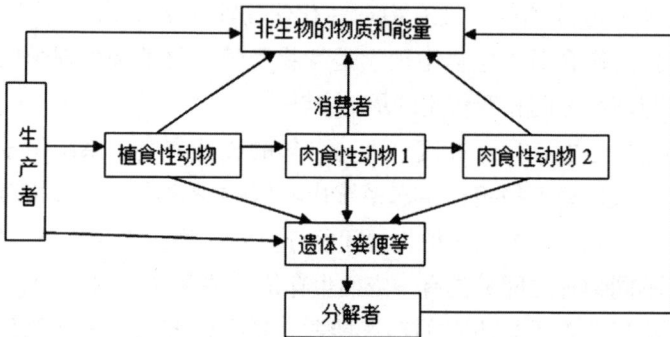

图 3.3　生态系统结构模型

---

①　动物生态价值的关键部分主要是食物链和营养级（生态系统的三个基本功能：能量流、物质循环、信息传递）。食物链和营养水平是这些功能的保证。食物链也被称为食物网。

1. 食物链（网）

食物链包括生产者（树木、草、作物等）、一级消费者（兔子、老鼠、鸟类等）、二级消费者（蛇、猫头鹰等）、三级消费者（狮子、老虎、豹等）以及分解者（微生物），形成相互依赖和控制的大圆链①（见图3.4）。

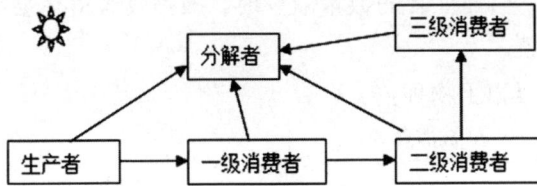

图3.4　食物链结构模型

2. 营养级

食物链中的每个环节都被称为营养级。每个营养级别只有一种类型的生物，其中，低营养级是高营养级的营养和能源供应商。但是，在营养级中存储的能量仅有约10%可以通过最后的植物生长水平来利用，剩余的大部分能量则被水合物生物体消耗并作为热量释放到环境中。这就是生态10%定律（见图3.5）。

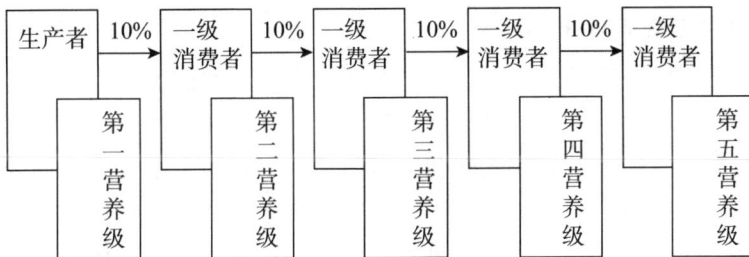

图3.5　生态系统营养级结构模型

3. 食物链的稳定性

稳定性指的是在生态系统中，生物种群及数量，应该总量持平。举例说明：

（1）假设仅剩两类物种：

由图可知，当被捕食者的数量减少时，捕食者群体会因食物不足而出现

---

① 食物链是指由生物圈中的各种生物通过食物建立的链锁。

```
A ───────────────────────→ B
被捕食者              捕食者
```

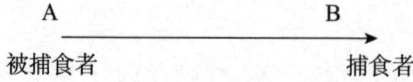

图 3.6   两种生物的食物链结构模型

数量减少的现象；当捕食者的数量减少时，被捕食者群体会因天敌减少而出现数量增加的现象。

（2）假设三类以上物种：

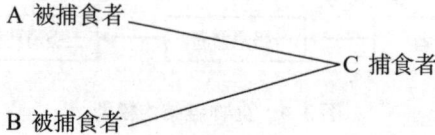

```
A 被捕食者
          ＼
           C 捕食者
          ／
B 被捕食者
```

图 3.7   三类以上物种的食物链结构模型

由图可得，如 A 减少，C 还可以捕食 B，而 A 便能得到恢复，以此维持整个生态系统的平衡状态。如，瘟疫的流行使草原上的田鼠大量死亡。捕食田鼠的猫头鹰没有因啮齿动物的减少而遭受食物危机。随着田鼠的减少，禾草得到迅速繁育，充足的禾草资源又为野兔的繁殖提供基础，野兔数量提升，又为猫头鹰奠定了繁殖基础。

4. 生态系统的特征

生态系统的特征是：第一，在生态系统中，生物群落和生物体所处的环境是特定和平衡的，具有能量交换和物质循环的作用。第二，生态系统是一个极其复杂的系统，由多种元素和变量组成，不同的变量及其不同的组合又形成了很多子系统。子系统是多样化的，并且子系统之间存在一定的顺序交互。第三，生态系统的功能系统是完整的。绿色植物能够利用光合作用储存太阳能，进而转变成化学能，而这些能量能够转化到其他动物中。经过新陈代谢和微生物分解之后，它们最终被释放到环境中。生态系统中生物、非生物和环境之间反复沟通，能源增长平衡，这就是我们所说的生态平衡。第四，生态系统具有开放性。在生态系统中，物质和能量是不断流动和输出的，这些物种通过演替以此来适应其生存环境。随着动态能量的发展，不同物种之间也能够建立起较稳定的关系。

5. 生态系统循环

个体水平、食物量水平的能量流动是整个生态系统能量流动的基础单元。加上生态系统又具有丰富多元的食物网，这些食物网能够承载太阳能以及其他类型的能量且呈递减趋势。通常，植物能量库、动物能量库、微生物能量库及无生命有机物能量库共同组成生态系统能量库。进入生态系统的能量在这四个库之间被逐级利用。如森林生态系统中，约90%的能量沿腐食食物链流动，约10%的能量沿捕食食物链流动；而在海洋生态系统中，流经捕食食物链的能量约为75%，而流经腐食食物链的能量约为25%。对于单条食物链上的能量流动，其利用和转化效率很低，大部分能量都以各种途径损失了。而人类以生产为目的的生态系统，要尽量使更多的能量流经生产链，增加产品的产出，提高能量的利用效率，避免能量浪费。

硫主要以二氧化硫或硫化氢的形式进入大气。每燃烧1吨煤就产生60千克的二氧化硫。硫进入大气的初态是硫化氢，但很快就氧化成具有挥发性的二氧化硫。二氧化硫可溶于水，随降水到达地面成为硫酸盐。氧化态的硫在化学和微生物作用下，转变成还原态的硫，反之，也可以实现相反的转化。部分硫可沉积于海底，再次进入岩石圈。硫在大气中停留的时间比较短。如果在对流层，停留时间一般不会超过几天；如果在平流层，可停留12年。由于硫在大气中滞留的时间短，硫的全年大气收支可以认为是平衡的。但是，硫循环的非气体部分，目前还处于不完全平衡的状态。

6. 生态系统的演替

生态系统的演替指的是系统自身的发展过程。最早在地球上出现的生物是原始的蓝藻类，从化石上判断其出现在大约35亿年前。能进行光合作用的绿色植物的出现是地球发展历史上划时代的事件。绿色植物光合作用释放出的氧气进入大气层中，使原始大气层的成分发生了质的改变。当地球进入距今5.7亿年的寒武纪时，多细胞异养的后生动物大量暴发，使地球上的生物界发生了翻天覆地的变化。据估计，当时大气圈氧气含量不低于现在的1%。动物通过有氧呼吸作用，从碳水化合物中获取的能量是无氧呼吸作用的19倍。这时原始的食物链便在地球上产生了，结构简单的生态系统也就随之而诞生。早期的生态系统应是水生生态系统。

距今4.2亿年，臭氧层吸收了大量的短波紫外线，生物才有可能由海洋登上陆地。光蕨植物是首批征服陆地的先锋，它属于裸蕨类植物。到了泥盆纪，裸蕨类植物繁衍茂盛，使地球陆地第一次披上了绿装。虽然其生产力很低，但是由于陆地上第一次有了初级生产者，以及接踵而来的初级消费者（昆虫和节肢动物），就为后来脊椎动物的登陆准备了良好的物质条件，给陆地生态系统的产生奠定了基础。这是生态系统发展史中的关键性突破。

土壤成为地球上各种易于淋溶矿物养分的贮存库，使陆地生态系统的结构趋于完善。地球进入距今 3.5 亿年的石炭纪时，陆地上主要分布的是鳞木和芦木等高大的裸蕨类植物。当地球进入距今 1.85 亿年的侏罗纪时，苏铁和松杉类等裸子植物大量生长，形成了高大的密林。从裸子植物起，植物开始利用种子繁殖，这是植物对陆地生态系统的进一步适应。这一时期到中生代是裸子植物的时代，也是爬行类动物恐龙的时代，陆地生态系统以裸子植物为主要的生产者，爬行类肉食恐龙是这个时代食物链中最高级的消费者。

在现代生物圈中居优势地位的被子植物，是在距今 0.7 亿年的第三纪迅速发展起来的。哺乳动物最早出现在中生代的初期，到了被子植物大发展的第三纪，有了丰富的食物和适宜的环境之后，才得以繁荣发展，使各类生态系统进入更高阶段，生态系统的结构和功能更加完善。如，在落叶阔叶林区的撂荒地，经过一系列暂时性的群落更替，最后又恢复到落叶阔叶林，这是森林群落的演替。而且随着植物群落的更替，栖息在其中的动物消费者、微生物还原者，以及群落环境都在发生改变、更替。生态系统演替的一种重要特点是趋向于多样化。①生态系统的演替，通常以植物群落、动物种群变化和环境条件变化为基础，生态系统的演替同样可分为早期幼年发展阶段和增长成熟顶极稳定阶段。

二、生态系统的结构和生态平衡

生态系统结构分为：（1）垂直结构，是指生态系统中各组成要素或各种不同等级的亚系统在空间上的垂直分异和成层现象。（2）水平结构，是指生态系统内的各种组成要素在水平空间上的分化或镶嵌现象。生态系统内各组成要素在水平空间分布上的这种分异性，使得生态系统内的生物物种组成、生物群落的外貌、结构、功能和特征在水平空间上发生相应的变化和分异。（3）时间结构。生态系统的时间结构是生态系统中的物种组成、外貌、结构和功能等随着时间的推移和环境因子（如光照强度、日长、温度、水分、湿度等）的变化而呈现的各种时间格局。它是生态系统中的生物物种对环境长期适应与进化的结果，反映出生态系统在时间上的动态。生态系统在短时间尺度上的格局变化，反映了生态系统中的动植物等对环境因子周期性变化的

---

① 食物链由简单的线状发展成为复杂的网状，种类组成和群落结构、成层现象及生态位等变得复杂多样。

适应，同时也反映了生态系统中环境质量的高低。（4）层次结构。生态系统中个体以下的为微观层级，个体至景观和流域水平的为中观层级，区域以上的为宏观层级。以上各层级的生态系统，从研究对象的系统属性上看，微观层级主要以实验生态系统为研究对象，研究生命有机体的生物学、生态学特性及其与环境的关系和适应机理；中观层级主要以自然生态系统或人工生态系统为研究对象，研究生物个体或群体的生态学特性；宏观层级主要以自然—经济—社会复合生态系统和全球生态系统为主。从研究的内容范畴上看，微观层级研究微观生物学的分子生态、遗传生态、生理生态；中观层级研究自然生态和人工（干扰）生态；宏观层级研究宏观的经济生态、环境生态和社会生态。以上各种不同层级的生态系统之间，既相互联系、相互依赖，又彼此相对独立、各具特色，它们共同组成了地球表面复杂的生态系统网络。

第二节　可持续发展理论

一、可持续发展理论的内容

（一）可持续发展环境伦理的形成及含义

环境伦理学体现的是人自身与环境之间关系的价值。随着社会的发展进步，人类也对自然环境有了更深层次的理解，要与自然和谐相处、尊重自然、顺应自然规律。21 世纪，人们致力于建立环境伦理。[①] 中国环境资源法泰斗蔡守秋先生认为，人与自然有两大关系：一类称之为人与自然的关系，另一类称之为人与人之间的关系。因此，环境伦理是一样的。环境伦理关系即人与自然的关系，而人与人之间的关系也是一种环境伦理关系。[②] 长期以来，在学术界，这种环境伦理关系有各种各样的意见和看法。这些看法基本上可以分为三种类型：第一种是人类中心主义，人类经济发展和生活需求是环境的开发和利用的中心。现在看来，这是一种违反自然法则的观点，基本上现在

---

① 张熠，王先甲 . 基于序关系分析法的节水型社会建设综合评价［J］. 水电能源科学，2017 年 35 卷第 03 期，40–43+105 页。

② 张熠，王先甲 . 基于序关系分析法的节水型社会建设综合评价［J］. 水电能源科学，2017 年 35 卷第 03 期，40–43+105 页。

所有国内外的学者都反对。第二种是非人类中心主义，这种观点主张在对环境资源进行开发利用的同时，要充分考虑到对其的保护。第三种是天人合一主义，这种观点主张环境开发利用要考虑到当代需要，也要考虑世世代代的需求。对此，我们认为，第三种观点考虑得更完整、更全面，也是国际上环境法学者们比较赞同的。① （见图3.8）。

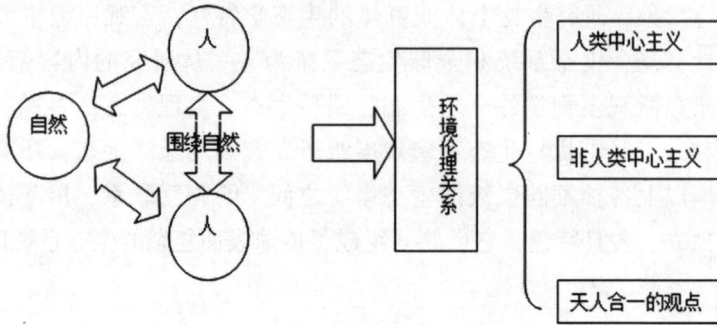

图3.8 环境伦理关系主要观点

可持续发展和环境伦理以自认价值为核心，重视人与自然之间和谐的关系。可持续发展的概念仍然坚持以人为本，并综合了人类中心主义和非人类中心主义双方的优势和积极因素，它是一种更具包容性、更丰富和更系统化的新型理论。环境可持续发展理论借鉴了非人类中心主义在生物学中的内在价值，而且具有人与自然和谐相处的内在价值。

（二）可持续发展的基本原则

可持续发展的基本原则强调人的生存和人权发展的同时，要保持自然或生态资源的和谐共存。在当今的经济发展和消费中，当代人应该为后代保留机会。可持续发展的基本原则指的是最小损害原则、适当性原则、公平分配原则、补偿性正义原则、自然基本原则、生态经济公正和公平的综合伦理原则、经济效率和道德效率统一的原则以及生态经济与社会和谐的原则。

二、森林资源与林业的可持续发展

美国率先提出了"可持续林业"的概念。加拿大作为较早进行可持续发

---

① 张熠，王先甲．基于序关系分析法的节水型社会建设综合评价［J］．水电能源科学，2017年35卷第03期，40-43+105页。

展探索的国家，早在 1990 年 4 月，加拿大林业研究所提出了"可持续森林管理"的概念。如今，各国的森林科学家和森林生态学家已基本达成共识。中国学者的观点是，林业可持续性主要具有生态可持续性、资源可持续性、经济可持续性、社会可持续性的特征。

原国家林业局于 2001 年组织了近 300 名专家学者，对"中国可持续发展林业战略"进行了研究，提出了林业的可持续发展，从而在不影响林业生产的情况下充分保护森林生态系统和生物多样性，同时不损害未来人类社会的需要。该战略在国家和全球社会经济的发展以及生活环境的改善方面也发挥着不可替代的作用，是一种环境无退化、技术上可行、经济和社会协调的模式。

中国森林可持续发展要关注的是：

1. 可持续发展已经成为亟待解决的问题

中国是一个人口众多、经济高速发展和人均自然资源相对短缺的发展中国家。中国的众多人口和高速发展的经济活动，正急剧消耗着相对贫乏的自然资源，并造成日益严重的生态失衡和环境污染。这不仅严重地损害了中国经济发展的资源环境基础，而且对中国人民生存的基本条件构成了严重威胁。

2. 可持续发展中的社会经济关系

可持续发展以人类社会的整体利益最大化为目的，实现人类与自然的和谐发展，所涉及的问题是极为广泛的。就中国现状来说，最大的问题是自然资源的保护问题、生态和环境的保护问题。这些既是经济发展的基本条件，也是人类生存的自然基础，因此，可持续发展不仅关系到中国这一代人的整体利益，而且关系到中国子孙万代的长远利益。

3. 可持续发展呼吁民主法治

在市场经济中，生产经营者自主经营。想要制止生产经营者破坏资源环境的行为，只有通过法治手段。但是，良好的法治环境，又必须以民主制度为基础。

改革开放之后，尤其是 1994 年中国政府公布《中国 21 世纪议程》之后，中国民主法治建设有了跨越式进展，尽管制定了有关环境资源的法律二十余部，但是，可持续发展的民主法治环境从总体上看还不尽如人意。除了相关法律制度不够完善外，更重要的是，行政机关并没有完全履行其法定职责，存在很多有法不依、违法不究的情形。中国有些地方政府未能依法保护资源环境，如，许多地方乱批乱占耕地、乱采滥挖矿产资源，严重危害了社会公众的资源环境权。因此，强化社会公众对政府行为的民主监督是十分必要的。

除了国家要从法律上对社会公众实施特别保护外，还要从法律上赋予社会公众自己保护自己的权利，允许公民通过举报、行政复议、司法诉讼、媒体等方式保障其资源环境的相关权利。

可持续发展的法律制度可以划分为两个部分：一是《人口发展法》，简称《人口法》，维护的是人类自身的合理发展权。二是《资源环境保护法》，简称《环境法》，维护的是人类的资源环境的永续利用权。总的来说，都属于人类（社会公众）的社会权。可持续发展的基本原则，应当写入宪法，成为宪法的基本原则，统率中国经济社会发展的各项法律和方针政策。需要研究的几个法律问题是：

（1）自然资源物权与国家管理权的关系问题。中国的自然资源，除农地大部分属于集体所有之外，其他自然资源基本上属于国家所有。生产经营者一般享有自然资源的使用权，即用益物权。但是，必须注意：自然资源物权与民法意义上的一般物权是有区别的，自然资源的物权关系中渗透着国家对自然资源的管理权。自然资源物权与国家管理权的关系是自然资源的物权要依法接受国家的管理。自然资源与普通商品不同，一般具有稀缺性，并且是人类生存的基本条件，因此，自然资源不论属于国家所有还是集体所有，国家都要从社会公益目的出发对自然资源的使用进行管理。自然资源的使用必须符合法律规定，遵循有利于合理利用资源和保护资源的原则。国家严厉打击违法滥用资源和破坏生态环境的行为。在保护资源环境的条件下，国家应当依法保障生产经营者的使用权，特别是农民的农地使用权。坚决制止一些地方政府违法圈占农地、大兴土木、大搞开发区的行为。如果确实因为公益目的征收农地时，应当对农民足额补偿，改变目前补偿额过低的情况。对于国有自然资源，特别是短缺的资源，如水资源、渔业资源、矿产资源等，应当依法建立资源许可使用制度和征收资源使用费（税）的制度，以促进资源的合理使用和节约使用。对于重要的、极其稀缺的自然资源，如原始森林、重要风景名胜区、珍稀动植物等，应当实行"保护第一"的方针，并应当采取由中央政府直接管理或者参与管理的形式，强化保护措施。针对目前保护不力的状况，要加快制定相关的法律的步伐。

（2）在自然资源、生态和环境保护方面，如何处理中央政府与地方政府之间的管理权限划分问题，各级地方政府之间的管理权限划分问题，这是一个老问题，但是在自然资源和生态环境相关的权益和责任开始变得敏感的今天，它几乎成了大多数长期悬而未决的问题的最终根源之一。需要在系统研究基础上，从有利于自然资源的合理利用、生态环境保护的角度出发，在法律上明确地划分中央政府与地方政府的管理权限。凡涉及国家安全的重要自然资源、国家的重要自然保护区和风景名胜区、需要跨省管理的自然资源（如水资源的流域管理、沙尘暴的治理）等，由中央政府管理或者参与管理。而一旦确认了这样的划分，国家就要名副其实地负起责任来，同样，属于地方政府管理的事项，也要划分省级政府与市、县政府的管理权限；需要由省统一管理的事项，应当由省管理。如：省内的环境污染问题，往往不限于一市、一县的范围，可以考虑由省级环保部门垂直领导各市、县的环保部门，实行全省环境污染的统一管理。

（3）在资源使用方面的政府许可和政府合同问题。凡属于国有自然资源又适宜生产经营者自主经营的，一般应当采取政府许可经营。也可以由有权管理的政府部门与生产经营者签订生产经营合同。上述生产经营合同，应当依法严格规定生产经营者在自然资源保护方面的义务以及政府有关部门的监管责任。这种合同显然不属于普通的民事合同，应当由根据自然资源相关的法律规定或者行政合同方面的法律规定进行调整。

（4）关于公民的资源环境权的问题。近些年来，一方面，破坏资源环境而严重损害社会公众权益的事件频频发生；另一方面，社会公众通过舆论、法律等手段与资源环境破坏的行为进行斗争，也取得了不少胜利。实践证明，应当从法律上规定，对环境破坏行为及相关政府违法行为的舆论监督权、检举权和诉权。

第三节 环境权原理

一、环境权的基本含义

（一）基本含义

在 20 世纪 60 年代早期，美国进行了一次重要的讨论，即公民保护环境和生活在良好环境中的法律依据是什么？在这场辩论中，美国密歇根大学的约瑟夫·萨克斯教授提出了"环境公共财产理论"和"环境公共委托理论"的观点。他认为，空气、阳光和水等人类生活所必需的环境因素受到严重污染和破坏，它们的状态影响着人类的正常生活，不应再被视为"自由财产"

而成为所有权的对象。从自然属性和对人类社会的重要性方面来说，环境资源是社会公众的"共享资源"和社会公众的"公共财产"。没有人可以任意拥有、控制和破坏它们。为了妥善控制和保护这种"共同财产"，共同所有人将其委托给国家进行管理。作为共同所有人的受托人的国家行使管理环境的权利，必须对共同所有人负责，并且不得滥用委托。

1970 年 3 月，国际社会科学理事会在东京举办了"污染国际研讨会"。会后发表的《东京宣言》中明确指出："我们要求每个人享有的健康和福利都是不可侵犯的。环境权和当代人对后代的继承权应该是具有自然美的自然资源。作为基本人权，它应该体现在法律体系中。"至此，国际上更明确地提出了环境权的要求。1972 年，斯德哥尔摩联合国人类环境会议通过《人类环境宣言》宣告："人在其生活环境中享有自由、平等和适足生活条件的基本权利。同时也肩负着保障和改善这一代人和几代人环境的庄严责任。"环境权由此被确定为一项基本人权。

国际社会的努力促成并推进了有关环境权的国家立法，如 1969 年的美国《国家环境政策法》和日本《东京都公害防止条例》。许多国家在宪法中规定了环境权利，例如南斯拉夫、波兰、葡萄牙、智利、巴西、匈牙利等。

在美国，对于所有人来说，环境权时常成为一张王牌。当建造者计划建立新的房屋为人提供住所的时候，环保人士便争吵着担心将会破坏重要的植物和动物栖息地；当林木为家具和住所及很多其他的重要产品提供建材的时候，环保人士便争辩说这种采伐是"不可忍受"的，损害了"生物多样性"；当农民改变他们的土地地形改良农作物生产的时候，环保人士则从濒危动物保护到湿地保存的全范围进行争辩。所谓的"环境权"的兴起已经在美国引发了永无止境的争论和冲突。

二、环境权的经济学分析

法律经济分析是运用微观经济学原理进行法律制度分析的科学。法律经济分析经常是以交易行为及其交易成本作为研究对象的，那些法律上禁止交易的物品，无法通过任何法律途径行使，很难成为法律经济分析的对象。因此，尽管环境权作为一项宪政权利，在有关研究中被炒成热点问题，却没有成为法律经济分析的对象。法律经济分析的环境权利是一种财产权、即产权，这是由于法律经济分析是从环境物的属性及环境问题的诱因出发，对环境权利进行解析的。大体的解析思路可以概括为以下五个方面。

（一）环境属性

环境问题首先是个经济问题，这就要求我们要将环境权理解为产权。在西方经济学的论著中有关环境产权的讨论大体上包括如下内容：

汤姆·泰坦伯格先生认为，我们呼吸的空气、在食物和饮料中获得的营养、用来庇护的房屋以及服装都直接或间接地来自环境。另外，凡是经历过在碧水上泛舟，在幽静的郊外漫步，欣赏过落日美景的人都已经认识到环境为我们提供了各种各样的无可替代的美好。我们因而可以说，技术的外部性理论本质上是环境经济学的基础。技术外部性的定性是微观经济学中通过建立生产集而实现的，外部性所影响的效用函数和生产集，在功能上是取决于创造这些间接影响的其他经济行为者的活动。金融外部性是价格起作用的外部性。环境应当成为一个开放的系统，既有能源与物质的投入，又有能源与物质的产出。罗杰·珀曼等先生强调，在公共物品的多种属性中单独考虑排他性，使我们可以对缺乏私人产权的物品进行另外一种分类，这就是公共产权（开放物品和资源）。

（二）"科斯定理"及其运用

有关环境问题的法律分析最著名的是 1991 年诺贝尔奖得主罗·H. 科斯先生于 1960 年发表的《社会成本问题》中提出的，后来称为"科斯定理"的理论。"科斯定理"是环境产权和其他法律经济分析的通用范式。人们基于不同的理念理解和评论它。因而"科斯定理"有许多版本，多种解释，也有多种评价。

戴维·弗里德曼先生认为，科斯针对相关外部性的传统分析，一方的行动使另一方蒙受损失，加害人要么支付损失，要么停止造成损害的情况指出："在这种情况以及许多其他情况下，损失并非简单地为一方加于另一方，倒不如说它产生于双方的互不相容的活动。"科斯分析的第一步表明：对于外在性问题的解决中，没有一个普遍的做法。制定普遍的法律时，立法机构不可能知道，在任一具体事件中，哪一方可以用最低代价避免问题的发生。在受害人可以以低代价阻止损失的情况下，如果法律使加害人承担责任，那么，设法达成一项由加害人向受害人支付损失的协议，将同时符合加害人和受害人的利益。因此，得出下述结论：无论最初的权利如何界定，也无论是加害人和受害人各有何种权利，有关各方的市场交易都会导致有效的结果。如果加害人与受害人双方最终在费用上达不成协议，相互影响，不论谁也无法实现利益，而且每一方还会付出更多的代价。

戴维·弗里德曼先生认为，所有这一切归纳起来就是"科斯定理"。这个定理之所以重要，并不是因为我们生活在这样的世界之中，而是因为它向我们显示了一种看待庞杂的问题的不同方式，这些方式是由交易费用产生的，而交易费用会阻止有关各方通过谈判取得结果。这一看法代表了对外在性的传统经济分析的重要变化，并且是分析法律制度的一种有力工具。

还有人认为：科斯对社会成本问题的分析促进了对现实世界内在的各种限制的分类。一定程度上推动经济学提出了三方面的问题：（1）它强调了对行为有决定影响的产权和交易成本的限制，这就有可能对经济学家通常所回避的整个观察范围作出解释，（2）它根据被古典经济学所忽略的各种限制来解释经济效率或帕累托最优条件，这就给福利经济学有力的一击；（3）科斯对管理和国家理论做了新探讨。理查德·A.波斯纳先生运用"科斯定理"对"污染、公害和地役权处理方法"进行分析。

罗伯特·D.考特和托马斯·S.尤伦也采用了"科斯定理"进行法律经济分析，并对有关定理进行了较多的诠释。他们的研究从饲养者和农夫之间的加害与赔偿中适用"饲养权"或"公共放牧"与"农夫权"或"受限放牧"两个原则的讨论开始。同样得出了如果饲养者与农夫"合作将实现联合利润的最大化，而不管法律的原则是什么"的结论。从而证明"当交易成本为零，谈判必然会成功"的结论。合作就是效率。当谈判的净收益为负时，双方将不会谈判。如果双方不谈判，他们自然不选择合作而选择通过法律裁决。在这种情况下，双方将选择通过遵循法律从而达到一定的效益。罗伯特.D.考特和托马斯·S.尤伦先生得出结论："'科斯定理'是指，在零交易成本的条件下，资源的有效配置并不取决于产权的初始配置。"罗伯特·D.考特和托马斯·S.尤伦先生以电力公司排放烟雾污染洗衣店物品纠纷为例，分析其可选的三种法律规则："污染权利""受污染者的索赔权""受污染者的禁令权"的适用及其不同效果。

（三）环境产权的属性

法律经济分析对环境产权进行分析时，如同对其他产权分析一样首先要界定其性质与特征。讨论环境产权的属性、特征及实现条件就成为法律经济分析学的重要内容。

产权包括四个类型：排他产权包括处置权和毁损资源权；自由度较大转让权；地位和功能所有权（涉及一组给予某些个人但不给予其他人的权利，

这类权利一般是不可转让的）；使用与特定目的的有关公共事业设施或公共物品的权利。由于各种法律、文化和制度的原因，市场不可能是完善的。实际上，公共物品和服务的供给就是需要政府干预的领域，政府干预能够显著提高社会效益。罗杰·伯曼等先生认为：政府干预也不一定能实现上述目标。政府干预自身也可能降低经济效率。为此必须制定一系列的结构性组织制度。当然，提高效率的努力不一定都是值得的，因为这也会降低社会福利。原则上使用财政调控工具实现资源转移以达到公平分配的目的是可行的。

（四）环境产权的实现方式

有人说，有一定滞后性的法律需要进一步补充以适应这种关于公地新发现的情况。针对行政官员腐化堕落的倾向，哈丁先生提出这样的问题：立法做禁止性规定很容易，但我们怎样才能通过立法实现自我节制呢？哈丁先生主张"节制也可以从强制中产生"，因为"产生责任的社会制度在某种程度上是制造强制性的制度"。罗杰·伯曼等先生认为：自然资源的使用及收益的产权，既不能授予界定明确的小团体，又不能授予具有资源使用相关规范的共有产权体系，因此，资源被良好的管理是不可能的。如果产权条件使公众容易获取资源，就会容易导致环境的退化，甚至达到灾难性的程度。威廉·J.鲍莫尔和华莱士·E.奥茨先生评价：这样一个系统可以用来实现特定的环境目标，并且像排污系统那样，可以以最小成本来实现这一目标。简言之，环境管理当局拥有限制许可证数量的权利，可以直接将排污量控制在目标水平上。许可证市场的逐步发展，市场出清价格就会出现，就像排污收费机制，向排污者表明排污的机会成本。如果全部资源都采用这种机制，则会出现追求成本最小化的现象，因为所有资源的边际递减成本都是相同的，这就是在各个排污者之间以最小的成本分配污染定额。

对新进入的企业，管制当局可以发放更多污染权，如要严格控制污染量时，管制当局可以进入市场买进若干污染权。另外，给非污染者表达意见的机会。如果污染权市场是完全竞争的，则任何人都可以进入买卖。环保组织如果希望降低污染水平，可以进入市场购买污染权，然后把污染权控制在手中，不再出卖。

关于影响环境产权交易成本的因素，汤姆·泰坦伯格先生认为，影响环境产权交易成本的因素主要是：外部性成本、设计不恰当的产权体系、垄断性竞争的市场结构、社会和私人贴现率的差异、政府失灵等。

三、可持续发展理论与森林环境权

1980 年，由联合国环境规划署和国际自然及自然资源保护联合会共同颁布的《世界自然资源保护大纲》首次提出了"可持续发展"问题。1987 年，世界环境与发展委员会首次在《我们共同的未来》中将"可持续发展"定义为"在不损害后代满足其发展需求的能力的情况下满足当前需求的能力"。该定义将发展视为全人类的全面发展，维护当代人的环境权利，维护未来的环境权利。因此，"可持续发展"已成为我们讨论人类环境权利的理论基础。1992 年在巴西里约热内卢举行的前所未有的"环境与发展会议"标志着"可持续发展"的形成，成为全人类的共识和全球发展战略。

可持续发展的概念是人类发展和自然发展的平行发展。历史上，西方工业化道路的发展模式是以工业增长为基础的社会发展的唯一衡量标准。这体现在对国民生产总值的强烈追求和国际社会成员的高速增长。它将国民生产总值水平视为区分国家和地区经济是否发达，甚至是社会是否进步的基本标志。这种追求国民生产总值增长的片面社会发展模式给人类社会带来了严重后果，生态环境严重恶化。可持续发展拓展了法律的公允价值，体现在当代与后代之间的公平性与公正性。当代人之间的公平性，要求消耗资源时，应该想到别人的利益，并没有给别人带来因为自己消费而造成的损害；发达国家的发展不能牺牲发展中国家的环境利益。代与代之间的公平，要求消耗资源时候，承担当前一代对后代的责任。生存权和发展权理论是森林环境权的重要基础。作为合法权利的一个明确概念，它首次出现在法学家安东·门格尔所写的劳工权利的历史中，《全部劳动权史论》认为：劳工权利、劳动收入权和生存权是新一代人权群体的基础——基本经济权利。生命权则被认为在所有人的欲望中，生存的欲望是最优先的。

作为一项明确的法律规范，1919 年德国《魏玛宪法》首次体现了生存权。第二次世界大战之后，所有国家都普遍接受生命权的概念。1946 年法兰西第四共和国宪法在序言中宣称，对于所有人，特别是儿童、母亲和老年工人，国家应该保证其健康、物质享受、休息和休闲的权利。作为劳动者，他们有权从国家获得适当的生活方式。1946 年《日本国宪法》第 25 条还规定："所有公民都有权享有最低标准的营养、健康和文化生活。国家和部门应努力改善和加强社会福利、社会保障和公共卫生。"

生命权包括两个方面：一方面，生命权是指非法律诉讼不得伤害或剥夺一个人的生命；另一方面，生命权应该维持，也就是说，人类应该有基本的生活条件，比如衣服、食品、住房、交通等方面的物质保障。

发展权是指基于满足人类物质和非物质需求发展政策的同时，在发展过程中参与的个人权利。将发展作为一项权利规定的国际文件是《非洲人权和民族权宪章》，其中第 22 条提出，所有的国家都必须适当考虑到自己的自由和个性的经济、社会和文化发展的权利和平等分享人类共同遗产。联合国多次通过决议，强调发展权是一项人权。

环境权与生命权密切相关。在发达国家，尽管封建制度对生命权的否定早已不复存在。然而，由于环境问题日益严重，污染引起的疾病正在威胁着人们的生存。因此，发达国家也面临着环境问题引发的新的生存危机。在发展中国家，环境权和生命权有着更密切的关系。一方面，比发达国家更严重的环境污染威胁着人民的生存和国家的生存；另一方面，由于严重的环境问题限制了经济发展并进一步导致贫困，再加上制度不完善，很多人生活在维持生计水平之下。正因为如此，一些学者认为环境权的核心是生命权。

发展权和环境权也有着非常密切的关系。我们认为环境权与发展权之间的关系是对立统一的。环境与发展的对抗体现在：经济的快速发展必然导致环境问题的出现，严格的环境保护将在短时间内制约经济的发展。但总的来说，环境和发展是统一的，表现在：发展导致环境问题，环境问题的解决最终依靠发展。

第四节　制度经济学的理论

制度经济学研究的对象，是以国家和社会基本资源为基础，而后对配置方法进行研究，形成经济、公平、健全的运行框架。当规则限制人们的行为时，人们更容易预见这种行为如何符合一种既定的秩序。为了维持这种秩序，就必须依赖于管理机会行为和不可预测行为的规则，这就是规则的系统。该系统拥有正式和非正式的两种制度，使人们的经济活动得以规范和协调。正式的制度由政府制定、实施和监督，通常表述为法律、法规和规则；非正式制度通常指道德规范、道德观念、习俗和习惯的不成文规则，这些规则是人们在社会交往中逐渐形成的。正式制度由一系列宪法、法规、合同等正式书面规则构成。非正式制度以人的意识、思想和习惯的形式表达，不由国家和政府制定，因此它们存在于人们的观念中，但对社会经济发展有着深远影响。

由个人意识到群体意识的发展，相对的社会文化也随着变化。非正式制度一方面制约着个人的动机和行为，另一方面也成为制约经济发展、影响市场秩序的重要因素。

一、制度经济学的主要观点

正式和非正式制度的作用是互补的，形成的制度系统能够为人类社会作出社会安排，以发挥自己的最佳功能。非正式制度必须与正式制度合作，才能履行其最佳职能。系统不是一成不变的，随着社会的发展和进步，该系统也会不断改革和完善，这对改变社会供给结构、资源配置和大众的消费观念等的影响是深远的。如产权制度的变化就会使得市场参与者多元化；价格的变化使得市场消费者的消费模式灵活化。如此一来，价格就成为重要的经济杠杆，将会引导产品结构和产业结构的变化。价格系统的变化由资源分配和消费者决定，这种变化对消费者来说是一种限制，消费者的选择等会有所改变。新制度经济学认为，这种制度在增强经济效率上是合理的。经济学家认为，降低人们的交易成本的途径是建立高效的经济体制，形成互利经济合作的模式。人类是不断进化的，制度也是随着自然选择而产生的，进而形成系统，并将在未来的社会发展中得到加强，沿着既定的路线发展和前进。"科斯定理"指出，在零交易成本的世界中，只要交易是免费的，无论系统如何分配资源，高效率的结果是保持不变的，但现实中，交易成本几乎永不为零，交易成本要想达到最低需要选择最优系统。罗纳德·H.科斯指出，不同的资源分配来源于不同的制度安排。换句话说，直接影响经济利益的因素是制度安排的差异。

工业化发展理论体现了19世纪占统治地位的进化发展观的思想，把社会经济的发展看作是由一个简单到复杂、从低级到高级的渐进的、必然的发展过程。其核心是社会的进步与物质财富的增长是同步的、无止境的。似乎生产发展、经济增长和社会进步是同义词，发展意味着技术进步和经济增长。据日本知名学者堺屋太一解释："在现代观念中，所谓经济增长，最终就是扩大物质的使用量。"[①] 他是把经济增长与扩大资源消耗与生活消费等同于一个概念，这也反映了工业化发展理论的实质。

工业化发展观，以追求经济效益为目标与动力，将工业和经济增长率视

---

① ［日］堺屋太一. 知识价值革命 [M]. 北京：三联书店出版社，1987.

为社会发展水平的唯一尺度，追求 GDP 的增长也成为经济发展的永恒动力。把一个国家的工业化程度和由此产生的工业文明当作最终目标。具体表现为注重速度而忽视效益、注重数量而忽视质量、注重局部而忽视整体、注重当前而忽视未来等。

在工业化发展观指导下，不论是经济学中的古典派、新古典派，或是凯恩斯学派、后凯恩斯学派等，其经济理论有一个共同点，就是把经济增长作为唯一追求的目标，作为衡量社会发展状况的唯一尺度。传统的经济学家习惯用投入、产出、效益、生产率、国民生产总值等来表达他们刻意追求的数字式的简洁和美感，很少考虑经济活动不能脱离生态背景，不顾及经济活动所付出的环境成本、生态代价以及森林资源本身的价值。事实上，经济行为一刻也不能脱离生态系统，生态系统中各组成部分之间主要是非线性的相互协同关系，很少存在线性的因果关系，如生物群落和无机环境之间、生物群落中动物与植物之间的关系。所以天真地设想去追求经济增长的线性态势，没有考虑环境的可承载能力和生态的可持续限度，甚至以牺牲生态环境的承载能力为代价，必然导致资源"赤字"、生态灾难、自然系统失衡。

在现行的 GDP 指标中没有反映自然资源消耗和环境质量的指数，没有揭示一个国家为经济发展所付出的资源和环境代价的指数。因此传统发展观所表现出的经济繁荣带有很大的虚假性。其缺陷是：误认为物质财富所依赖的资源在数量上不会枯竭，即使短期内资源的供给小于需求，在市场机制作用下短缺也会得到补充。在这种工业化发展观指导下，各国家、各地区以及各部门，势必追求一种畸形的发展态势。为了追求生产发展指数，可以不择手段地进行掠夺式的开发，为了自身的利益而不顾他人的利益，甚至以牺牲子孙后代的利益来满足当代人的需求。这种不计环境成本和生态代价的工业化生产增长方式，事实上是一种严重失衡的价值观。

在古典经济学看来，每个人都是经济理性的人。这种经济人可以扩大到任何经济实体、利益集团乃至民族国家，也可概括为利己主义者。根据趋利避害的原则，对自己的利益有最好的选择，以追求自身利益的最大化为动机，总的效果或目的是使社会资源得到最合理的配置、社会福利得到增进，而这些都是通过市场这只"看不见的手"进行的。但在全球经济日趋一体化的今天，市场不再是医治社会贫困、增进经济发展的灵丹妙药。各国之间不同的利益集团，为了争夺资源与市场，常常尔虞我诈、互相残杀，使我们生存的生态环境陷入困境。对此部分经济学家提出经济的"外部性"问题（又称外部经济或经济的外部效应）。由于经济学家只考虑直接货币计量、价格机制运行的经济活动，而对生态系统环境的影响，由于其公共性和外在性难以准确计算，始终没有把其纳入经济学的研究范围，只以"外部经济"或"外在性"的概念来代替。

人类经济活动的扩张所带来的外部经济的后果是严重的，工业化所带来的外部性已成为全球的公害。如果需要有一个高速增长的经济来与污染斗争，而污染本身看来又是高速增长的结果，那还有什么希望突破这种奇怪的循环呢？① 显然经济学对外部问题所关注的应该是：如何设定经济体系的全面目标，确定衡量效益的准则，设计一种外部效应的成本衡量体系。这表明了经济学在走向新的革命，它不是一次像以往的斯密革命、边际革命和凯恩斯革命等在技术方法上的突破为主的革命，它要建立一系列准则来拓宽经济学的研究领域，革新它的价值和效益尺度。

经济的外部效应本来应由企业生产者来承担，任何企业向外界排放有害物质都应该安装合格的排污和净化装置。如果生产者对所造成的环境污染置之不理，只能由社会、消费者或其他生产者来承担，无疑造成了所谓"公地的悲剧"。哈丁提出"公地的悲剧"是经济外部性的现代翻版，借描述的模型把地球比喻为一个对所有牧民开放的公共牧场。草场是公有的，畜群是私有的，当公共资源作为无偿资源时，每人都想多养一头牲畜增加自己的利润和收入。每个牧民在作出自己理性的选择时，未曾料到当牧场的畜群承载能力难以维持更多牲畜，就会因过度消耗而加速退化，发生"公地的悲剧"。森林资源可以看作是公共物品，向所有人开放，就不排斥任何人分享。每个人都精打细算，满足眼前的利益，反正环境是公共的，类似前面所叙述的"公地的悲剧"，就会有"公天""公海""公水""公林"的灾难。

传统的人类中心主义（也称狭隘的人类中心主义）把人看成凌驾于自然之上的主宰者，认为人类可以无限制地开发、利用森林资源，否定人类对自然规律的尊重义务。公元前 5 世纪，恩佩德克莱斯提出，自然界是由火、土、水和空气四种不变的元素组成的混合体。后来希腊社会形成了自然与人类相区别的意识，这种意识认为人是万物的尺度。在这种意识的影响下，苏格拉底、柏拉图以及亚里士多德从各自的研究领域阐述了轻视自然的思想。在此基础上，西方社会出现了认为人可以控制和改造自然的人本思想浪潮。正如威廉·莱在《自然的控制》一书中所指出的，这种忽视生态规律的思潮，是

---

① ［英］舒马赫. 小的是美好的［M］. 北京：商务印书馆，1984.

"生态危机的最深层的思想根源"。① 狭隘的人类中心主义必然导致人类利己本位主义、集团利己本位主义、代际利己主义、粗鄙的物质主义和庸俗的消费主义、科学万能论与盲目的乐观主义的泛滥，从而受到了广泛的批驳和摈弃。

生物平等主义者从敬畏生命和尊重大自然两个角度阐述了人们的环境道德责任，强调生物平等主义的价值理念。敬畏生命观者认为：伦理的本质是敬畏生命，人的意识的根本状态是"我是要求生存的生命，我在要求生存的生命之中"。那么，人只有像敬畏自己的生命一样敬畏其他的生命，才能在自己的生命中去体味其他的生命，把动植物视为自己的同胞，并在其他生命遇到困难的时候去帮助他们。② 史怀泽博士在《文化与伦理》中具体阐述了敬畏生命的伦理观。他认为，伦理就是人不仅要敬畏自我，还要以敬畏自我的态度去敬畏其他的生命；每个人的生存要具有真正的价值，就要把自己的生命中的一部分奉献出来，给予需要他的人和其他的生命体以关怀。因此他呼吁为动物的保护制定伦理学规则。③

尊重大自然的伦理学者则认为，每一种生命的存在，除了具有对于人之需要的价值之外，还有其自身存在的价值。在人类出现或发现他们的价值之前，他们就已经存在了。每一个生命体都是生态系统中的一个链节，在生态系统的物质循环、能量流动以及信息交换的过程中发挥各自的特殊功能。每一个生命体的缺失都会使生态系统的平衡出现不同程度的波动，缺少的生命体多了，生态系统就会变得脆弱，甚至崩溃。④ 作为生态系统中一个环节的人，也要尊重作为其他环节的生命体，这对人类自身或对于自然界中的其他生命而言，都是有利的。《世界自然宪章》指出："每种生命形式都是独特的，无论对人类的价值如何，都应得到尊重，为了给予其他有机体这样的承认，人类必须受行为道德准则的约束。" 正如马克思所说："自然界起初是作为一种完全异己的、有无限威力的和不可制服的力量与人们对立的，人们同它的关系完全像动物同它的关系一样，人们就像牲畜一样服从它的权力，因而，这是对自然界的一种纯粹动物式的意识。"⑤ 因此，尊重大自然的伦理学者认

---

① ［加］威廉·莱斯. 自然的控制 ［M］. 岳长龄，李建平，译. 重庆：重庆出版社，1993.
② ［法］阿尔贝特·史怀泽. 敬畏生命 ［M］. 陈泽环，译. 上海：上海社会科学院出版社，1992.
③ 同上。
④ 刘湘溶. 生态文明论 ［M］. 湖南：湖南教育出版社，1999.
⑤ 《马克思恩格斯选集》第 1 卷，人民出版社 1972 年版。

为人类应该抛弃人比其他物种更优越的观点，树立物种平等的观念。

二、制度经济学理论在森林保护中的意义

生态系统服务冲突的需求和供给的速度取决于社会经济发展的阶段。保护环境资源和生态平衡的重要环节即为生态建设，这也成为国家不可或缺的手段。只有生态建设良好，生态系统服务的有效供给才能增加。而鉴于公共服务的非排他性，就可以规定这种服务能以一定的价格进行交易，以供给长期的生态系统服务。如生态补偿制度，就是通过利益分配机制，用正确的经济利益、生态利益和社会利益的制度来规范行为者的行为。这会激励人们广泛参与生态建设，以达到森林生态系统健康发展的状态。另外，森林生态系统服务与市场行为无关，也使得其价格无法用市场价格来确定。所以，国家在这方面需要有所作为。生态环境的维护具有高成本、低收入的性质，政府如果不加强干预，这项制度就会落空。森林生态系统服务作为市场化供给和非市场化供给的补充形式，光靠人们的环保意识是不够的，必须有政府的积极参与，同时需要有强有力的法律做保障。从制度经济学的角度讲，就是一起使用正式和非正式制度。如以正式制度出现的林业建设中的产权安排和非正式制度中鼓励居民参与森林生态系统服务供应系统，二者要同时发挥作用，才能保证森林生态系统最大的生态功能和经济功能。

第五节　管理模式科学与量化

一、绿色 GDP 的含义

GDP 即国内生产总值，它是一个国家（或地区）所有企业和单位在一定时期内生产活动的最终成果。国内生产总值对于衡量一个国家的总产值和总积累是非常重要的。传统的国内生产总值是以破坏环境和浪费资源的方式完成的，国民经济虽然得到了改善，但这种方式却不符合现代社会的环境观念。如从中国的林业经营收入状况来看，国内林业生产总值的核算只计算了砍伐的木材数量。森林的大肆砍伐和破坏却被人们所忽视，产生了相应的生态问题，造成了无法估量的损失，严重危害了森林资源的可持续开发利用。这种

对环境资源的大规模掠夺和破坏导致了土地沙漠化、草原退化、可耕地减少、水资源缺乏和水土流失等问题。因此，我们呼吁尽快采用绿色 GDP！这是中国的一项紧迫任务。

20 世纪后期，国际社会相应提出保护环境、可持续发展的理念。综合环境与经济的一个新的核算制度诞生了。该系统也被称为绿色国民经济核算体系，主要目标是环境资源经济。这种核算方法是将环境资源经济纳入国民经济的整体核算当中，将环境资源的消耗作为成本，对环境资源的利用价值作为利润。这是一个全新的会计模式，可以清晰地反映一个国家的经济和环境以及环境资源保护在国民经济中的关系，并提供分析、评估和决策数据。绿色 GDP 的计算公式为：绿色 GDP＝GDP－（天然资源的损失＋环境退化损失）－资源环境恢复成本支出（恢复支出）－环境预防损害支出（预防支出）－调节计算由于非优化使用的资源的一部分。众所周知，环境资源包括森林、水、海洋、草原、矿产等，但我们只研究森林资源的绿色 GDP 核算，还不包括其他自然资源。森林是重要的自然资源，其所占价值和森林资源的损失也是绿色 GDP 核算的重要组成部分。森林生态系统绿色 GDP 的基础就是森林资源价值核算，但由于森林生态系统的复杂性，这也是研究绿色 GDP 的一个重点和难点。在这里，笔者对林木、林地、林产品和森林的生态价值（培育水源、净化空气、保持水土等）做了一些研究，并提出了一些生态价值核算模型的适用性模型。

二、森林生态效益价值核算模型

（一）森林涵养水源效益评价模型

涵养水源是森林的基本功能。森林通过积累水源和储蓄水源的方式来增加水资源的供给及其预防洪涝灾害。根据森林贮水量，就可以计算森林涵养水源的经济价值。我们用 W 代表森林贮水量的经济价值，Z 为水价，R 为森林年贮水量，则它们之间的关系为：W＝R+Z。森林的水量平衡我们可以用公式 H＝R+F 来表示，其中 H 代表降水量，F 代表蒸发量，R 代表径流量。根据以上原理，我们用求和的公式，计算森林的年贮水量为：

$$G = \sum_{i=1}^{n} \left[10 \times Y_i \times (H_i - F_{ki}) \right] \qquad （公式 1）$$

式中：

$H_i = Q \times S_i$，$F_{ki} = H_i \times k_i$

G 代表每公顷森林每年积累的贮水量（t/a）；

n 代表森林不同的类型；

i 代表不同的参数，$i = 1$，2，3，…，n；

H_i 代表降水量，即第 i 种森林每年每平方米降水（mm/a）；

F_{ki} 代表总蒸发量，即第 i 种森林每年每平方米蒸发的水分（mm/a）；

Y_i 为第 i 种类型的森林的面积（ha）；

Q 代表降水量中不同区域森林每年的降水（mm/a）；

S_i 代表覆盖率，即第 i 种森林树冠覆盖的百分比（%）；

k_i 代表蒸散降水比，即第 i 种森林的蒸散降水百分比（%）；

10 代表换算系数。其中 ha 换算为 m^2，mm 换算为 m（$1km^2 = 100ha$）。

（二）森林水土保持经济价值核算模型

（1）第一种经济价值核算模型——减少土地损失

雨水的冲刷会侵蚀森林中的土地，从而会损失大量的表土，产生经济损失。我们将已经侵蚀的表土和未侵蚀的表土相比较，就能算出相应的土地面积损失量：

$$R_1 = \sum_{i=1}^{n} \frac{1}{1000} \times S_i \times \frac{O_i}{K_i \times N_i} \qquad （公式2）$$

式中：

R_1 代表已损失的土地的年经济价值，即某年森林土地资源减少后损失部分的经济价值（元/a）；

n 代表森林不同的类型；

i 代表不同的参数，$i = 1$，2，3，…，n；

O_i 代表固土量，即第 i 种森林每年的固土量（t/a）；

k_i 代表土壤容量，即第 i 种森林每平方厘米的土壤（g/cm³）；

N_i 代表土层厚度，即与第 i 种森林相对应的一定厚度的表土层（m）；

S_i 代表收益，即第 i 种森林的各种类型林业生产每年每公顷的收入（元/ha·a）；

1/1000 为换算系数。

（2）减少泥沙淤积的经济价值

由于森林发生土壤侵蚀，泥沙顺水而下，淤积在江河、湖泊、水库等地方。我们因此可以根据水库的蓄水量的成本间接核算森林因泥沙淤积而减少的经济价值：

$$R_2 = \sum_{i=1}^{n} q \times b \times \frac{O_i}{K_i} \qquad \text{（公式 3）}$$

式中：

R_2 代表经济价值，即某年森林泥沙淤积减少后的年经济价值（元/a）；

n 代表森林不同的类型；

i 代表不同的参数，$i=1$，2，3，…，n；

O_i 代表固土量，即第 i 种森林每年的固土量（t/a）；

k_i 代表土壤容量，即第 i 种森林每平方厘米的土壤（g/cm^3）；

b 代表比值，即森林中的泥沙进入河道和水库后，与原森林泥沙相比流失的百分比（%）；

q 代表成本，即中小型水库每立方米库容的成本（元/m^3·a）。

（三）防风固沙效益评价模型

流沙直接侵入农田，使得种植业收入减少。森林能防止风沙，从而控制其流入农田，其经济效益可以间接地通过提高农作物产量来计算：

$$R = bc \times \sum_{i=1}^{n} 100 \times a \times (H_i - S_i) \times Q_i \qquad \text{（公式 4）}$$

式中：

R 为防风固沙的价值（元/a）；

n 为农作物种类数；

i 为流动指标，$i=1$，2，3，…，n；

b 代表距离，即森林当年所能控制的流沙与农田之间的距离（km）；

c 代表长度，即防风固沙林在与主风向垂直时形成的公里数（km）；

O_i 代表农作物的产量，即第 i 种农作物每年每公顷的产量（t/hm^2）；

H_i 代表单位售价，即第 i 种农作物每吨的售价（元/t）；

S_i 代表单位生产成本，即第 i 种农作物每吨生产所耗的总成本（元/t）；

100 代表换算系数（1km^2=100ha）。

a 代表耕作面积的百分比，以受益区第 i 种农作物为限。

（四）碳氧平衡效益评价模型

森林制造氧气和释放二氧化碳，要消耗一部分木材干物质和氧气。那么消耗的成本和制造氧气的经济价值我们可以用模型表示出来。

（1）固定二氧化碳的效益

①造林成本法

人工造林的花费与造林后森林生产的氧气与固定二氧化碳的经济价值的关系我们可以表示为：

$$R_1 = \sum_{i=1}^{n} N_i \times b_i \times M \times 0.2797 \times S_i \qquad （公式5）$$

式中：

n 代表森林不同的类型；

i 代表不同的参数，$i=1, 2, 3, \cdots, n$；

N_i 代表生长量，即第 i 种类型的森林每年的生长量（m^3/a）；

b_i 为木材的净干重（第 i 种）（g/cm^3）；

M 为生产 1 吨干物质的森林吸收的二氧化碳量（t）；

0.2797 代表把二氧化碳折合成纯碳的比例；

S_i 代表造林成本，即第 i 种森林每公顷造林所需的成本（元/hm^2）。

②碳税法：

$$R_1 = \sum_{i=1}^{n} N_i \times b_i \times M \times 0.2797 \times P \qquad （公式6）$$

式中：

n 代表森林不同的类型；

i 代表不同的参数，$i=1, 2, 3, \cdots, n$；

N_i 代表生长量，即第 i 种类型的森林每年的生长量（m^3/a）；

b_i 为木材的净干重（第 i 种）（g/cm^3）；

M 为生产 1 吨干物质的森林吸收的二氧化碳量（t）；

0.02797 代表把二氧化碳折合成纯碳的比例；

P 代表森林的碳税率。

③工业治理法：

$$R_1 = \sum_{i=1}^{n} N_i \times b_i \times M \times T \qquad （公式7）$$

式中：

n 代表森林不同的类型；

i 代表不同的参数，$i=1, 2, 3, \cdots, n$；

N_i 代表生长量，即第 i 种类型的森林每年的生长量（m^3/a）；

b_i 为木材的净干重（第 i 种）（g/cm^3）；

M_i 为生产 1 吨干物质的第 i 种森林吸收的二氧化碳量（t）；

T 代表治理每吨二氧化碳所花费的成本（元/t）。

（2）产生氧气的效益：

$$R_2 = \sum_{i=1}^{n} N_i \times b_i \times M \times T \qquad （公式8）$$

式中：

n 代表森林不同的类型；

i 代表不同的参数，$i=1$，2，3，…，n；

N_i 代表生长量，即第 i 种类型的森林每年的生长量（m^3/a）；

b_i 为木材的净干重（第 i 种）（g/cm^3）；

M_i 为生产 1 吨干物质的第 i 种森林释放的氧气量（t）；

T 代表每吨氧气生产所花费的成本（元/t）。

根据上述研究，可以计算出 R_1（固定二氧化碳的效益）和 R_2（产生氧气）。

第四章　森林资源新型管理体制

第一节　确立新型管理基本原则

一、生态效益优先原则

生态优先是指一切开发或利用的行为都要在遵守自然规律的基础上进行，尤其要重视森林资源的生态价值。我们要从大局出发，在肯定森林资源价值的同时也要关注森林自身的发展，要从推动整个社会长远发展的角度来考虑如何维护生态系统的整体平衡。所以，立法者在立法时应时刻把"尊重自然、顺应自然、保护自然"这一理念牢记于心并将其体现在法律法规中，以此来倡导全社会将这一理念作为活动的准则。从辩证的角度来看，森林的经济效益和生态效益二者是对立统一的，这二者属于相互依赖、相互促进的关系。如今，人们已经认识到以往不惜以严重的生态破坏为代价来强调经济高速发展的方式是错误的。为了实现社会的可持续发展，我们必须将生态效益放在重要位置，正确处理人与自然的关系，促进生态的良性发展。当两者之间存在矛盾时，最好的选择应该是牺牲眼前的经济利益，确保长远的生态效益。

二、永续利用的原则

中国的《森林法》规定，林业建设以营林为基础，以可持续使用为基本原则，以种植、养殖、培育森林资源和其他森林营林工作为基本内容，并将此项基本内容作为促进林业工作的基础性建设。中国虽有着丰富的林业资源，但其市场供求仍处于一个极度不平衡的状态。过去，在利益的驱动下，乱砍滥伐现象频繁发生，再加上补救措施不及时，导致在很长一段时间里中国的生态环境极度恶化。所以只有摒弃原来的重采伐、轻培育的错误做法，转而加大培育森林资源力度，才能保障森林资源的存续，让其不再面临枯竭的境地，从根本上改变森林生态系统的恶性循环。世界各国在此处皆有许多成功经验可以借鉴，林业的发展、森林资源的利用以及生态环境的保护是一个整体，三者相互作用和影响。林业的可持续发展既可以实现经济效益的增加，也可以满足社会发展的需要。

三、分类经营原则

林业分类经营是目前适合中国森林生态分布发展不均衡现状的经营技术。林业分类管理研究有利于从多个角度发挥森林的功能。因此，中国按照公益林和商品林两大分类来划分森林种类，这两类可以分别运作以及共同接受新型林业管理体制和发展模式。公益林和商业林具有不同的性质，前者属于非经营性森林资源资产，后者则属于经营性森林资源资产。公益林顾名思义，其主要目的不是用于产生经济效益，而是立足于公共利益，所以对其应该建立健全有效的社会补偿机制；商品林则与之相反，其更多是出于私人经济利益的目的，经营的核心在于盈利。虽说商品林具有经济目的，但其仍属于森林生态系统的一部分，对森林生态系统的平衡起着不可忽视的作用。因而，不能任由商品林仅通过市场来运作发展，政府仍需出台一定的政策从宏观角度进行相应的补偿，以此来保障商品林的健康发展。此外，必须以可持续利用的方式来管理森林资源资产，必须遵循森林资源的再生产能力以及相应的法律程序，严格遵守减产配额制度。

四、管理系统化原则

管理系统性原则要求，在森林资源资产管理改革进程中，首先要将周围的社会和经济环境作为一个完整的系统以及作为森林管理的对象。它们之间是相互联系、互相协调发展的关系，牵一发而动全身；再有，要对森林资源资本管理进行改革，须认识到其作为一个综合性的系统应包含目标系统、管理系统、技术系统、信息管理系统、森林资源资产管理系统和反馈控制系统等；最后，森林资源资产管理改革的重要因素，如森林资源资产核算、森林资源资产评估、森林资源产权界定和产权管理、森林资源资产评估和森林资源资产管理的其他相关改革，其被视为一个完整的体系。森林资源资产管理改革包含了社会、经济、生态环境的多方体系，如此以便将各个要素整合完善起来。只有坚持管理系统化原则，将这三方面协调一致才能真正管理好森林资源，促进森林资源的管理与社会发展相适应。

第二节　新型管理体制内容

一、林区资源管理体制

（一）国有林

中国所指的国有林，是指山林权属于国家所有的森林。国有林可持续经营与管护活动中，必须进行有效的法律管理，包括对人力、财力、物力的管理。在中国，由国务院代行所有者职权并对国有林进行管护，而林业行政主管部门则具体行使管护权力。北洋政府拟定的《林政纲要》是中国最早的国有林法律管理制度，[①] 中华人民共和国成立前由于年年战乱，国有林管理主要以政策推动为主，经营以国家提供木材为主。中华人民共和国成立后，国家才把国有林的管理纳入法律管理的范畴。

随着时代的发展，国有林的作用是不可替代的。一方面，其在生态脆弱区发挥着修复和弥补的作用；另一方面，也为社会创造了不少的森林资源。

现在中国国有林经营管理相关制度设计，尚未保障各利益相关方享有权利和承担义务。行署和林业管理局分工不明，企业没有完全的经营自主权。根据中国的有关规定，国有重点林区的国有森林资源管理机构依法负责辖区内森林资源的保护责任，承担国务院林业主管部门委托的其他管理工作。

为解决这些问题，可从八个方面着手：（1）建立国务院林业主管部门国有林场森林资源管理局。除此之外，国家林业和草原局应垂直领导林区所在的省（自治区），并在国有重点林区设立森林资源管理分支机构。我们将建立一个权责相结合的森林资源管理体系，并结合人力、财力和物资管理。同时要明确国有重点林区森林资源管理机构的责任，保护和管理辖区内的国有森林资源。管理机构主要承担以下的管理职责：国有森林资源规划设计调查，

---

① 周孜予. 国有林法律管理制度缺失与完善研究［D］. 哈尔滨：东北林业大学，2011.

森林资源监测和统计；根据森林分类管理部门组织和批准森林经营计划，负责编制和实施森林采伐限额；负责切割区域调查的设计、审查和分配；负责森林采伐、运输和木材管理（加工）的检查和管理；负责造林更新，关闭山地和植树造林管理；收集森林价格（造林基金），森林植被恢复费等；承担国务院林业主管部门委托的其他管理工作。（2）改进采伐制度。由于经营者创造的生态效益大于森林树木的经济效益，如果国家限制国有森林经营者采伐森林，则应该补偿。假如不给予合理的补偿，则应该取消行政许可制度。森林生态补偿机制中，补偿经营者的主要工作任务应该是降低直接经济损失以及发展成本，保护国有林业管理的生态效益；其次就是不废除现有的配额减少许可证制度并加以改进，限制国有森林经营者的采伐。常备木材由国家以市场价格采伐或由运营商以合理的方式补偿，以便林木的受限部分继续自然生长，发挥应有的生态效益。（3）尽快制定详细的国有林权转让制度和实施细则，便于森林可持续管理。然后要明确国有森林转移的对象。再者就是要明确国有森林流通的方式。目前看来，采取分包和租赁、互换、转让、持股、抵押、继承、招聘、拍卖和公共咨询等各种流通方式是实践中比较行得通的做法，这为林地管理者提供了更多的林地流通选择。（4）完善抵押权的相关法律制度。当森林或森林资产被抵押时，林地权利是否同时抵押？最佳做法是根据双方实际情况和双方的意愿执行。建议对管理者的欺诈行为采取更严厉的处罚措施，只要实施违法行为，无论是否有损失，违法者应当承担责任，并应当赔偿相应的损失，同时追究其行政责任甚至刑事责任。（5）国家森林所有权登记制度应从三个方面入手：首先就是借鉴国外的实践，对中国的国有林地和土地进行统一登记；第二，是完善现行国有林地和其他土地管理政策措施，强化各级国有林地使用权管理职能；第三，是及时修改有关国有林权登记的法律法规，并形成相关性。（6）国有森林抵押制度。首先，有必要扩大国有林权抵押的范围，根据《中华人民共和国担保法》的规定，国有森林抵押贷款的主体仅限于林木。但是，抵押人依法有权处理国有土地使用权、房屋和其他固定物，其中还包括合同管理权和国有林地的使用。（7）资产评估。一是强化国有林业资产评估审批制度的实施；二是对国有资产评估活动实施监督管理；三是不可忽视国有森林资产的评估。财政部门应该对这些资产制定专门的管理，在评估之前建立审批、备案、抽查和监督制度，对违法行为加强处罚力度，做到事前预防与事后惩罚的统一；四是制定法律法规，由国务院国有资产监督管理委员会和中华人民共和国财政部（以下简称"财政部"）带头制定，从而形成一套较为完整的行为准则；五是在第三的基础上，对国有森林资产评估活动进行必要的监测和管理。为了更好地达到监督的作用，森林资产评估协会等自律组织应当主动承担监督活动；六是建立相关制度，如国有森林资产评估标准体系、评估管理体系、专家评审制度、评估责任保险制度、评估保险制度。（8）建立国有森林保险法律体系。国有森林保险虽然是一种保险措施，此种保险与国有森林经营管理风险有所偏离，但这种偏离将对国有林业抵御风险的能力有所增强。同时，国有森林保险法还对国有林业的发展等具有改善作用，有利于进一步提升林区劳动力以及提高经营者的收入。另外其还对森林和谐发展与经济社会发展有许多不可替代的保障作用。当前，中国防范国有森林风险的法律法规相当分散，没有形成完整的体系，为解决这一问题，建议制定相应的《森林保险法》。

（二）民有林

民有林集体经济组织及其成员对林木、林地等森林资源具有所有权、使用权和林地承包经营权。民有林在中华人民共和国成立前管理比较混乱，直到中华人民共和国成立后才纳入国家的正式管理体系中。土地改革时期实行分产到户，合作化时期实行山林入社，人民公社时期实行山林集体所有，统一经营。中国民有林几乎占全国林地的60%，在中国的森林资源中具有十分重要的地位。

民有林的制度障碍主要是林地使用制度不完善，林地使用权不自由，这主要表现在政府和相关部门过度干预经营者的各种经营活动。久而久之，这些经营者便会缺乏自主经营权。① 交易成本很高，税负也很重，抵押权难实现，经营风险大，这些因素无一不使保险公司对森林保险业务产生抵触情绪。中国对森林资源的消费采取了严格的管理措施。由于管理者太多，投资者无法有效地独立使用和经营森林资源，林业经营者的积极性受挫，这影响了民有林的发展。对集体林区要严格按照有关规定，落实森林资源管理机构责任人制度的相关工作。

第一，明晰产权。这是中国当前集体林权制度正在改革的重点，其中最主要的方面就是放活使用权。因此要做到的是：（1）将林地使用权落实到户，小部分散林，归农民所有，对宜林荒山荒地，直接采取分包到户，招标、拍卖等方式，明确经营主体；（2）签订合同，承包期限按有关规定执行；（3）确权发证；（4）完善林权档案制度；（5）维持承包经营的稳定性。按《物权

①　周孜予. 国有林法律管理制度缺失与完善研究［D］. 哈尔滨：东北林业大学，2011.

法》规定，承包期间，林木的所有权也归农民所有；林地的承包期为七十年，承包期满，可以按照国家规定继续承包。第二，明确权利主体的责任与权利。首先是集体经济组织拥有林地所有权，包括初始分配、收益、使用、监督、违约处置等权利；其次是承包经营者应该拥有林地使用权和林木所有权。在权利划分清楚的基础上，按照合同规定，权利主体应当承担相应的义务。第三，集体林权流转制度的落实，这是中国当前集体林权制度很重要的一个方面。搞活市场机制，首先要将林地使用权作为一级市场；其次再通过合同的签订完善地上物的权利义务分配；再者就是要进行民有林的资产评估。其核心是集体权利转让、抵押贷款的评估，公开开展交易价格咨询活动，以确保市场各方主体的交易公平；最后就是要明确流转次序，这需要完善相关法律制度的配套措施以及明确流转程序。第四，建立以国家公共财政为主的投入机制。对生态公益林的投入应当纳入各级政府的财政预算中，并且在政府的财政预算中这部分应做优先安排。另外，在国家预算方面，需要相应增加基本建设资金、扶贫资金以及农业综合开发资金的份额比例，建立健全国家财政投入机制。第五，建立资本市场融资机制。逐步降低企业投资林业生态建设的间接融资手段，对降低的间接融资部分增加到资本市场直接融资上。鼓励企业上市，从而获取更多更直接的投资，同时要鼓励小企业在"二板"市场上市。第六，设置外资、个体投资造林管理方案。人民群众是财富的创造者，人民群众蕴藏着无限的动力和生机。这就需要制定优惠于外资及个体投资者的管理办法，开发群众的创造力，鼓励群众投资林业建设，取缔不利于群众投资林业建设的规定。① 第七，出台林业工程招投标管理办法。为保证林业资金的用途和使用效果，提升该资金的使用率，应尽快出台相应的林业工程招投标管理办法。

（三）林地管理制度

林地是很重要的自然资源，森林要依赖林地生存和发展。林地可分为生态公益林和商品林地。土地改革时期林地被确立为私人所有，合作化时期确立为农民集体所有，人民公社化时期确立了公有制。当前处于林地全面改革时期，以前的林地管理法律制度已经不能满足当前的实际情况。这主要表现为以下情形：林地保护不利、总量不足、质量不高、退换明显、生产力低；

---

① 周孜予. 国有林法律管理制度缺失与完善研究 [D]. 博士学位论文, 东北林业大学, 2011 年。

相关法律缺失，登记制度不完善，林地管理与森林管理二者之间缺乏有机联系，林地管理的征收和占用混乱，土地交换存在腐败现象；有些地区的植被已被用于其他目的，砍伐森林仍然比较常见，违反森林法的惩罚力度不够。

对林地管理应该从以下七个方面改革：（1）进一步强化土地规划工作，国务院将国有林地作为一级规划以及省级规划，由国务院审批，对林地实行分地、分类、分级管理和保护利用；（2）占用征收现有林地要严格审查和审批，严格规范林地用途以及制定林地定额管理制度；（3）占用征收林地，要实行补偿机制，征收生态治理费；（4）严格控制林地转为农用地、建设用地；（5）设置林地使用许可证，颁发许可证是林业部门行使批准使用林地的权利；（6）严格执行林地登记和变更制度，扩大路径，限制森林采伐，控制林地征收和占用；（7）加大执法力度，严厉惩治砍伐森林的行为。

（四）承包经营制度

目前中国的合同管理制度在合同范围、承包主体和承包时间方面并不完善。没有特殊的合同管理组织，并且合同管理也没有到位。合同权利的转让、分包和继承规定不明确，合同管理权利亦不具体。虽然在理论上对森林资源承包经营权存在争议，但契约管理权应属于一种产权。这项权利应以法律形式予以确认，经营权不应受到承包商的过度限制。如果将森林资源承包经营权确定为产权性质，则可以保护林业部门的经营权和集体经济组织的所有权，杜绝"乱收费"现象。因此，可以采取的措施有：（1）制定森林、林地和林地承包法，确保合同管理的顺利进行；（2）新法规定应扩大承包主体范围，扩大承包范围，完善管理制度；（3）延长合同期。只有这样，我们才能真正实现森林管理的现代化和科学化，并有利于维护合同权利人利益。

二、森林资源监测制度

早在中华人民共和国成立之初，中国就建立了森林资源监测系统。在20世纪70年代，形成了最初的监测系统。1989年，在中国东北、华北、西北和中南地区建立了四个监测中心，并建立了调查队伍。半个世纪后，森林资源监测体系已初步建成。

在中国，森林资源监测系统有四种类型。国家进行森林资源调查，掌握状况，从而制定和调整林业总体政策，这是第一类。基于抽样调查，广泛使用遥感（RS）、地理信息系统（GIS）和全球定位（GPS）系统（称为3S技术），统一测量固定地块。然后根据要求，逐一找出森林资源的现状、生长和衰退的变化，识别全国各种森林的面积、增长、损失和消费等。识别后做有效分析、统计并预测其增长和下降趋势，每 5 年进行一次。森林资源年度核查和调查是各级林业主管部门组织实施的有关年度森林采伐限额、年度人工造林、人工更新、山坡造林、空中播种造林等进行的特殊调查和检查，如保护状态、年度征地、年度林业项目的实施、生态公益林管理等。

然而，这一系统的调查手段仅限于地面森林资源，调查的数据也仅仅是林木的数量，对林木的变化没有统计，森林资源也未进行全面的调查。我们认为要完善的方面是：（1）要进一步明确相关机关监督职能，有监督权的主要部门是林政执法部门，可以考虑由监督机构审批林木采伐证，同时要建立集中管理、监理、执法于一体的管理制度；（2）重点加快国有林区、森工企业管理制度中的监督管理体制改革；（3）实行林政管理人员定额配备，解决监督机构不健全和人员缺乏的问题；（4）对中国森林资源监测的范围、任务都应作明确的规定；（4）应当制定相应的新的规范，对森林资源和生态条件进行全面监测，并且需要进行地面调查以及引进科学技术；（5）将强有力的执法与现代科学技术有机结合起来。

三、采伐管理制度

中国森林法规定，成熟的木材林应根据不同情况采伐。应严格控制采伐，并在采伐的当年或下一年完成重新造林；特殊用途森林中的防御林、母树、环境保护林、风景林等只允许进行采伐和更新；严禁在特殊用途森林中的景点和古迹以及革命纪念碑和自然保护区采伐伐木。《森林法》规定，任何单位或个人采伐树木都必须依法申请伐木许可证。已采伐树木的单位或个人必须根据采伐许可证中规定的面积、植物数量、种类和时间范围完成重新造林任务，重新造林的面积和数量不应少于采伐的树木面积和数量。《森林法》还规定，从林区运输木材时，必须持有林业主管部门签发的运输单据。另外，采伐方法还规定，采伐范围必须按照采伐许可证的规定。森林采伐许可证（简称"采伐许可证"）是国家机关颁发的专门为森林经营单位和个人伐木作业使用的凭证和法律依据。森林采伐配额对单位和个人而言是一项重要的法律措施，最低限度是确保木材生产计划不被破坏。

现在极为突出的问题即是森林资源超额采伐，这已成为影响森林生态系统功能的不利因素。因此，中国必须坚决执行采伐限额制度。为了解决制度本身带来的问题，必须完善一些措施：（1）林业局有关部门应制定森林分类区划标准，将公益林区划分为地方重点和国家重点，将商品林划分为天然商品林和人工用材林；（2）对于重点公益林进行抚育性采伐，对于天然商品林实行限伐措施；（3）建立生态效益补偿基金制度。公益林由国家收购，中央财政和地方财政可实施补贴，集体林由政府与业主签订协议实施补偿，私人业主营造的商品林则由国家收购并给予补偿；（4）要求相关单位和个人缴纳生态公益林补偿金；（5）加强森林的调查设计，伐后验收，采伐更新，加强监督检查；（6）制定采伐许可证制度，并对采伐对象、范围及有效期、采伐程序等都进行严格限制。

四、林业投融资体制

为了确保和促进林业发展需要建立以国家公共财政为基础的投资机制，以权力和财政资源的划分为基础，把生态公益林建设投资纳入各级财政预算之中，并予以优先考虑。除此之外，将财政资金、农业综合开发资金和扶贫资金等纳入国家预算范围内。应采取财政和货币政策，促进林业发展。针对金融机构和银行采取特有的政策，如开放少量折扣等，以此吸引更多贷款，同时可以引入社会资金，动员全社会共同投资。其次，国家政策性贷款应设立林业建设贷款项目。利用政策性贷款进行林业生态建设，将其作为新的特殊项目贷款，扩大政策性贷款。对贷款期限根据实际情况做适当延长，提高贴现率。在银行的各个层面建立贷款风险分担体系，从而推动信贷政策的实施。全面及时地支持林业生态建设，并提供相应援助。对农民、个体造林者、林场林业工作者的贷款条件应有所放宽。建立资本市场融资机制也十分重要。林业经济不断发展，私人投资应转换融资方式，逐步降低间接融资方式，并完善相关机制以增加直接融资的机会。按照市场经济的要求，依照资本市场规则上市，从而获得更多的资金支持。还要制定对外投资和个人投资的森林经营措施，降低私人投资的准入门槛，鼓励群众对林业建设进行投资，对群众投资的限制性及歧视性规定进行取缔。

五、碳排放权交易制度

20世纪90年代初，北美的大气科学家彼德·坦斯所领导的气候科学研究小组建立了第一个较为完善的大气和海洋模型，并比对大气中 CO_2（二氧化碳）浓度的数据采集资料，最终发现：北半球中高纬度的陆地的碳排放非常集中，是一个硕大的碳排放源。在此之后，有学者通过分析林业资源的调研资料，得出结论：欧洲大陆里的森林起到了碳汇的作用。狄克逊等人通过模拟和实测分析得出：在全球范围内的森林生态系统碳循环中，北半球中高纬度发达国家的森林产业活动所吸收的 CO_2 等温室气体中所含的碳源占 8% 左右，少数国家例如芬兰、瑞典等国的吸收碳汇比例占了其他所有国家 CO_2 排放量的 30% 以上。

1997 年，第三届联合国气候变化框架公约缔约方大会在日本京都召开。在此十多天的时间里，来自世界各地的 160 个国家代表汇聚一堂，共同商议通过了《京都议定书》。其中规定，2008 年—2012 年，发达国家（主要 38 个）6 类温室气体，如 CO_2 的排放量，要较 1990 年的排放水平平均同比减少 5.2%，其中美国减少 7%、欧盟减少 8%、日本减少 6%、加拿大减少 6%，其他国家的排放量也在一定程度上减少了。其他两项法规也建立了碳排放交易机制：第一，1990 年以后，各国进行的造林和森林采伐所吸收或排放的二氧化碳净值可计入减排量计算中；其次，机制规定附件 I 中的参与国成员容许相互进行碳排放额度调剂。根据《京都议定书》中的这两项规定，森林资源所吸收的 CO_2 量将能够像普通货物一样，成为可以进行国际贸易的商品，碳排放交易也将会成为重要的跨国产业。

当今世界许多国家和地区已经初步思考碳排放权的交易。主要的碳交易方式是：CO_2 排放量大的国家或公司，负责出资帮助其他国家或地区增加国土绿化率，典型方法便是植树造林，降低当地的 CO_2 浓度。有森林资源的国家或地区，借助其他互助的国家或公司人力财力进行植树造林，不但可以降低当地的 CO_2 浓度，还可以大幅促进森林的维护。受资助的国家和地区，不仅维持了森林资源，储存了木材原材料，还能够向提供资金的国家或公司销售碳汇或碳排放补偿。其中的典型案例有：巴拉圭自然管委会投资了 380 万美元，这笔资金用于保护拉美最后一片原生状态的未受破坏的热带雨林约 60 000 公顷。与此同时，AES 能源公司投资 200 余万美元获得碳排放权，折合计算出其碳抵消费用约为 0.14 美元/吨，协议时间跨度 35 年。又如，太平洋森林信托基金会制定了一项在美国的森林可持续基金计划，最终目标便是提升森林管理的力度用以最大限度地吸收碳，提高北加州红木林的碳吸收量。2000 年，北加州红木林吸收了 18000 吨碳，预计到 21 世纪末的 2095 年将能够吸收高达 65400 吨的碳排放。1993 年，美国联邦林业局与环境保护基金会和美国环境保护局合作，执行植树造林方案。在莫斯科以南的 4 个地方种植了 900 公顷的阔叶树和松树林，吸收近 80000 万吨碳，费用约为 3.75 美元/吨。在澳大利亚，新南威尔士州于 1998 年 6 月开始着手碳排放处理。

我们应该尽快借鉴国外森林资源碳排放交易机制经验，推进中国森林资源碳排放权市场交易：（1）我们需要认识到这一问题的重要意义。中国政府也批准了《京都议定书》。因此，《京都议定书》一旦生效，中国将承担限制排放的责任，中国建立的碳排放交易市场将发挥积极作用。工业排放将可以部分被森林植被吸收的二氧化碳尽量抵消而获得额外的中国排放份额，从而获得巨大的直接经济效益；（2）这是中国森林生态效益市场化的必然选择。即使《京都议定书》未生效，中国仍然可以将其拟议的碳排放交易机制进行试点。这为中国的林业生态建设提供多元化的融资方式，亦是提高森林生态产生市场效率的新途径。

第五章　现代林业管理制度

第一节　现代林业制度概述

一、现代林业制度建立的必然性

（一）现代林业制度的建立是历史的选择

　　林业发展总是和经济社会的发展密不可分，林业的发展也取决于经济社会的发展。换言之，经济社会对林业有什么样的需求，就会出现什么样的林业制度。同样，有什么样的林业制度也就会有什么样的经济社会发展状况。从经济社会对林业的需求情况看，总体上可以把林业的发展分为三个阶段，即现代林业、原始林业和传统林业。这三者有着密切的联系。它们可以正向推进，这种推进过程也可以随着经济社会的停滞而停滞，甚至随着经济社会的倒退而发生逆转。现代林业也是继原始林业和传统林业阶段之后，林业发展的一个新的历史阶段。同时，现代林业与原始林业、传统林业又有质的区别。它们在指导思想、经营理念、利用方式和集约程度等方面各不相同。原始林业基本上没有形成指导思想，其经营理念十分简单，经营水平十分粗放，资源利用也十分原始。传统林业确立了木材永续利用的指导思想和经营理念，对森林资源要求实现持续利用，经营方式既有粗放型，也有集约型。而现代林业以可持续发展理论为指导思想，以发挥森林的多种效益为经营理念，采用的是集约经营方式，追求的是森林资源的全面高效持续利用。在这三个阶段中，现代林业的指导思想更先进，经营理念更科学，利用方式更合理，集约化程度更高，处于林业发展的高水平阶段。

　　中国林业模式从传统林业向现代林业的发展过程就是经济社会发展对森

林的需求从单一到全面、从低层次到较高层次的发展变化过程；就是我们不断调整林业发展思路，充分发挥林业效益以尽快适应经济社会发展的过程；就是自觉遵循林业发展内在规律，勇于实践的过程。从林业发展的规律来看，这个过程是必然的，是不以人的意志为转移的。

（二）现代林业的建立是现实的需要

林业的发展始终脱离不了现实的需要。不同的现实状况要求有不同的林业模式，同时也为林业发展提供着不同的条件。林业发展必须完全服务于现实需要，必须更快更好地满足现实需要。做出这样的判断，是建立在"吃透三头"的基础上的。当前，无论是从国家的要求来看，还是从人民群众的要求来看，或者是从世界发达国家林业发展的趋势来看，中国林业发展的最大现实需要，就是尽快建设能够充分发挥多种效益、满足社会多样化需求的现代林业。

1. 建设现代林业是中央对林业更高更新的要求

在新的历史时期，中国从经济社会发展全局的战略高度，做出了建设生态文明、全面落实科学发展观的重大战略决策，做出了建设新农村、构建和谐社会的重大战略部署。林业是落实科学发展观的重要内容，是建设新农村的关键，是构建和谐社会的基础。落实科学发展观，建设新农村，构建和谐社会，还应当需要林业来充分发挥生态效益、经济效益和社会效益，满足现代社会对林业的生态、物质和文化等多样化需求，而且这种要求更高且更为紧迫。要落实这一要求，完成好赋予林业的历史任务，必须加快传统林业向现代林业的转变，全面推进现代林业建设。

2. 建设现代林业是人民群众对林业的迫切要求

当前林业的基本矛盾，就是落后的林业生产力同社会日益增长的生态、物质和文化等多方面需要的矛盾。改革开放以来，中国经济社会实现了长足发展，国家的综合实力拥有了显著提升，人民生活水平得到了明显提高。全面建成小康社会后，人们的生活方式和消费方式发生了深刻变化，导致经济社会对林业的需求也发生了根本变化，社会对林业的主导需求不再是木材，而是以生态为主的多样化需求。人们希望森林能充分发挥生态效益，使天更蓝、水更绿、山更青、空气更清新；希望森林能充分发挥经济效益，生产足够的木材等林产品，满足人民群众的生产生活需要；希望森林能充分发挥社会效益，更好地满足人们的精神和文化需要，积极促进整个社会的和谐发展。

但是，在支撑现代社会生活的物质、文化和生态三大类产品中，生态产品无疑已是最短缺、最迫切需要得到大力发展的产品。加快速度发挥林业的多种效益，满足人民群众生产、生活的多样化需求，要求必须促进传统林业向现代林业进行转变，从而全面建设现代林业。

3. 建设现代林业是世界发达国家的普遍选择

发达的林业是国家文明富裕的重要标志。欧洲国家、北美国家以及日本、澳大利亚和新西兰等发达国家，都拥有良好的生态环境，都进入了生态、经济和社会效益全面协调可持续发展的现代林业阶段。从历史的发展规律看，建设现代林业是中国林业发展的必然趋势。从现实的客观条件看，建设现代林业是中国林业的迫切要求。历史发展到今天，对于中国林业来说，全面推进现代林业建设可谓是适逢良机、恰到好处。早一步，我们的经济社会条件还不够成熟，还没有坚实的基础为建设现代林业提供保障；晚一步，我们不但会错失发展现代林业的绝佳良机，而且还难以满足人民群众对林业的多样化需求，成为影响社会和谐的主要因素。

我们相信，中国林业发展的实践必将证明，建设现代林业的重要决策，是林业内在发展规律同中国实际相结合的必然产物，是不以人的意志为转移的客观选择。

二、现代林业制度的内容

1992 年联合国环境与发展大会后，中国把可持续发展确定为未来发展的重大战略，并从此开始进入了由传统林业向现代林业转变的过渡阶段，中国林业发展也迎来了最佳机遇期。建设一个能充分发挥多种功能、不断满足社会多样化需求的现代林业，不仅是林业深入贯彻科学发展观的需要，而且是林业发展到 21 世纪的必然趋势。现代林业就是坚持以人为本，生态、经济和社会三大效益全面协调可持续发展的林业，它与现代社会的基本构架和价值观紧密衔接，具有一套比较先进的指导林业发展的思想、理念和规范，是一个完整的理论体系。它的基本内涵主要体现在以下几方面：

（一）现代林业是坚持以人为本的林业

它要求始终坚持兴林富民，实现人与事业良性互动，让全国各族人民各尽所能、各得其所、共建林业，共享林业建设成果，实现人的全面发展，进而实现整个社会的全面和谐发展。

　　林业是中国农村经济的重要组成部分，积极发展现代林业可以为新农村建设发挥重要作用。坚持以人为本不仅要求现代林业的发展是为了人，而且要求现代林业的发展必须依靠广大劳动人民，要求通过现代林业的发展来不断提高护林人乃至全国人民的科学文化素质、健康素质和生态道德素质，从而为促进整个人类社会的全面健康发展发挥积极作用。以人为本要求现代林业矢志不渝地坚持把兴林富民放在突出位置，因为兴林富民是建设现代林业的主要宗旨和具体目的。兴林为了富民，富民才能兴林，二者是相辅相成又互相促进，只有将林农致富与现代林业建设紧密结合起来，才能做到在富民中兴林，兴林中富民。

（二）现代林业是全面发展的林业

　　通过大力建设生态体系、产业体系和生态文化体系，可以为社会充分提供生态产品、物质产品和生态文化产品等，不断满足社会对林业的多样化需求。全面发展的现代林业包括生态效益、经济效益和社会效益等效益的全面发挥，包括生态状况的不断改善、产业体系的不断完善和生态文化体系的不断丰富，还包括上述三大体系中各个具体组成部分的全面发展。建设好完备的生态体系、发达的产业体系和先进的生态文化体系，是关系中国广大人民甚至整个人类社会生存和生活的重大问题。只有全面抓好这三大体系建设，才能切实改善生态状况，提升林区发展动力，进一步促进可持续发展战略目标的实现，从而建设和谐社会。

　　建设一个完备的生态体系是历史赋予现代林业的时代使命，建设一个发达的林业产业体系是促进现代林业不断发展的活力源泉，建设一个先进而丰富的生态文化体系是现代林业健康发展的精神保障。建设生态体系，是现代林业产业发展的"本金"，从而切实保障整个林业事业和经济社会的可持续发展。

　　人与自然和谐相处是生态文化的核心价值观，在生态文化体系的建设与发展过程中，现代林业扮演着关键角色并发挥着先锋作用，在满足人们精神需求的同时，为生态建设和产业发展创造更加有利的社会环境，营造更好的文化氛围。

（三）现代林业是协调发展的林业

　　2002 年国家郑重发出了"社会更加和谐"的号召，构建和谐社会被确立为中国的奋斗目标。现代林业的和谐不是静态不变的，而是发展中的和谐、上升中的和谐、变革中的和谐。现代林业的发展也不是一蹴而就的，需要一个曲折漫长的过程，通过螺旋式上升、渐进式交替的方式，最终达到和谐的目标。现代林业的各个环节只有协调发展才能最终实现林业与社会经济的协调发展。

（四）代表了林业先进文化的前进方向

原始社会森林文化的主要表现是采花摘果、狩猎建棚等。奴隶社会至 20 世纪初期的漫长历史中，森林文化主要体现在天然林采伐、木材培育等林产品生产经营中。20 世纪 60 年代西方出现了生态觉醒，随着温室效应加剧、生物多样性锐减等全球问题的日益严重，生态问题已成为国际社会关注的焦点，民间生态保护组织层出不穷，绿党、生态党等也适时而生。建设现代林业，是对林业发展战略认识上的一次飞跃，是 21 世纪中国林业先进文化的前进方向。历史将证明，全面推进现代林业发展，才能完成历史赋予我们的重大使命。

第二节　中国林业现代化战略

中国的森林资源由国家林业行政机关依职权管理。由于当前国有森林资源资产所有者的经济实体地位并未真正建立起来，管理往往被行政管理所取代。林业行政主管部门的资产所有权和宏观经济性管理权利没有区别，商业实体的权利得不到保障，权责关系混乱。以林业为根本的企业无法真实有效地行使森林资源所有权，即便国家参与到企业的宏观管理之中去，在资本运作的各个方面上来讲，国家宏观监督权实际效率并不突出，无法对所有权实行内部监督。国有森林资源经营管理监督流于形式，森林资源管理失控，国家资产流失。为了森林面积的可持续发展，应实施多元化投资的新机制，以增加社会服务和工业化经营。

中国实施林业现代化战略，应该重点考虑以下问题。

一、林业企业管理的现代化模式

现代化林业企业管理模式应该做到：（1）打破国有林区原有的旧运行机

制，引入现代管理模式；（2）完善分类管理法律制度，完善森林物种分类管理，建立森林物种分类新体系，有针对性地作业，彻底解决管理职位空缺的核心问题，建立适应市场经济的分类管理组织；（3）明确森林资源财产权，将人、财、物联系起来，建立科学的国有森林资源管理机构；（4）国有森林经营机构履行投资者的职责，承担政府管理职能，享有所有者的权益；（5）组织承包商委托经营，国有森林资源管理机构进行监督、管理和主导；（6）在国家和用户之间建立森林价格体系，形成公平的贸易关系。

二、林业重点工程

从数量上来看，林业重点工程的实施将快速增加森林资源总量。林业重点工程原计划 2001—2010 年造林 6000 万公顷，加上"九五"期间面上造林1800 万公顷，10 年内中国新增造林面积 7800 万公顷，提高森林覆盖率 3.7 个百分点。在切实保护好现有森林资源的基础上，至 2010 年中国森林覆盖率达到了 18% 以上。2010 年，中国自然保护区面积占国土面积的 16% 以上，超过2030 年的既定林业发展目标。此后，通过林业重点工程的实施，2030 年中国森林覆盖率将达到 26% 以上，超过林业既定发展第三阶段目标，达到世界公认的合理水平，实现林业的快速发展。

从质量上来看，林业重点工程的实施将有效增加森林单位面积蓄积量。中国森林单位面积蓄积量每公顷只有 84.7 立方米，其主要原因就是中幼龄林比例过大，经营管理粗放，低产低效林多等。据 1999—2003 年第六次森林资源清查结果，中国中幼龄林面积达 9688 万公顷，单位蓄积量每公顷仅有 48.6立方米，而近熟成熟林只有 3714 万公顷，单位蓄积量每公顷为 141.7 立方米。林业重点工程将采取最新科技成果，特别是速生丰产林基地建设工程，规划年生长量为每公顷 15 立方米，即使全部林分按年生长量每公顷 9 立方米这一中等水平来计算，届时单位蓄积量也将达每公顷 135 立方米，与世界林业发达国家的水平基本一致。另外，经过林业重点工程对现有林的保护和科学培育，2030 年中幼龄林将全部成为近熟成熟林，单位蓄积量至少达每公顷 134立方米，实现林业规模持续扩大。

从发展速度与经济效益角度上讲，实施林业重点工程将会大幅度增加林业产值。实践证明，"十五"期间中国林业总产值增速迅猛，平均增速达到两位数，随着基数的不断扩大，这一速度会有所减缓。但随着林业重点工程的实施和中国改革开放的不断深入，绿色消费将得到飞速发展，林业发展速度不断提升。总的来看，中国林业产值平均发展速度达到 10% 左右，预计到 2030 年将会达到 4000 亿美元，将赶超林业发达国家的产值水平。

从生态角度来看，林业重点工程的实施，将会把中国生态建设推向一个重点突破、大规模治理的阶段。其中，有五个属于生态建设工程，它们覆盖了中国风沙危害大、水土流失严重的所有地区。实施这些工程，不仅会使全国森林覆盖率达到 30% 左右，也可从整体上改善中国生态状况，对促进东西部森林相对均匀分布、实施西部大开发战略发挥关键作用，满足经济社会发展的生态需求。

从经济角度来看，林业重点工程的实施必将带动中国林业产业的崛起。林业重点工程通过贯彻物质利益原则和市场的拉动，政策引导扶持，吸引社会生产要素流向林业。可以预见的是，在不远的未来，林业与工业、造纸业结合的态势将会逐步形成，林农与企业等搭建的林企产业链将会逐步完善，这将促进林业产业的不断升级，商品林生产进入良性循环轨道。

从社会角度来看，林业重点工程的实施将全面提高林业的社会效益。林业重点工程的实施将进一步调动全社会支持林业、关心林业、参与林业的积极性，把林业科技和整体管理提高到一个崭新水平。林业重点工程的实施将为满足人们日益增长的物质文化生活需要提供依托，促进人们的生存消费、享受消费和发展消费。

通过公开竞争、适当轮岗和末位淘汰机制搞好人才战略，通过发展高新绿色企业、生物产业等措施抓好增量，通过确保限额采伐、及时更新成林等措施管好存量，林业重点工程将带动 21 世纪林业的发展。

三、森林生态系统恢复治理

健康的森林生态系统是维护中国生态状况良性循环的生态屏障，也是从根本上改善中国生态状况的关键。为了保障区域可持续发展及森林生态系统的健康，我们必须针对退化森林生态系统的现状和问题，采取一系列的生态工程措施构建一个完整的林业体系。

（一）推进林业重点工程

应以林业重点工程为依托，紧紧围绕本地区森林生态系统所面临的问题，以促进生产发展、生态良好、生活富裕为目标，加快政策调整，用好资金，发展后续产业，建设区域性生态工程和产业基地，积极稳妥地推进林业重点工程：（1）加快适宜林业发展的荒山荒地荒沙的造林绿化进程，加大防沙治沙力度，力争将这项工作延伸到土地沙化和石漠化严重的其他省市，努力提高以森林植被为主体、林草结合的生态治理水平，并大力发展沙区产业，使更多的农村群众从工程中受益；（2）继续按照退耕还林规划，推进水土流失治理进程，同时完善退耕还林工程的有关后续政策；（3）尽快启动沿海防护林体系建设等工程，提升林农的生产要求；（4）采用先进的生产科学技术，利用空置无用的土地，深入挖掘植树造林的潜力，增大林业植被面积，保障国土安全；（5）继续实施生态移民工程。对山区居民采取生态移民措施，在山下进行移民异地安置，减少对森林植被的破坏，促进山区森林生态系统的加速恢复。山区居民可通过发展生态旅游、生态农业等渠道，在提升自身经济收入水平的同时保护山区生态状况。

（二）提高森林生态系统的质量

森林生态系统的生态功能既具有普遍性和多功能性，又有很强的地域性特征。西南区地处长江中游和珠江中上游，分布着中国少有的生物生产力最高、生物多样性最丰富且生态功能最强的热带雨林。因此，各级政府和有关部门必须合理开发西南地区的森林资源，重视保护天然林，有效控制森林资源消耗，杜绝乱砍滥伐和毁林垦殖。同时该区宜林荒山荒地较多，可用于大力种植人工林，促进生态状况良性循环。

青藏高原区是长江、黄河、怒江、澜沧江和雅鲁藏布江等河流的源头，是湿地集中分布区，对森林涵养水源十分重要。但该区经济发展缓慢，因此，森林生态系统的保护和开发对这一区域生态环境维护具有重大意义。该区域生态保护主要采取保护天然林，恢复森林植被等措施。此外，也可在青藏高原东部、南部等生物多样性丰富的地区建立生态系统保护区、湿地保护区，以保护原本就脆弱的森林生态系统，及其物种多样性和生态系统功能。

1. 坚持科学造林营林的原则，提高森林生态系统的质量

人工林将是今后中国森林生态系统不可或缺的内容之一，也是森林建设的主要方向之一。但目前人工造林存在造林成活率低、保存率低、成林质量差、宜林荒山荒地多及任务重等问题，加之中国地形复杂，造林难度大，因此为全面提升中国人工林的质量，必须坚持科学造林。

造林时因地制宜，采用多方式、多方法营林造林。要根据当地自然、经济条件，采用封、造等多种方法相结合，乔、灌、草相结合，针阔叶树种相

结合，用材林、经济林、防护林和薪炭林等多林种相结合的方式方法，培育多树种、多林种和多功能的人工林体系。同时也要重视育苗，发展良种。苗木是造林的物质基础，要大面积造林必须提前培育足够的苗木，并要培育壮苗造林。中国目前的林木良种工作还很薄弱，必须有计划地加快建设林木良种基地，保护优良珍贵树种的种源，提高良种生产水平，逐步实现林木良种化。同时指导和扶持农民开展对优良种子和茁壮苗木的培育，提高优种壮苗的供给能力。

2. 实行森林可持续经营管理，培育健康森林生态系统

新的森林资源管理的理念是森林可持续经营。森林可持续经营是以保护森林生态系统为主、确保森林的再生能力的一种经营方式。是全面发展、利用和培育森林，以保护土壤、空气、水、森林植物以及动物的栖息环境为目的，体现了完整的生态系统、生物的多样性、绿色环境以及可持续生产的现代林业的多元化价值。

森林可持续经营的定义和认识与可持续发展是紧密联系的，要求在保持森林生态系统自身健康发展的基础上，维护其他生态系统的平衡性。新的森林可持续经营的重点：（1）以社会经济的可持续发展为服务目标，提高社会经济发展，增强人民生活水平，享受森林带来的物质产品和生态服务；（2）发挥林地生产力的效益，注重森林生态系统整体功能的维持和提高，只有这样才能谈及森林的经济功能；（3）相关利益群体相互协调，考虑到林区居民的利益，加强互动式森林经营；（4）调整森林经营基础体系，扩大财政支撑，协调机构设立，完善法律法规，建立灵敏的应急反应机制，强调科研的重要性，以此应对突发情况；（5）加强森林经营各环节的监督管理力度，维持森林生态效益健康发展。森林资源新型管理体制在此基础上形成。

不科学的林业经营使得森林培育、木材生产与森林生态系统的保护都受到影响。对此问题需要加强森林科学经营，保护与利用兼顾，从而促进退化森林生态系统的恢复：（1）改变以生产原木为目的的指导思想。森林是再生性资源，但其生长周期长，与其他矿产资源不同。过去以生产木材为中心的指导思想使得森林资源不断遭到破坏，生态系统呈现退化状态。目前，需要从森林可持续经营、科学培育的理念出发，认真贯彻以"营林为基础"的方针，扭转"重采轻造"倾向，合理协调保护与采伐间的矛盾；（2）积极开展中幼龄林培育工作，提高森林质量，促进森林生态系统健康运行。中国森林以中幼龄林面积最多，普遍存在生长状况不良的问题。为此，需要加强中幼龄森林的抚育更新，提高森林质量；（3）全面加强森林生态系统的保护体系建设。在森林生态保护体系中，森林防火、病虫治理、生物入侵与防护等是首要问题。为了保障森林资源安全，首先要加强在社会舆论方面的宣传，对群众普及法律和科技文化，将森林、林木、林地是首要生态资源的观念植入人们的心中。其次，要将地方政府森林防火责任制和森林病虫害综合治理措施落实到位。同时，也要加强现代高新技术应用和安全监测体系建设，并采用生物措施，发挥森林自我保护功能，营建生物防火林带、阔叶林和针阔混交林。另外，要采取定向封育措施，促进复层林形成，加快森林生态系统恢复。

3. 几种森林生态恢复的情况

（1）森林采伐迹地的生态恢复

随着工业化的兴起，大片的森林被破坏，形成了森林采伐迹地。森林采伐迹地会引起很多严重的生态问题，其生态恢复具有特殊的意义。一般来说，应根据该地区的退化程度和地质、地形、气候特征来确定荒地的恢复方案。如在热带和亚热带地区，森林退化后，裸露的土壤很容易被迅速侵蚀；在大坡度地区，泥石流和滑坡将破坏植被生存的基本环境。因此，应将土壤等自然条件的保护放在退化生态系统恢复的首要位置，并通过工程措施和生态工程技术加以改进。如在泥石流多发地区，应采取工程防护措施，并根据坡度设置适当的缓冲区，或种植适宜的草种，以保持水土。在做好上述工作后，再推行整体恢复计划。

（2）弃耕地的生态恢复

为了养活逐步增加的人口，很长一段时间以来，各国农业均以追求高产量、高利润为目的。这也造成化肥、除草剂等的过多使用，间接导致了农田生态系统退化、部分农田成为弃耕地。

弃耕地的生态恢复是一个相对较复杂的问题，要解决农业生态系统恢复问题，有赖于良好的农业知识、经济水平和人力资源。更具体地说，农田退化生态系统的恢复依赖于土壤、作物、市场、经济条件和农民经验及技术等因素的综合作用。弃耕地的组分多而复杂，而且组分间的相互作用也很复杂，这也是导致弃耕地恢复困难的原因之一。

（3）废弃地的生态恢复

废弃地是指弃置不用的土地。此处以矿区废弃地和垃圾堆放场废弃地的恢复为例。矿产开采往往对当地的生态环境造成毁灭性的破坏，因此矿区废弃地的生态恢复也相当困难。不过根据生态系统恢复目的的不同，也可以有所选择地使用恢复的方法。另外，目前在垃圾处置场地废弃地的生态恢复实践中，基本上都是先对原有的废弃地进行了表土的更换和覆盖，然后采用植物恢复技术对原有的废弃地进行生态恢复。对垃圾处置场地进行生态恢复，一般采用物理、化学和生物等多种方法进行生态恢复，但是除了上述的方法外，垃圾处置场地的生态恢复还要注意几个特殊的方面，例如妥善处理垃圾场中的填埋气体和垃圾渗滤液等。

（4）受损水域的生态恢复

水生生态系统在人类生活环境中具有重要作用。此处以云南洱海湖滨带湿地的生态恢复为例。洱海是云南省第二大淡水湖，属澜沧江水系，境内有弥苴河、永安江、罗时江、苍山十八溪等大小河溪汇入，面积覆盖 250 平方公里。洱海的淡水湿地生态环境的主要破坏因素为人工建筑蚕食湖滨带滩地，湖滨带赖以生存的物理基底被破坏，以及非点源污染较为突出，洱海湿地富营养化严重。针对洱海湖滨带湿地的破坏因素，设计者对湖滨带的基底进行恢复，去除了不同形式和程度的干扰。另外，当地还控制了对洱海的工业排放源，并对湖滨带固体废物进行了集中清整，限制固体废物在湖滨湿地的堆积。通过对湖滨带湿地基底进行恢复，很好地控制了洱海湖滨带淡水湿地的退化，消除了洱海水体富营养化的潜在危险，建造了一个良好的湖滨带淡水湿地环境。

四、现代科技和生态文化

（一）生态系统经营

离开科技支撑的生态系统经营是危险的。各国林业发展的实践表明，在走向生态系统经营的过程中，不少国家曾付出巨大的代价，甚至因此而难以跟上世界共同进步的步伐，而凡是生态系统经营搞得好的国家，必然是理念上有创新，技术上有突破，措施上有力度的国家。

技术政策是落实森林生态系统经营的重点。生态系统经营的战略一旦确立，就必须落实到经营过程中，否则，森林生态系统经营只能停留在理念上，而难以进入经营实践。技术政策是实现经营战略的具体措施。事实上，不同时期经济社会发展对森林作用的不同认识、社会的不同主导需求以及各种利益群体对决策的不同影响会促进差异化的经营技术政策的形成。

（二）知识与技术的创新

森林可持续经营需要科学知识与专业技能上的转变，在林业可持续发展战略的规划与协调下，通过生物、经济与社会的综合途径来实现：（1）森林可持续经营需要的知识主要包括以下方面：系统观念和系统的方法；学科间的交叉与综合；基础研究和应用研究；（2）森林管理可持续发展要求掌握的专业技能包含：自然、社会、经济和政治的综合分析能力；观念和知识上的统摄与综合能力；交流与信息传递的能力；组织与领导管理的才能等。

建立森林可持续经营的创新基地：（1）以林业科研院所及大学为中心，开展林业知识和技术创新；（2）按地域和森林类型，开展森林可持续经营示范林建设；（3）扶持一批科技先导型林业企业，作为可持续林产品的加工技术的创新基地；（4）建立森林可持续经营科技信息网络，创建林业高新科技园区，促进科技成果的迅速转化和信息资源的共享。

加强现代林业知识的培训：（1）在各层次林业教育的课程设置中，除自然科学以外，还应包括人文和社会科学。将林业的专业方面与林业的人类方面相结合，使森林经营者、利益群体及公众可以有效地相互交往。（2）加强对专业技术的普及，对相关管理人员的培训，开展以将林业发展作为中心的新理论、新知识、新技术为重点的继续教育。鼓励职工利用继续教育拓宽和加强知识与技能。（3）重视公众教育。在从幼儿园到高中的正规教育中灌输综合的土地伦理观点，使其了解自然资源，了解人类如何需要和利用不同森林资源及不同资源用途间的平衡，塑造其对森林的态度和情感。其次，通过公众参与等方式，为成年公众提供关于森林及其多种价值的信息。

（三）森林可持续经营的人力资源建设

营造良好的尊重知识和人才的政策氛围：（1）建立开放协调、公平竞争、秩序井然的人才大市场，努力创造人才合理流动、优化人才资源配置的良好环境；（2）以品德、知识、能力和业绩作为衡量人才的主要标准，将那些具有统摄能力和经营技能的人员委任到相应的管理决策和技术岗位上，并赋予他们应有的权利；（3）加强基层林业站人才队伍的建设，鼓励大中专毕业生到林区就业和创业，实行大中专毕业生到林区志愿服务制度。

以能力建设为核心，在实践中加强人才培养和队伍建设。森林可持续经营需要有高度职业专长和有乡村社区工作能力的人员的直接参与，促进林业科技进步和创新：（1）林业机构有义务通过适当的投入，面向广大专业技术人员和管理人员，通过培训使其掌握专业知识与技能，通过脱产培训和职业教育开展以林业新理论、新知识、新技术为重点的继续教育，提高机构及员工的理论素养和技能水平，维持机构的高效能和活力，保证其有效地履行职责；（2）以项目为纽带，建立与国内外机构的广泛联系，通过研究活动的进行、管理体系的发展、信息技术和人员的交流，促进知识和技术传递，增强系统的管理能力。不仅要通过项目培养一批生态建设、工程管理、技术推广、经济管理和国际合作等方面的专门人才，而且在项目建设中，要重视与乡土知识和技术的融合，并通过示范推广培养乡土技术人才。

（四）森林经营技术政策及措施

中国正在建立以森林生态系统经营为基础的经营体系。中华人民共和国成立后，木材生产及持续供给能力始终是森林经营追求的目标，并围绕这一目标建立了以木材生产为主的森林经营体系和技术政策。

建立森林生态系统经营制度，必须制定长期规划。长期计划包括：森林资源发展计划、森林经营计划、地区森林计划。林业长期发展规划应以50年为一个周期，并在此基础上制定中期发展规划，中期计划以10年为一个周期，每5年进行一次滚动修订。

1. 制定林业长期发展规划

制定五年的林业发展规划是森林生态系统管理的重要基础工作。没有具有法律效力的长期计划，林业运行机制就得不到有效保障。国外的林业发展实践证明，凡是林业经营卓有成效的国家和地区，林业长期规划始终被放在重要位置并被法律化、制度化。在合理分区的基础上，要结合各区域的特点和发展要求，编制生态区位图，并依此编制生态系统经营方案，不同的经营目标在经营过程中达到最大限度的协同。

2. 编制林产品供需预测计划

产品和服务是森林经营的两大目标，需求是测度经济社会发展对林业要求的数量尺度。服务产品需求是客观的，是林业应尽力满足的，也是森林经营的重要约束条件。预测主要反映经济社会发展对林业需求的总量趋势，结构变化趋势，判断供需之间存在的各种矛盾和问题，提出可供选择的解决思路和具体措施。

3. 制定森林采伐规划

森林采伐是林业生产和森林经营活动的重要组成部分和基础性工作，不但影响到不同层次森林管理或经营单位能否提供持续的林产品发挥经济效益，而且将影响到当地和周边地区甚至更大范围内的生态环境。因此，制定科学合理和能持续发挥森林生态、经济、社会效益的森林采伐规划具有重大的意义，这也反映在世界各国的林业立法和政策之中。中国森林采伐长期规划一般为 10 年，主要的依据是森林经营方案。

4. 合理编制森林经营方案

森林经营方案主要由森林经营方案说明书、附件和图像材料组成，应由编案领导小组按规定报送上级林业主管部门审批并备案。其中，森林经营方案说明书至少应包括：林业系统分析、经营方针与布局、森林经营体系设计、森林培育规划、森林采伐规划、森林与环境保护规划、效益分析等章节；附件主要应有：有关会议纪要与文件、森林资源规划设计调查成果报告与审定意见、森林经营原则方案与审定意见、森林合理采伐量论证报告等材料、各类土地面积统计表、森林面积蓄积统计表、森林经营类型设计表、森林采伐规划表、造林更新规划表、森林抚育与林分改造规划表、投资概算、经济分析表等附表。在具体的森林经营单位，需要在木材生产、社会和环境目标之间进行平衡。森林经营者在综合考虑森林的特性和多种多样的价值及其对社会各部门所产生的影响的基础上，以平衡稳妥的方式制定森林经营计划，以确保森林的这些特性得到维持。要从林业生产的对象——林地和森林的实际出发，明确某一具体地段上森林的主导功能，指导森林经营者确定应建立的森林类型及未来的产出。同时，要研究对不同的森林类型进行与之相应的经营和管理。对商品林和一般公益林可以开展多种用途经营，对重要公益林进行严格的保护。

（五）依法治林

森林生态系统经营就是在综合权衡森林属性与社会需求的前提下，通过协调行动得以实现的经营方式。要保证管理处于正确的方向和正确的轨道上，那就不能缺少法制对其的约束。

经济社会发展首先是对森林自然属性的认可，并且确立了以木材生产为主的经营理念和经营措施，通过立法和规章使之制度化。各国的实践表明，如果要规范森林经营，引导森林经营向生态系统经营方向发展，必须将经营思想、经营政策和经营措施法律化。在美国，与林业有关的法令和条例多达100 多种，这些法令对林业的发展起了积极的促进作用。有些条例的实施不仅对国有林的经营管理具有深远的意义和影响，而且还促进了国家林业政策的发展，具有普遍的指导意义。通过法律规范林业的经营行为是林业发达国家的普遍做法，也是转换林业经营思想和确立经营措施的成功经验。

各级政府制定的林业政策必须与已有的法律法规相协调，兼顾公共价值和个人利益：（1）要提供足够的资金开展研究和监测，以便能对政策进行及时修订，并建立根据变化的情况定期修改政策的机制，以体现森林可持续经营的目标和内容；（2）通过公众参与的方式制定国家林业政策，尽量使包括政府、部门、地方群众及其他利益相关者在内的参与者达成一致，保证森林资源利用可持续；（3）应当颁布或根据需要修改国家和地方的有关法律和条例，以支持建立的林业政策；（4）对森林资源进行宏观配置，对森林进行分类区划；（5）调整不同森林类型的政策、体制、机制和管理制度。具体保护方法如下：

第一，健全可持续发展的立法制度。

从可持续发展的角度上看，要求在以下几个方面上完善立法制度和相关法律制度：

1. 全国人民代表大会对指定可持续发展重大事项具有唯一立法权

《中华人民共和国立法法》（以下简称《立法法》）规定，政治制度、刑事制度、司法制度、民事基本制度、基本经济制度、限制人身自由的强制措施和处罚等，都属于全国人大的专属立法权，只能由全国人大制定法律进行规范。但是，对于可持续发展的法律制度，全国人大的专属立法权并未清晰表明哪些事项地方不可以参与，哪些事项地方立法也可以参与。今后，应当通过对《立法法》进行修改或者解释逐步扩大人大立法权。例如，在可持续发展的法律方面，也有一部分重要事项（如自然保护区和风景名胜区）的法律规范采取了国务院制定的行政法规形式，然而这并不符合法治基本原则。所以，要强化全国人大的国家立法权，并且对有关的问题要尽可能地详加规定。

2. 可持续发展的立法

在法律起草工作中，由于有关政府主管部门熟悉其主管的事务，有相当一部分法律草案是由政府主管部门起草的。特别是在可持续发展立法方面，有许多事项需要政府审批管理，"部门立法"引发的矛盾尤为突出。如果在部门起草的法律草案中，不规定部门应当承担的职责，不适当地扩大部门的审批权、管理监督权、收费罚款权，少规定部门应当承担的某些法律责任，就会损害公众和企业的权益，损害国家的利益。从立法程序来说，解决这一问题的方法是：除了要不断规范全国人大机关的立法起草工作程序，更多地吸收有关专家参与法律草案的起草工作，更重要的是，全国人大及其常委会在审议法律草案时，应当严格依照法定的民主审议程序，注重调查研究，广泛听取社会各方主体的意见。为减小法律条文中部门权力不适当地扩大，地方各级人民代表大会及其常务委员会在制定相应的地方法律法规时，应当遵循全国统一的法律制度，不得与宪法、法律和行政法规相抵触。因此，地方人大在制定地方性法规时，也要从全国人民的整体利益和长远利益出发，防止地方保护主义倾向。特别是在可持续发展方面，地方立法机关一定要从全国人民的整体利益出发，严格遵循相关的法律、行政法规的规定，并综合考虑相邻地区的有关利益，正确地规范本地区的有关事项。

第二，健全行政法制和司法法制。

1. 健全行政法制，强化依法行政

中国虽然已经制定了《国务院组织法》和《地方组织法》等行政组织方面的基本法，但仍缺乏相应的配套的法律制度。同时，中央政府与地方政府之间也存在着职权划分不够清晰、不够合理的情况。譬如，国家主要风景名胜区是全中国人民的宝贵财富，应当以中央政府管理为主，但现在实际上是以地方管理为主，并不利于这些风景名胜区的保护。又如，欠发达地区的部分地方政府缺乏相应财力，无力承担着保护本地区自然资源的职责，这就需要国家通过财政转移支付给予专项财政支持。

3. 健全行政程序的法律制度，严格履行行政程序

可持续发展在许多方面需要政府管理，又需要公众和企业的大力参与，因此，就需要通过行政程序立法，规范政府在可持续发展中的行政行为，切实保障公众和企业的合法权益。当前，中国加快了行政程序立法，已经制定了《行政处罚法》《行政许可法》《行政监察法》和《行政复议法》等，使行政程序的一些主要方面有法可依，从制度上为纠正乱罚款、乱审批的行为，为保障公众行政参与权、行政复议权等合法权益提供了根本条件。

4. 行政法制与市场机制相结合

国家应加大力度惩治破坏自然环境和生态系统的违法行为，同时应大力惩治执法者不作为的行为，提高基层执法人员依法执法水平。要通过法律制度创新，对清洁生产企业、绿色生产企业和环保企业实施优惠奖励政策。要通过综合运用法律、财政、金融和行政手段，为可持续发展产业创造公平有序的竞争环境，保护生产经营者的合法权益，尽可能发挥市场机制的激励作用。

5. 健全司法法制，强化司法公正和司法监督

中国法律体系已经相对健全，但是，有关的司法程序还需要进一步完善。其中，与可持续发展有关的有：一是强化司法机关在资源环境保护方面的司法职能，包括加强检察机关对刑事犯罪案件和行政违法行为的法律监督，完善公民举报及控告、申诉的检察程序；二是要赋予公众和社会团体在资源环境保护方面的诉权，使公民和社会团体对破坏资源环境的行为有权提起诉讼；三是法院强化庭审作用，完善证据制度，健全审判监督制度，大力解决执行难问题，更好地保护当事人的合法权益；四是要健全司法机关的内部机制监督，提高司法队伍的办案水平。

第三，强化民主监督机制

1. 加强可持续发展方面的社会监督

充分发挥公民和社会团体对违法行为的民主监督作用，是实行法治的重要条件。要保障公民、公众和社会团体对各种违法行为的社会监督权，鼓励环境保护团体发展，支持它们对违法行为进行监督。

2. 加强可持续发展方面的法制宣传教育

把可持续发展方面的法制宣传教育列入全民普法计划的重点之一。应当通过媒体宣传、法治讲座等各种形式，在全民中普及可持续发展方面的法律常识。在公职人员的法治教育中，要把可持续发展的法制教育列为重点之一，使全体公职人员认识到实施可持续发展战略的重大意义，并增强可持续发展的法制观念，使其熟练掌握与可持续发展有关的法律规定，提高与可持续发展有关的执法水平。

（六）生态文化

1. 生态文化建设

中国各地的自然保护区、城市与郊区的森林公园、湿地等森林文化设施建设具有数量大、风格独特的特点。森林城市论坛影响力不断增强，森林城市创建活动成为城市生态文明建设的重要载体。

生态文化产业要结合林业特色，深入挖掘生态文化内涵，积极举办各具特色的研讨会、生态摄影展、文艺家采风和笔会等活动。如中国生态状况系列报告和大江大河系列传记的出版，展现出中国以森林文化、湿地文化和荒漠文化为主体，以山水文化、树文化和野生动植物文化等为支撑，外延不断拓展、内涵不断丰富的生态文化体系。

2. 森林文化

在漫长的历史发展过程中，人类的活动始终与森林环境彼此关联。在开发利用森林及其产品过程中，人类形成了以生活和娱乐等为主体的森林文化，如传统特色的木竹建筑、工艺品、乐器和日常生活用品等，并造就了与森林有关的形象文化，如对木与竹的崇拜、以木竹作为人格的象征与比喻等。直到经济与社会相当发达的现在，许多地区仍保持着人与自然古朴的和谐关系，成都市郊的农家乐就是其中的表现形式之一。

生态道德是需要人们特别是生态脆弱地区人们树立的行为规范，其内涵包括生态意识、节约资源等。森林自身蕴藏着丰富的知识，是人类充实生态知识、探索动植物王国奥妙、了解人与自然关系的最佳场所。参加和经历森林经营活动可以使人们充分了解森林植被建设与保护任务的长期性和艰巨性，提高人们保护森林的意识。森林的科普教育能使人们充分认识森林对人类生存与发展的贡献，了解森林的各种功能，认识人类环境与森林植被的关系，从而在与森林的接触和对森林的认识过程中加强人们的生态道德意识。

3. 森林旅游文化

中国诸多的森林公园、自然保护区以及千姿百态的河流、湖泊和山峰，构成了一幅美丽的画卷。宗教建筑、宗教艺术等人文建筑与森林、山峦等自然景观融为一体，给后人提供了重温历史的丰富材料。中国是开展森林旅游最早的国家。如孔子周游列国，根据各地风土人情写了《春秋》；屈原流放之时，根据所见所感，撰写了《天问》；张骞出陇西而有《张骞传》；唐玄奘西行取经 17 年撰《西域记》12 卷；徐弘祖游历山川写就《徐霞客游记》。随着人们生活水平的提高，长期处于喧闹和忙碌环境中的人们，越来越热衷于到大自然中休养，在大自然中领略风光、温习历史。

森林是地球二氧化碳的吸收库，是控制全球气候变暖的重要缓冲器，是负氧离子的释放器，是多种疾病的治疗仪。研究表明，在人们的视野中有 25% 的绿色时，人的精神就会感到舒畅。人们越来越关注自身的健康状况，锻炼已经成为人们生活中不可缺少的部分。在环境幽雅的森林区域锻炼身体，人们不仅可以强健体力，而且还可以提升精神上的修养。

森林是净化空气、减轻和治理污染的最佳生态系统和处理器。随着现代文明的迅猛发展，城市人口迅速膨胀，二氧化硫和温室气体排放量越来越大，越来越多的人选择汽车等交通工具作为主要代步工具；城市的扩张使得硬质路面占城市面积的比例越来越大，城市的热岛效应日趋严重，这给城市环境质量和城市居民的生活工作质量带来了巨大的威胁。研究表明，南京女贞、悬铃木、刺槐、柳杉和黑松等林地二氧化硫浓度比林外低 66%；噪声经过 30 米宽的林带，可减低 6~8 分贝；城市林带减尘效果一般可达 68.1%；森林覆盖增加也能有效控制改善城市热岛效应。进入林冠的太阳辐射，可被林冠吸收 35%，反射 20%，起到了良好的降温作用。而这也正是森林旅游为越来越多的城市人所青睐的原因。

第三节　分类经营管理

分类管理是实现森林生态系统管理基础和载体。无论是从木材生产还是生态环境建设，都必须把握好森林生态系统的管理方向，通过分类管理，可以保证生态建设林业发展战略的实施，实现林业的迅速发展。

分类管理理论源于多功能利益利用理论。学界又称其为林业分工理论。在 20 世纪 60 年代早期，美国等资本主义国家将森林的多重利益定义为法律形式的国有森林的经营标准。20 世纪 70 年代，美国林业经济学家提出了指定森林多功能使用的构思。这一想法也得到了多国的认可。20 世纪 80 年代，美国优势使用理论对微观、宏观两个方向进行探讨。但是，鉴于当时理论发展的局限性，优势使用理论在为森林本身提供生态功能方面的作用尚未得到充分考虑。然而，在当今各国政府面临着环境恶化和科学发展带来的一系列问题之时，现代分类管理已经取得了巨大进步。当下，分类管理理论坚持生态系统管理的指导思想，站在全球和宏观的角度实施区域规划。

一、分类经营与需求

森林为社会贡献的产品分为两类，一类是满足社会生态环境需要的生态服务产品，另一类是满足经济发展的原材料。它们有很大区别。例如，像木材等满足经济发展的原材料由市场定价，市场主体通过买卖获利。然而，从生态学角度讲，"服务产品"是非排他性的，如森林生态的改善是人人受益的。如果这两种森林资源的需求量很大，很明显同一种森林不能同时满足这两种森林资源的需求。面对这类问题，森林资源分类管理就是解决经济与生态矛盾的有效方法。分类管理的理论基础是显性使用理论。根据优势使用理论，由于林业的社会功能不同，资源提供出口服务的潜力也不同。经营者应根据供需标准，以及自然和技术潜力，利用林地分割方法，优先使用土地的最大利益。在生态系统管理理论的指导下，社会主导需求变化的情况下，生态林主要提供生态效益。此外，商品林将会产出丰富的林产品，促进经济的发展。两类效益的加成将成为林业发展的主导趋势①。

森林生态系统作为陆地生态系统的主要组成部分，作用十分明显。当前，人类对林业的主要需求不仅是利用森林资源。事实上，林业不仅关乎森林资源保护，更关乎人与自然能否和谐共存。分类管理的作用是统筹森林生态效益和经济效益，在为社会提供"生态服务"的同时提高林业产品产量，既满足人类的生态需求，又满足经济社会发展的需要②。

总的来说，分类管理是以森林生态系统管理的理论为基础，综合考虑自然科学与社会科学的管理方法。其目的在于建立一个健康、完整、可持续的森林生态系统，实现人口、资源、环境、经济和社会的可持续协调发展，使人与自然在更大的空间尺度和长期规模上更加和谐、持续和发展。

二、分类经营与可持续经营

可持续森林管理要求使用一种在经济上和技术上可操作，在社会上能被接受和认可的方式管理森林和林地，以此来保护森林的多样完整性和生产持续性，保护森林的可再生性和自我修复能力，维护其不同层次的生态系统功能。可持续森林管理不仅是一个管理过程，也是一个奋斗目标，其目的在于维护森林的可持续发展。从这个意义上说，分类管理就是从中产生的。根据不同的森林条件，森林经营有多种实现可持续经营的途径，如森林多效益经营、分类经营等方法，而分类经营只是其中的一种。各种经营的最终目标都是实现森林可持续的经营管理。

三、分类经营的原则和措施

根据国家目前森林现状，森林分类管理应遵循以下原则：第一，林业主管部门要在法律法规框架内依法实施分类管理。第二，切实推进分类管理工

---

① 张才琴. 森林生态法制化管理模式研究 [D]. 武汉：博士学位论文，武汉理工大学，2011.

② 同上。

作，重点关注公益林和商品林。第三，森林分类管理应该与社会发展相协调。分类经营应立足形势，细致规划，经济和生态紧密结合，确保森林分类经营目标的实现。第四，森林分类经营应尽最大可能参考森林自然界限。第五，森林分类管理要坚持从全局出发、从细节入手的原则。作为生态系统管理思想的载体，分类管理应该具有整体的思维与战略，同时，也应从地方的角度根据实际情况进行，协调各方。

分类经营措施的总要求是管严一块、管住一块、放活一块（如图5-1所示）。

图5-1 分类经营的政策总要求

这里说的严格管理，主要对象为特定生态地域内的占有重要地位的公益林，如江河、湖泊的发源地、一些森林保护工程里的森林、国家级自然保护区的森林等。例如，必须严格管理一些与重要江河湖泊源头息息相关的林业采伐面积，控制砍伐形式和力度，禁止滥伐，保持森林的可持续发展。同时，也要单独规定森林管理计划，规范采伐限额和采伐方式，辅助林农做好经营计划，使那些林农经营者的利益得到保证，使他们的采伐定额按照规定和政策执行。

在中国《森林法》中，森林有五种类型，分别是经济林、防护林、木材林、特殊用途森林和薪柴林。中央政府管理的森林不得低于行政区域森林总面积的30%。特殊用途林、经济林和薪柴林等，由县级人民政府林业主管部门按照国家有关森林物种分类和组织的规定划定。尤其是生态公益林，主要用于为社会生态提供服务功能，如保持水土、保护水源、净化空气等，其所提供的生态效益也是全社会共有。中国正在对现有林业产权制度进行深化改革，推行"谁造谁有"等符合当前林业发展形势的林业政策。在这种情况下，非公有制经济成为"四荒"造林投资经济的主要来源，而林业基金征收政策反而在一定程度上阻碍了非公有制林业经济的发展。为落实《关于加快林业发展的决定》，切实减轻林农的作业负担，增加广大的林农团体的收入，国家林业和草原局和相关学术部门对现有的林业基金系统进行了研究改革以及相应的试点工作，提出各地也应根据自己的实际经济条件以及社会情况，采取合理政策措施。改革要从两个方面着手，首先要减轻林农的负担，其次也需把地方财政的实际承担能力考虑在内。如果无特殊情况，有经济条件的东部发达地区可以提前取消林业基金征收。对于经济条件不太乐观的地区，可以优化公共财政结构，建立健全合理的公共财政制度，增加对县乡地区的财政支出，保证经济条件一般的地区也可以获得相应的金融服务。

林业转型不同于一般工业以及服务产业的转型。林业的转变需要制度创新的同时，也需要机制的创新。为了保护中国的森林生态安全，建设良好的森林生态系统，必须建立健全有效的森林资源保护和管理机制。然而随着社会经济的发展，现行的森林资源管理体制已经落后且无法适应时代的发展需求，特别是国有重点林区的管理体制。这要求我们必须建立现代林业企业制度，加强森林资源保护和生态环境建设。

第四节 森林资源的信息化管理

森林资源信息化管理技术的应用是新技术发展产生的必然成果，而如何将信息技术与森林资源综合集成，则是分析当前的形势并预测其发展趋势的迫切任务。

一、信息化管理

信息化概念由日本学者在《信息产业论》中首次提出。在日常生活中，我们对信息化技术的应用主要有网上购物、家庭办公、电话会议等方式[1]。随着社会的飞速发展，现代信息技术也不断深入发展的同时，实现了信息资源管控的智能化和高速化，对提高各项社会活动的能效产生了显著的积极作用。信息化管理应运而生。

---

[1] 徐浩. 浙江省森林资源信息化管理解决方案研究 [D]. 杭州：博士学位论文，浙江农林大学，2015.

信息化管理是一种以现代信息技术和先进的管理理念为依托的动态管理模式。与之相关的是，森林资源信息化是一种以现代化管理信息的方法为手段对森林资源进行管理的方法。中国的森林资源管理部门一般分为国家级、省级、市级和县级，每一级管理部门又分为不同的职能部门。

"森林资源信息化管理系统的组成结构应是五层结构，包括基础设施层、基础数据层、数据标准和交换层、应用系统层和综合管理层"①。第一层是基础设施层，由有线和无线通信网络组成，是构建森林信息管理系统的基础。第二层和第三层是数据标准和交换层，包括应用系统之间被用作信息链路的数据交换规则。第四层和第五层分别是应用系统层和森林资源信息管理平台层。其中，第四层由其处理特定数据功能构成了森林资源信息管理平台的一个基本单元，而第五层则通过单点登录和子权限控制机制整合各应用系统的信息，实现管理层的动态整合②。通过林产品运输管理、林权管理、林地管理等方式动态监控收获运输等环节，森林资源信息管理系统即可对剩余土地的征用和占用进行管理，实现种苗的共享和联动。同时，森林资源利用、林产品运输等环节的数字资源也可在系统层面得到有效整合。

数据类型的分类包括文档格式、多媒体数据格式等。其特征可总结为以下几点：（1）分布式。相关数据以森林资源的时空分异规律、特征与过程的相互关系等为基础，具有物理离散、逻辑集中、透明分布的特点，以透明的方式按需提供信息服务。（2）多尺度性。森林资源信息可以通过多种空间尺度表达多种空间范围。由于对其的监测周期不尽相同，因此各监测要素的表达也各有差异。同时，由于各种森林资源的含义在森林生态系统中不同，因此森林资源也具有语义多尺度特征。（3）数据池深③。森林资源信息的特点是拥有海量数据④，矢量地图、栅格数据、遥感图像和地形图、时空数据传感器所得的数据均被囊括其中。（4）多源异构特征。森林资源数据结构的复杂性表达为多源异质性特征。森林资源数据的多种体现也为森林资源信息的管理平添不少阻力。

---

① 徐浩. 浙江省森林资源信息化管理解决方案研究［D］. 杭州：浙江农林大学，2015.
② 同上。
③ 同上。
④ 同上。

二、森林资源信息化管理系统设计

(一) 需求分析

新型可视化软件系统是当前市场的需求痛点。此系统被期于揭示林业生产管理的内在规律，反映林业生产活动的变化规律，探求生产经营的发展方向，揭示林业生产管理及经济发展与产业结构关系等。各市县林业局可以使用该系统预测森林发展状况、监测业务进展、分析管理过程以及各类数据的真实有效性，并以此为依托，优化管理和相关业务审批流程。省林业主管部门也可以利用该系统监测各地林业生产经营状况，及时监测处理特殊情况，为优化产业结构提供便利①。

(二) 可行性论证

可行性论证是根据当前条件下所具备的技术、社会和经济等条件，并在需求分析的基础上，确定系统设计的必要性和可能性，为建立森林资源信息管理系统提供科学依据。林业信息化发展陆续运用了包括云计算、大数据等在内的新兴技术模型，林业生态保护能力、森林资源信息管理效率和林业产业发展水平在短时间内得到了高速提升②。同时，林业信息化组织的不断完善，人才队伍的不断壮大，基层林业信息化人才技术水平的不断提高，为森林资源信息化建设提供了多重保障。由于森林资源信息化理论研究还未发展完全，森林资源数据收集和数据表达模型制定尚不成熟，其理论基础也在不断探索和完善。在未来的研究中，系统功能模块的设计和具体应用将结合实际进一步实施。

(三) 森林资源云计算服务

云计算与大数据在"互联网+"时代中有着不可分割的密切关系。云计算也称为虚拟化资源池，从初步形成概念到实践逐步成熟，其已成为 IT 行业最具潜质与前景的未来发展选择。云计算主要通过五种途径发挥效能：第一，

---

① 徐浩. 浙江省森林资源信息化管理解决方案研究 [D]. 杭州：博士学位论文，浙江农林大学，2015.

② 同上。

优化产业结构；第二，降低用户及企业运营成本；第三是优化资源利用；第四，改善绩效体验；第五，提供无限的资源。通过云计算模式，可以部署的各个地区、各种系统、各种数据、各种内容的综合林业业务系统，解决大规模计算问题。具体来讲，该技术手段涉及内容有：（1）弹性服务。计算服务的规模在一定的限度内可迅速变化，同时工作载荷的动态变化甚至可以在林业工作系统忙碌时实现转载计算或悬停计算。（2）资源池化。共享资源池仍可执行综合管理资源的功能。通过虚拟化技术，林业业务所需的数据可以直接与应用程序共享，从而免去了访问特定的服务器的劳务，这使得资源分配、管理和销售策略都是透明的。（3）按需执行。实现数据自动挖掘和跟踪、资源自动分配。（4）广域接入①。用户可以随时随地通过终端设备接入因特网访问云计算服务。

（四）森林资源信息大数据挖掘技术

大数据是由大数据技术、大数据科学、大数据工程和大数据的应用程序几类共同组成的，是新一代信息技术的集中体现。在互联网信息技术不断发展的今天，大数据技术的应用不可谓不广泛。公众可以通过大数据技术和大数据应用迅速地从各类数据中获取潜在的价值信息。包括林业系统业务合作和林业运作管理服务在内的森林资源连续实时监测产生了大量的分析数据，这些数据可以作用于林木资源管理监测，以及应急指挥和远程诊断信息共享。

---

① 徐浩 . 浙江省森林资源信息化管理解决方案研究 ［D］. 杭州：博士学位论文，浙江农林大学，2015.

第六章 森林产权管理

第一节 产权理论

一、产权的基本含义

森林资源实际上也是一种经济资源。在中国当前繁荣的市场经济体制下，建立符合中国当前形势的林权制度将会为森林资源的经营以及森林资源的管理奠定坚实的基础。① 随着社会经济的迅猛发展，林业经济也飞速发展，反过来对林业制度改革的要求也越发迫切。因此在这种环境下建立合理的产权制度已成为保护森林资源发展以及保持森林资源合理开发的关键。

产权是人们使用稀缺物品时与其他人之间的行为关系，是在稀缺的资源利用状态下的一系列经济和社会关系。由此我们可以看出，我们无法对产权进行精确而全面的定义。我们必须把握其内涵：产权是利用稀缺资源造成的人与人之间的利益和损害所产生的一组权益。它是从所有权中获得的权利。产权包括以下一组权利：所有权、使用权或管理权、支配权和收入权。这四种权利密切相关，它们既相互分离又相互结合。所有权是产权中最重要的权利。财产所有权的核心，即收入权，是高度排他性的，而拥有、使用和处置权利不是排他性的。

二、产权的功能

产权的功能有两点：（1）产权对市场调节直接发挥作用。市场交易是产

---

① 苏春雨. 中国森林资源经营管理机制的研究 [D]. 北京：北京林业大学，2005.

权人的产权交易，因此产权制度是市场交易的前提。当产权得不到有效保障和限制时，经济活动中的主体就会缺乏基本保障。例如，在滥用和浪费森林资源之后，追加责任相当困难。这也是实际执行需要改进的领域之一。（2）产权优化资源配置。资源的配置是产权制度的一个特别重要的调整机制。产权安排是资源有效利用和合理配置的前提。市场机制的作用要求产权的转移。如果资产的产权是十分清晰的，则产权可以自由地转让，相应的收入可以得到有效的保护。① 财产所有者可以在财产范围内最大限度地分配资源，限制权利并获得最大利益。如果不能有效地用于现有业主，资源将流向可能发挥作用的地方。所有权可以确定对象的拥有者及其好处，产权可以确定对象的用户及其使用的方式和方法。

第二节 森林资源产权的内涵

一、森林资源产权的含义

森林资源产权从根本上是指直接控制和享有特定森林资源利益的主体，将他人排除在这种主导和享受的侵权和干预之外。所有权是指权利主体拥有、使用和处置相应森林资源的权利。用益权是指森林资源的权利所有者享有使用和使他人拥有森林资源受益的权利。森林资源抵押主要是指可以将森林资源用于抵押，抵押人对某些特定情况下的森林资源的产权可以设定抵押权，抵押人享有优先得到补偿的产权。

森林资源的产权的特点如下：

（一）森林资源产权的多元化

中国森林资源产权的所有权主体只有国家和集体两种。与之相比，用益物权的类型和主体就十分丰富了，它们都由所有权所派生出来，包括使用权、受益权、处分权等。除国家和集体之外，用益物权的主体也可以包含个体。

特别值得一提的是国有林区的森林资源。权利（所有权、使用权、收益权、转让权）应属于国有产权范畴。然而，从其他角度来看，森林成分和产

---

① 苏春雨. 中国森林资源经营管理机制的研究 [D]. 北京：北京林业大学，2005.

权分解的具体权利都具有多元化主体的特征。国家所有权的实现方式有很多种。国有林产权的形式主要分为两类：一是实施商业合同责任制。承包商有权收集和使用森林和森林的非森林资源，优先采伐其在管理和保护区的森林，以及林地的种植物。二是荒山荒地的造林承包。通常规定荒山荒地谁经营谁利用，但森林采伐受到均匀采伐的限制。这种多样化的配置是不完善的，主要是由于使用权的不完整，导致收入有限。

（二）森林资源产权的排他性

森林资源最重要的特征是森林资源产权具有排他性。这种排他性有时由于森林资源本身所拥有的巨大外部性，使其相当一部分非森林资源可以免费享用，从而使减少森林资源的好处有限。森林资源法律制度要解决的重要课题是兼顾增加森林资源主体收益、降低管理成本和森林资源的社会效益和公众服务功能。

（三）森林资源产权交易复杂

可以说，任何一种商品都是基于产权制度完成交易的。一般来说，产权交易和商品交易是同时进行的，但森林资源交易比一般商品的交易更为复杂。因为森林产品有的时候是商品和公共产品的混合物，这无疑对产权交易来说又提升了难度。例如，林地资源的交易与林木资源的交易具有的整体关联性，就增加了交易的难度。另外，国有森林资源产权交易成本也很高，国有森林产权的界定、划分、保护、监督是通过多层次的委托代理关系来实现的，这种大型、多层次的机构在实践中产生了极高的代理费。

产权制度的成本由两部分组成：系统本身的成本和特定产权制度下从事经济活动的人员的成本。例如，由于国家的非人格化，政府一般分为几个层次，如中央政府、地方政府和行业当局。这种关系会产生相应的监督成本，因此监管成本极高。

二、中国森林资源产权的发展

中国大规模的森林、荒地荒山都实现产权国有化是在 20 世纪中叶，即中共中央颁布的《中华人民共和国土地改革法》正式实施之后。这些森林和荒山由所属的各级人民政府负责管理；地主、富农的森林产业被分配给林农使用；属于贫下中农的小森林不征收。封建土地所有制在中华人民共和国成立不久后土崩瓦解，森林的系统逐渐发展为以农民为主的系统，于是在这一时期被称为中华人民共和国成立后的土改时期，至此，中国开始建立中国森林资源产权制度。国有森林的所有权和经营权分离，使用权由运营机构所有也是土地改革的一个特征。这一时期的土地改革对林业发展起到了很多正面的作用。例如，绝大多数林农的经济收入有了大幅度的提升，这不仅提高了林农从事林业生产的积极性，更使林农的生活状况有了质的飞跃，其生活质量得到了极大的改善。农民林地的私人所有权也被改造成劳动群众集体所有制。中国各地的农村在 1953 年开始全面开展林业工作，其中包括对每个农民所有的山权和林权进行转换等工作。这主要是为了降低广大农民对林业生产和森林管理的劳动强度，节约管理成本。每个人的林木所有权仅限于各家各户自家山上的树和房前屋后的零星树木，山权和林木所有权通过贴现转移到合作社，这毫无疑问对大家都是有利的。①

为了支持重工业的发展，中国于 1958 年开始建立人民公社。改革之路并非一帆风顺，难免会有曲折和艰难。人民公社将原属于农民的森林所有权收归入社，也许公社的初衷是好的——森林这类公共资源可以归集体管理，减轻农民的负担，节约成本。可是此时公社却是将森林所有权揽在手中，控制大规模的自然资源和农业生产，砍伐了大量的自然和集体森林。这一时期的改革并没有成功。

1980 年后，中国开始实施森林资源所有权多元化战略。这一时期分为三个阶段：第一阶段始于 1981 年，开展了"三套"林业改革，主要内容是稳定山权和森林权，划定自留山，确定林业生产合同责任制。这是一个伟大的历史性的开端，改变了中国森林资源所有权长期以来的单一性，实现了所有权的多元化。中国林地集体所有制这一重要制度，正是建立在"三套"林业改革的制度基础之上。一方面能够维护生产资料的社会主义公有制，另一方面又能调动农民对造林护林的积极性。但是，由于缺乏配套政策和管理难，南方出现了严重的森林砍伐现象，导致这一改革尚未完全实施。第二阶段是林业股份公司合作制和 1992—1998 年荒山权利拍卖试点期。森林资源作为公共资源，所有权为国有，因而"分山不分林，共享森林"的经营模式成为林业股份机构合作制主要采用的模式。实施该模式的合资企业需要提供合作方案，通过商业合同化的方式拍卖森林荒山权利，经营者通过签订合同在一定期限内享有土地使用权。这将在很大程度上实现土地产权大范围有限流动，对于

---

① 李蕾. 森林资源产权保护制度的经济学分析 [D]. 长春：吉林大学，2007.

提高经营者的生产活性也大有裨益。然而，第二阶段的试点区域仅在西南和吕梁地区，并未在全国范围内推行。第三阶段为森林产权改革期。这一阶段是在 1998 年大范围开始的，中国在大范围修改原《森林法》的基础上制定并颁布了新的《森林法》，在法律层面上为森林资源的可持续发展和管理模式健康有序运营提供了极为有力的保障。

2003 年《农村土地承包法》的内容包括延长林地的合同期限，即林地承包经营者在之前签订的合同期限到期之时还可以继续商定在满足承包经营资格的前提下，可以续签合同，这样既降低了再次承包给新的经营者的风险性，还节约了在签订过程中的磋商成本，极大地方便了双方。此外，该法还规定了林地承包者管理权和使用权的转让，增加了在承包经营过程中的灵活性和实用性。与此同时，在全国范围内还进行着荒山、贫瘠沟壑、贫瘠沙滩的拍卖，法律允许这些土地的使用权在合同签订双方之间有偿流通。此外，森林产权制度还包括国家通过承包和租赁等多种形式的深化改革。从整体效果来看，这部法律的实施掀起了新的土地改革浪潮，为中国的土地改革事业翻开了新篇章。

从中国林业经济的发展史可以看出，虽然产权制度在向着与市场经济相互适应、促进合理配置和可持续利用资源的方向演变，但是林农利益的需求还没有完全在变化的过程中得到尊重，产权森林资源没有得到充分考虑，使得森林资源遭受了巨大的破坏。因此，我们应该总结过去的经验教训，真正结合森林资源产权制度改革，使其回归到适合市场经济的发展和森林生态保护的正确轨道上。

第三节　森林资源产权管理的对策

中国的法律对森林资源的产权交易有原则性的规定，但是没有具体的运作方式。笔者建议：

一、建立森林资源产权制度

首先，通过科学地界定森林资源的产权，将有利于建立明晰完善的资源产权制度。在有关森林、资源等相关法律中明确森林生态资源的产权主体，明确各主体的权利、责任和利益，有效控制森林资源的破坏，建立多种形态的林业产权制度，使林业产权多元化，这对森林产权的完整性将起到巨大的维护性作用。

其次，建立分类经营制度。现代林业管理制度要求森林资源管理分为两种经营模式，即公益林经营和商品林经营。两种模式的划分概念是以是否营利为主要依据的。以营利为目的模式称为商品林经营。为了满足社会公共利益的需要而不是以自身营利为目的称为公益林经营。

最后，森林资源产权制度的建立应按照市场经济规律，调动所有人的积极性，科学管理森林资源，充分发挥森林资源的经济效益和社会效益。

二、明晰森林资源的产权主体

首先，对于国家森林资源，产权所有者主要有两大主体，即政府和企业。政府主要指中央和地方政府，企业主要是国有林业企业。但即使主体明确，如果没有明确的权利义务分工，也将在管理经营上产生分歧和阻碍。因此，出台相关政策明确三方权利和义务将成为必要的前提。在国务院与地方政府的产权界定上，国家作为所有者和实际经营者。国有森林首先要按照法律、法规和有关规定确定经营水平和责任，建立独立于伐木企业的国有森林管理机构。其次，建立独立的森林资源管理单位。但是，目前林业企业在履行职能的过程中仍存在代行政府和事业单位职能的状况，各主体应该有专属于自己的权利义务，且应自行履行相应的职能。林业企业不同于一般的商业企业，林业企业的改革也应纳入考虑范围，与森林经营体制的改革同步进行。只有林业企业的改革也做到位，科学地分解企业一体化，才能井然有序地管理好资源。与此同时，现行的政府可分为行使行政职能的政府和主要经营生态林业的政府机构。①

在集体林权方面，第一，法律应明确规定集体所有的森林资源的产权属于乡、村、集体经济组织，使所有者和使用者的合法权益得到有效保护，以及规定所有者的权利和义务。第二，合理地确定森林所有者的税负。目前，除地方当局设定的费用外，国家特定的农林特产税和林业基金占木材销售价格的 25%~30%，这已经是一个相当高的税务负担了，林农利益所剩无多。从理论上来讲，林木被砍伐了，就还需要种植，续栽养林，因此育林基金归还森林所有者将对此会是很大的资金支持，但这仅仅是一个空想，实际执行起

---

① 苏春雨. 中国森林资源经营管理机制的研究 [D]. 北京：北京林业大学，2005.

来还有诸多困难。① 在中共中央和国务院颁布的《关于加快林业发展的决定》（以下简称《决定》）之前，林业企业垄断了木材经营，导致森林生产者和市场孤立无援，林农的好处得不到保障。《决定》发布后，由于山地收购政策的长期影响，集体林业经营者仍然处于被动地位——没有市场，也没有木材业务的信息。因此，木材市场的建立显得极为迫切，引入市场机制来加强林农的销售和信息服务，把森林资源产品的管理和销售的主动权归还林农。

三、强化政府行政

政府应转变行政职能，切实落实经营者的经营权和处置权，制定相应的政策法规，认真处理违法违规行为侵害森林所有者合法权益，确保森林资源长期稳定。第一，只要经营者没有改变林地的使用并且没有违反其保护生态环境的义务，政府就不能以任何借口收回合同和管理权。第二，政府将商品林划分为公益林后，必须实施生态效益补偿政策。第三，有效降低林业税负。合理的林业税项目、税基和税率应根据统一税收、公平税收和有利于林业发展原则确定。第四，建立科学、完整的森林资源资产评价体系，采取尽可能多的措施对森林资源资产进行科学、市场化的评价。目前，中国部分评估机构缺乏科学、公正、独立的评价方法，严重影响林权交易的顺利进行。②

四、培育和规范产权市场

根据《森林法》的规定，木材和经济林的使用权和森林所有权可以依法转让。这为森林资源产权转让提供了法律依据。林地使用权的流转主要包括出租、持有、分包、交换和转让。租赁权是指单位或者个人出租的国有和集体林地使用权，或者农民将山区部分或全部林地使用权和自保山地使用权出租给他人进行林业生产经营的权利。股份制是指国有和集体林地使用权，以股份的形式转让给单位或者个人从事林业合作生产经营。分包是指单位或者个人承包的国有集体林地使用权转让给他人经营，或者农民将林地和山地使用权部分或全部转让给同一集体经济组织一段时间。

近年来，南方集体林区出现了森林转移。一些以木材为原料的工业企业

---

① 苏春雨．中国森林资源经营管理机制的研究［D］．北京：北京林业大学，2005．

② 李蕾．森林资源产权保护制度的经济学分析［D］．长春：吉林大学，2007．

与集体经济组织签订合同，建立原料林基地，分享利益，一次性支付，以取得林地使用权和所有权。还有一些木材经营者购买活木材用于采伐，但目前还存在转让林地使用权的问题。同时，林农和村干部对林地流转认识不足、意识薄弱、流通行为不规范。有些人长期保持合同权和林地转让权，还有很大一部分只是口头协议，有些合同条款没有标准化，违约责任也不清楚。一些林农单方面认为林地承包 50 年来保持不变，所以这些林地是自己的，可随意处置。这些问题的出现，严重制约了林地流转市场的发展。

因此，加快制定林地转让法律法规迫在眉睫。第一，法律应详细规定经营者的租赁期限，并对林地原主人的租金付款实施强硬条款；第二，以家庭方式承包的林木租赁后的原始合同关系不变，原承包商继续履行原林地合同规定的权利和义务；第三，监督承租人的运营或收回其租赁权，承租人应当按照租赁时规定的条件对承包商负责；第四，单位和个人之间以及农民之间，承包山区和自保山区的部分或者全部林地使用权应当作为权益，自愿联合或持股应当构成股份公司、合作社等；第五，营业收入份额由经营者和林地原所有者分享；第六，接收方可以根据分包时规定的条件负责分包方，交换后，原合同规定的权利和义务仍由原承包农户履行，经承包商同意可转让。

第四节　森林资源产权制度研究案例

一、重点国有林区森林资源产权制度研究案例

（一）指导思想和总体原则

中国东北、西北和西南地区是重点国有森林的集中分布区。它们主要是天然林，位于大型河流的源头和边境地区。森林资源丰富，生态位置十分重要。自中华人民共和国成立以来，国家投资建立了 135 家林业企业。原来林业企业不仅管理森林资源还利用森林资源。在这种制度下，国家缺乏有效的森林资源保护、培育和利用监管手段。中国的林木产业从简单的木材生产到生态建设的历史性转折，正是由中共中央、国务院关于加快发展林业的决策精神的充分推动而实现的。

（二）改革的主要内容

国有森林经营机构的主要职责是：（1）组织国有森林资源规划设计调查。（2）组织切割区域的调查和设计，颁发森林采伐许可证；负责切割区域的绘图和验收；组织造林更新、关山造林、林业抚育。（3）负责森林采伐作业和造林作业招标管理。（4）负责木材运输和木材管理（加工）的监督管理。（5）负责森林资源管理和保护，林业管理处罚权。按照管理方便生活考虑，精简、高效、合理分配的原则，在重新管理森林资源的基础上，建立了一批国有森林经营分局，国有森林经营分局下设几个林业办公室。原则上，国有森林经营的分支机构以现有林业的森林资源和森林经营、监管、森林培育和管理、林业公安等机构为基础，通过整合建立一个完善的经营管理系统。

重点国有林区森林资源管理体制改革的主要内容是从以下几点出发：首先要明确国有重点林区的范围；然后将原来由企业承担的林木企业管理职能转移到地方政府；再建立专门的国有森林资源管理机构和林业相关产业运行机构，以此来建立森林资源保护、培育和利用机制；最后再重组国有林业企业，将剩余劳动力重新安置。①

国务院林业主管部门依法享有国有重点森林资源的产权，他们进行生产清洁和验资的原则是"尊重现实，保持稳定"，并由此合理确定财产。林业企业虽然在改革后转移了主要的林业产权，但也有例外。如国家和企业的森林资源产权、企业或企业与其他经济组织合作创建的人工商品林可以继续由企业经营，但需要与林场管理机构签订林业经营合同。合作期满后，国家征收林地使用权并归还国有林场管理机构。企业及其他经济组织依然可以依靠森林资源进行合理开发，由此，林业企业可以用签合同的方式继续运营相关的林业项目。② 合同期满后，林地和林木的使用权归还国有林场管理机构。企业贷款造林形成的债务，由国有林业管理机构和企业按照改革后的林权和森林所有权承担，其他债权债务由企业按照有关规定承担。国有森林经营机构和地方政府根据改革前后职能机构的条件和实际需要，对林业企业现有的非经营性资产进行管理。

建立新的森林资源保护、种植和利用机制。此次森林资源产业改革通过转让森林和林地使用权，转让人工商品林经营权和森林采伐权，使企业依法

---

① 苏春雨. 中国森林资源经营管理机制的研究［D］. 北京：北京林业大学，2005.
② 同上。

有偿使用森林资源，带来了诸多利好。第一，为林业企业提供了原料和市场。第二，为森林居民提供大量的就业机会，促进当地村民经济收入的提高。经营者通过签订合同获得人工商业林地的使用权和商业林的所有权，而由当地政府承担原林业企业承担的社会管理职能，转换灵活且发展顺利。将林业企业目前承担的社会管理职能分开，并转移到地方政府管理部门。同时，按照专业分工、真诚合作的原则，此次进行企业的改革重组，使企业真正成为独立的企业实体，公平地参与市场竞争。

二、集体林产权制度改革案例

福建省永安市原来集体林业管理主要以村林业合作社为依据，按照"分山区分林共享"的方式运作。该系统不仅有利于保护森林资源，还能提高山区农民的经济收入。多元化的林业经济发展方式成为当地林农改革致富的一大亮点。但是，在市场经济的发展过程中，改革逐渐显现出了许多问题。主要有：一是产权关系模糊。从整体上来看，改革没有循序渐进，缺乏清晰、全面和彻底的产权清理等步骤。二是缺少商业实体。村集体不再发挥生产经营组织的功能，农民没有获得森林产业的经营权，无法成为商业主体。改革深入了，但是初衷没有实现。三是利益分配不均。村级林业合作社的经济收入有限，但相关林业税费负担又特别重，大部分经济收入用于村集体支出后，农民基本上没有多少直接的林业收入，而且森林砍伐现象一再被禁止。保护和管理森林资源所面临的困难甚至阻碍着集体林区林业的发展。为此，广大农民迫切希望进行改革。2003 年 4 月，福建省政府发布《关于推进集体林权制度改革的意见》，决定以全省集体林为主体内容——"明确所有权，放行经营权，落实处置权，并确保收入权"。根据省级部署要求，集体林权制度改革成为永安市各级有关部门的林业乃至农村工作的首要任务。到 2003 年 5 月 20 日，全市森林面积改造总量为 192.7 万亩，占全市集体林面积的 94.2%，集体商品林承包面积 189.4 万亩，占完成任务的 92.7%。永安市共更新 757 份森林所有权证，面积达 87.5 万亩。

森林地区制度安排的主要形式如下：第一，产权转移到家庭，联合家庭经营。现有木材林中的中青年森林按人均收入计算，每个农村集体成员的承包权原则上是平等的，但在具体分配上，不直接以人口为标准，因为年龄、性别、劳动能力各有差别，因此适当规模的经营需要由农民按自己的意愿自由组合。该组合人口的总份额大致相当于森林的实际面积。然后，进行合理的切割以评估森林主要砍伐所得的比例，并确定各种协会的运作。这种形式下，全市有 407000 亩，占 19.9%。第二，家庭财产权，家族企业。主要是竹林和经济林已经过期或尚未过期，但尚未通过评估实现。公司本着"稳定性大，调整小"的原则，在家庭的基础上经营，确定了竹子的年度支付，即根据干燥的竹笋和水果等固体的数量，或者根据当地市场当年的平均价格进行转换。同时，林业"三套"中划定的自留山，按照"谁造谁有"政策以确保树木确定并保持稳定。这种形式下，全市则有 795000 亩，占 38.9%。第三，产权转移和自营职业。即将一些村集体的木材林转移到永安林业（集团）有限公司。据统计，全市现共有 355000 个行政村，土地结构 19.5 万亩。另外，该改革还限制了森林所有权和经营权、林地使用权的转让，且经营期限限定为 30~50 年。此外，一些农村集体也开始试着通过公开招标的方式，将其林业产权合理转移给村里的村民或其他单位和个人，如此一来，村民得到了补偿，受让人也可以独立运作。这种形式有 448000 亩，占 21.9%。第四，组建一个实体并按比例运作。该种运作方式主要是通过合理引入市场机制，在现有的林场经营模式下，将其转变为各种形式的合资林场，以使得现有的农村集体林场不断巩固和完善。这种形式有 147000 亩，占 7.2%。第五，招聘人员，负责管理。招聘人员，签订责任管理合同，并按地区缴纳管理费和维护费。为确保近期村集体经济收入不受影响，全市每年预留集体商品林 14.2 万亩，占 7.0%。此外，该市还有"支付存款，承包经营"形式的 7.1 万亩，占 3.6%；实施"林地租赁，自营"形式 3.1 万亩，占 1.5%。

　　永安市在林权制度改革启动前就启动了三项配套改革。一是集体林木材流通体制改革，这项改革措施是直接实施集体林木生产和销售新体制。二是林业税费改革，此项措施同时使商品木材和税收的价格都降低了。三是竹林资源。以竹笋成品林业收费试点为基础，政府建立城市竹笋产品运输"绿色通道"，允许原料竹笋半成品可自由流入城市加工企业。政府通过上述不断地摸索改革，激发了林农参与林权制度改革的积极性和主动性，提高了林业市场化程度，初步建立了林业管理的利益机制。

　　此外，动员林农积极主动管理森林产业也取得了十分显著的成效。首先，是解决"黑客"问题。原有的保护责任、合同责任等规定是关于集体商品的，但由于产权问题尚未完全解决，承包商的管理和保护还没有真正落实到位，甚至出现不时购买未经许可的木材的现象。这样，管理层的管理无形中就增加了难度。现在，林权面向村户实施后，林业产权的主体就很明确，各自的责任也很清晰，林农的积极性很高，"黑客"的现象基本消除，而且安全局势得到了稳定，该市森林面积也明显扩大。其次，是解决"无序销售"问题。如今，改革实施后，产权明确，经营者是"权力、责任、利益三权"，从根本上消除了集体林"无序销售"的问题。最后，是解决部分村干部"唯利是图，暗箱操作"问题。集体林的问题是林业产区村干部"暗箱操作"问题的主要原因之一。因为一些集体林的处置和转让资金金额巨大，但林区管理难免疏漏，这就导致这些钱并没有真正用于村里的公益事业，而是在中途就被村干部收入囊中，挪作他用了。对于这一现象，我们必须通过立法来规制。

第七章　森林生物多样性管理

第一节　森林生物多样性

一、生物多样性的含义

我们通常所说的生物多样性指的是生物群落的特征或属性的多样性。生物多样性这个概念不仅描述了物种丰富的存续，也将生物群落的生存结构包含在内。随着科技的进步和对生态多样性认识的加深，人们发现在世界范围内开始出现生物多样性逐渐降低的趋势，甚至出现了珍稀动植物灭绝的案例。这更加让人们意识到，我们所生存的世界中物种的丰富虽然是与生俱来的，但并不是一成不变的。生物多样性是需要我们珍惜和保护的存在。地球上生物的多样性不仅是人类拥有的宝贵自然资源，也是地球生机勃勃、精彩纷呈的最好见证。它们历经 30 亿年的存续，是时间长河留给人类去探索、去开发、去珍惜、去守护的宝藏。

二、世界和中国的森林生物多样性

（一）世界森林生物多样性

世界上大约有 1300 万~1400 万个物种，但实际上在科学领域的范围内只有约 175 万个物种。科学上描述的物种是被公认的有效的存在。对于大多数类群而言，确切的物种数目尚不清楚。生物多样性最丰富的地区是热带森林（特别是热带雨林）地区，且地球上超过一半的生物多样性都在热带森林地区呈现。但据研究表明，热带森林的面积仅占世界陆地总面积的 7%。而中国领域内的热带森林地区仅占本国领土的 0.5%，却生存着中国 25% 的物种。但是与海洋相比，热带森林的生物多样性仍不丰富，例如，在新泽西州海岸 1500~2000 米深的沉积物中，美国发现了超过 10 个门类的 898 类物种。不过人类对于海洋还是知之甚少。

随着地球的不断进化，已经出现过数百亿个物种，但其中大部分已经灭绝。现存物种数量可能只有曾经存在过的物种总数的几千分之一。灭绝是指在相对较短的地质时期内生物多样性的大规模破坏，以及生物群落的大规模消失。一般来说，它是由大规模的环境变化引起的，如全球变暖、降温以及灾难等。现今人类活动日益成为其灭绝的主要原因。地球上脊椎动物物种的平均存活时间为 500 万年，脊椎动物的消亡率为每一百年 90 种，高等植物为每 27 年 1 种。1992 年，联合国环境与发展会议发表了《森林原则宣言》，这则宣言反映了人们再次认识到保护森林的重要性。现代技术的发展惠及到人类社会，但伴随而来的是土地的富营养化、工业化和城市化，伴随着大面积森林的砍伐，栖息地的破坏，动植物资源的过度使用以及外来物种的入侵，导致物种极为丰富的热带雨林地区也出现了生物多样性急剧下降的现象。布鲁克等人（2003 年），根据马来西亚类似地区生物多样性的估计，新加坡的生物多样性损失率可能高达 73%。大多数已灭绝的生物群是以森林为基础的，并指出目前东南亚地区 46% 的森林遭到了破坏，保护森林对保护生物多样性起着不容忽视的作用。

（二）中国森林生物多样性

无论种类和数量如何，疆域辽阔的中国拥有的生物资源在世界生物多样性中占比颇重。中国大约有 30000 种高等植物，占世界高等植物种类的 10%以上。其中，大约有 200 属特有植物。与此同时，爬行动物、鸟类、哺乳动物和两栖动物占世界动物种类的 10%，其中有超过 4400 种脊椎动物，包括珍稀动物，如大熊猫、金丝猴和白海豚等。中国是世界上生物多样性最丰富的国家之一，各类珍稀物种在中国也屡见不鲜。其中中国的鸟类种类的丰富更是独树一帜，约占世界鸟类的 13%。例如，世界上有 166 种鹅鸭，中国有 46种，占 28%；世界上有 15 种鹤类，中国有 9 种，占一半以上；中国有 449 种哺乳动物，占世界哺乳动物种类的 11%；中国有 16 种灵长类动物，欧洲和美洲一些国家完全没有这些动物，这表明中国丰富的生物种类在世界上的重要性；中国有 40 多个海洋生物门类，几乎遍布所有的中国海洋。中国特有物种的分布特征往往局限于一个特定的小栖息地，例如，人气颇高的中国国宝大熊猫只生活在秦岭附近的四川、陕西、甘肃、庐山东部以及海拔 2300 米以上的竹林中。但即便拥有如此丰富的生物资源，中国的生物多样性也还是面临着严峻的威胁。

中国地处欧亚大陆的东部，最北端可以延伸至寒温带大陆，最南端直入热带海洋。从北到南，跨越纬度之广，使得在中国境内生存的物种跨越了多个温度带，从而培养了丰富而独特的生物种群和生态系统。生物分布广泛的森林在中国就有多个非常复杂的类型，包括：寒温带落叶针叶林、寒温带常绿针叶林、温带落叶阔叶林、暖温带落叶阔叶林、亚热带常绿阔叶林、热带雨林和季风雨林。中国的森林主要分布在东部和西南部，在西北部高海拔山地上也有少量分布。森林的分布不仅与地貌有关，还与人类的活动有关。有些适宜森林生长的平原地区经历开垦和人类的城镇化建设，已经成为人类的主要生活地区，原先的天然森林植被也因此不复存在。因此，由于自然地理分布的差异以及经历人类活动的影响后，中国森林生态系统种类繁多，包括27 个主要类型，460 种陆地生态系统。① 到 2005 年，全国已建立 2349 个自然保护区，自然保护区面积为 14949.9 万公顷，占全国土地面积的 15%。最终形成了一个全国性的保护区网络，其类型相对完整。目前，中国主要的陆地生态系统中的野生动植物类型是受国家保护的珍稀濒危动植物。其中大多数在自然保护区得到很好的保护，并为全球生物多样性保护做出了重大贡献。到目前为止，中国农作物种子资源已达 380000 种，仅次于美国的 452000 种，居世界第二位。建立了两个国家作物种质库，保存了 330000 多个种质资源，居世界第一位，并保存在不同地方。共建立了 32 个国家种质资源中心和 10个国家级水库。在中国保存的种质资源中，62% 的种质已被鉴定为抗病性，43% 的种质已被鉴定为抗逆性，100% 的种子已被鉴定、观察并记录农艺性状。已获得 26, 000 多种优良种子资源，并对 1475 种优良种子进行了评估和创新。1981—2000 年，168 种种子直接用于生产，总种植面积为 3680 万公顷，增加利润 203.55 亿元；386 个种质资源被用作育种并培育了 528 个新品种，总种植面积为 2.236 亿公顷，产值增加 1447.63 亿元。

---

① 张才琴. 森林资源法制化管理模式研究［D］. 博士学位论文，武汉理工大学，2011 年。

三、森林生物多样性的管理

（一）法律保护现状

自 20 世纪 50 年代以来，中国制定了一系列相关的政策和保护措施，使生物多样性保护工作开始见效。1987 年颁布的"中国自然保护计划"是中国第一部关于自然保护的纲领性文件，提出了中国保护生物多样性的总体战略和基本原则，并提出了一般对策。中国高度重视保护生物多样性的科学研究，中国科学院有 33 个研究所从事这方面的工作，环境保护部门还建立了草原、沙漠、湿地等各类生态监测站。中国高度重视生物多样性的推广和教育，利用广播、电视、报纸等宣传媒体开展科普教育，并开展各类全民志愿活动，例如每年的 4 月 22 日"植树节"，6 月 5 日"世界环境日"，"爱鸟周"和"野生动物保护月"等。这些活动的开展有效地提高了公民对生物多样性的保护意识。到 2005 年，全国已建立 2349 个自然保护区，自然保护区面积为14949.9 万公顷，占全国土地面积的 15%。最终形成了一个全国性的保护区网络，其类型相对完整。目前，中国主要的陆地生态系统中的野生动植物类型是受国家保护的珍稀濒危动植物。其中大多数在自然保护区得到很好的保护，并为全球生物多样性保护做出了重大贡献。

2005 年初，国家环境保护总局和生物物种资源保护部的联席会议启动了国家生物物种资源保护和利用计划的编制工作，并颁布了生物物种资源保护管理条例。2005 年 11 月，第三次生物物种资源保护部的联席会议通过了规划方案，并对条例的起草提出了建设性意见。国家环境保护总局、教育部、原农业部、原国家林业局、中国科学院和国家中医药管理局继续开展国家生物物种资源重点调查并完成了第一批生物物种资源编目。原农业部制定并颁布了《农业重大有害生物和外来入侵物种安置应急预案》。收集了 300 多种外来入侵生物的信息数据，编制了"中国外来入侵物种"数据库，编写了《中国主要农林外来入侵物种名录》，对 10 种主要潜在入侵物种进行了风险评估。展示了 8 种主要入侵性杂草和 4 种入侵性昆虫的综合防治技术。继续实施十省县"外来入侵生物"的清理工作，动员一千多万人，集中消灭紫茎泽兰、豚草、水花生和莎草，根除区域超过 2000 万英亩。中国种质资源的保护和利用取得了很大成就。自 1949 年以来，一批种质资源已应用于作物育种，主要农作物品种已更新 3~6 次。由于品种多样，粮食产量和总量分别增加了 3.1

倍和 2.7 倍。林木具有生态建设和环境管理等重要功能，中国人工林木数量居世界第一，主要造林树种约 210 种。目前，已经筛选出适合于土壤侵蚀、荒漠化和石漠化的植被恢复的灌木物种超过 120 种，超过 40000 种优良种质。中药种类有 800~1000 种，药用植物种质资源的保护，对中药和中药产业的发展起到了重要作用，特别是提高了药材的产量和质量。保护动物种质资源，恢复了一些濒危物种，促进了驯养动物和蜂蚕养殖业的可持续发展。由于水产种质资源丰富，中国水产品总产量连续 10 年位居世界第一，其中水产养殖产量占水产品产量的 64% 以上。中国已成为世界食用菌的主要生产国，全国有 12 种食用菌，产值超过 1 亿元，已成为部分贫困地区的支柱产业。筛选出优良的豆科真菌菌种，大面积应用于退化草地改良，解决了人工草地营养缺氮问题，创造了巨大的生态效益。

目前，中国主要的土地生态系统中的野生动植物群是国家重点保护的珍稀濒危动植物，其中大部分在自然保护区得到保护，为保护全球生物多样性做出了巨大贡献。例如，经过多年的努力，云南省已建立了相当数量的各类保护点。其中有自然保护区、森林公园、风景名胜区、地质公园、湿地公园等。其中一些保护区属于县、省和国家级，有些是世界遗产或生物圈保护区（MABs）。这些保护区的建立为生物多样性的保护奠定了基础，并提供了有利条件。云南是当今世界上生物多样性最丰富的地区之一，也是生物学界的热点之一。云南省的生物多样性保护已引起世界各地生物多样性保护机构和组织的关注。现在世界自然基金会（WWF）、美国大自然保护协会（TNC）、福特基金会（FORD FOUNDATION）、联合国环境规划署（UNEP）、全球环境基金（CEF）、世界银行（WB）、德国技术合作公司（GTZ）、国际保护组织（CD）、国际保护动物基金会（FFD）、国际自然保护联盟（IUCN）、野生生物保护学会（WCS）等国际组织都来到云南工作。云南省的生物多样性保护工作涉及河流管理、野生动物贸易、木材贸易、经济林开发、边境自然保护区内一些野生动物的迁徙和保护以及外来有害物种的控制等，任务非常繁重。可以说，云南省生物多样性保护的成功不仅影响了全省，也影响到了全国其他地区，甚至影响到了周边国家。但是，中国在保护生物多样性方面仍存在许多问题。例如，外来入侵物种是生物多样性丧失的重要原因之一。根据有关专家的调查研究发现，外来入侵物种对中国的生物多样性和经济建设产生了重大影响。目前，中国有数百个外来入侵物种，入侵危害造成的年度经济损失高达 1200 亿元。虽然国家有关部门已经开展了大量工作，但目前，在引进外来物种时，一般没有入侵风险评估，科学研究不够深入，科学有效的预防措施和协调管理机制尚未建立，缺乏对外来入侵物种危害的认识。因此，有必要重点研究外来入侵物种对生物多样性和生态环境的影响，加强有关部门对当地有害物种的防治。

（二）法律措施

生物多样性保护管理的实质是对其内在各个要素之间错综复杂关系的平衡。因此，一部完整的综合性的生物多样性保护法显得尤为重要。国家法律主要是从宏观层面来解决一般问题，但除了一般问题，各地方也会有各种各样具体的问题。所以，地方须在国家法律的基础上结合地方特色来立法，增加法律的实践性和可操作性。但是，在某些地区，有关生物多样性保护的立法还未得到足够重视，立法进程较为缓慢。这主要是对生物多样性保护的重要性认识不够。

过去保护的规定过于原则化，成为难以实施的口号。究竟采取什么措施，怎样保护生物多样性，则没有具体的内容。中国现行的保护法基本上没有提供完整的保护生物多样性系统的制度，如生态损害追回的最后期限和生态补偿费的征收、生物多样性保护基金制度以及开发利用的登记制度等。另外，对于法律中已经规定的一些条款，没有具体的实施方法，对法律责任没有明确的规定。

因此，要从以下几方面入手：第一，加大保护生物多样性的立法力度。加大宣传力度，普及生物多样性的自然科学知识和法律知识，仍然是重要的任务。要使广大公众充分认识到保护生物多样性是国家生态系统平衡和生态安全的需要。增加保护生物多样性的资金，建立和完善保护和管理生物物种资源的监督检察制度；建立完备的责任制度，加大科技力度；建立一支高效的保护生态多样性的执法队伍。在这方面，国外有许多值得学习的先进经验。例如，英国种植的植物数量排名世界第三，有超过 20 万种植物和超过 50 种植物园。最著名的是 19 世纪 80 年代的乔治三世的皇家植物园，它还负责培育濒危植物，如欧洲野生植物，使其成为"种子库"的所在地。此外，还提供资金收集植物种子，包括野生动植物和农村法中列出的受保护的英国开发植物，以及许多本土物种。美国已经建立了一个相对完整的动物福利体系。印度是一个生物种类繁多的国家，世界上第一个记录的野生动物保护措施是在公元 3 世纪的印度体系中。1983 年 10 月，印度制定并正式通过了国家保护战略，即国家野生动物保护行动计划。美国于 1973 年颁布了《濒危物种法》，于 1980 年颁布了《鱼类和野生动物保护法》，并要求各州在 20 世纪 60 年代制定鱼类和野生动物保护管理计划，开始将联邦公园、州立公园和野生动物保护区划分为公共土地。20 世纪 80 年代以来，这种特殊保护区总数已达 1.09 亿公顷。第二，强化执法，保障法律法规得以有效实行。各国政府将生物多样性保护纳入政府决策的每一个过程，将生物多样性保护纳入实际行动；设立专门的生物多样性保护执行机构，以明确其职能和责任，并改变目前养护工作中多重管理的情况；为生物多样性保护工作者设定入门门槛，使他们成为具有相关专业知识的合格人员，使执法人员能够准确理解和执行相关的国家生物多样性保护法律和条例，从而发挥相关法律和政策的预期社会影响；强调民族素质直接关系到生态环境和生物多样性。大量数据表明，环境教育水平较低的国家一般生态破坏程度较高，问题较多。对于生物多样性保护的社会问题，应该教育更多的人，利用当地的文化、习俗、传统、宣传、教育等，广泛开展与生物多样性保护有关的文化、教育和法律宣传。

第二节　中国的植物新品种管理

一、中国的植物新品种

中国植物新品种的保护主要由农、林两个管理部门负责。管理权属于国家林业和草原局和农业农村部，这两个部门依法行使自己的权力，承担相应的责任，为植物新品种的发现和保护保驾护航。国家林业和草原局的主要职责是对林木、竹子等的新品种的保护。到目前为止，保护植物属、种总数已达 140 种，远远高于 1978 年《国际植物新品种保护公约》中规定的保护物种的最低数量。随着新品种保护制度的建立和完善，中国育种实现了诸多创新，授权数量和品种权申请数量不断增加，田间作物分别占申请和授权总数的 88%和 93.2%。

到目前为止，中国通过 9 颗返回式卫星和 7 艘神舟号航天器，装载了数千种农作物种子、试管苗和生物菌株等，获得了大量新的特性。2011 年 4 月 18 日，为大力发展现代农作物种业，利用科学技术提高农作物种植。在国务院常务会议的研究部署之下，经过 20 多年的努力，中国空间育种者培育的 60 多个新作物品种取得了实验成功，得到了可靠的实验论证，获得了国家级或者是省级的鉴定。因此，拥有了科学的成效支撑，得到了广泛的推广和应用，并且在实践种植培育中也得到了认可与好评。这是典型的在国家支持之下获得的成果与进展，为了保护这一成果，国家应该从法律的层面来对其进行更加全面的保护，使其能够更好地彰显自身的价值，并且能够成为社会发展的原动力。总的来说，中国的新植物品种保护系统还不完善，还有很多成长和发展的空间。例如，建立农业生物遗传资源的保有权制度。除此之外，现代的农业知识产权从创新到转型需要加强。一些地方资料表明，在基层地区，由于缺乏应有的法律常识，对相关保护制度不甚了解，知识产权保护观念不强，品种权利意识薄弱，再加上缺乏相关的扶持政策、地方保护不严、保护措施不足、不公平以及执法不严，往往会导致种子市场的品种混乱。

二、几种权益的管理

（一）农民留种权

中国的立法没有限制农民的"自我繁殖和自我利用"以传播植物新品种。世界上许多国家通过立法承认这种植物品种权并遵守这种耕作方法。赋予农民保留自己种子的权利，并不认为这是对这种权利的侵犯，这就是为什么这种规定被称为"农民特权"，并被各国农民普遍接受。主要体现在农民首次购买的新品种苗木，他们必须获得所需要的在明年种植种子的能力。农民可以很容易地获得他们需要种植的种子，所以他们没有从各种业主或专业种子公司购买。这是一个长期的做法，为农民保留可以继续播种的种子在接下来的季节中播种。中国的植物新品种保护制度规定"豁免育种"和"农民豁免"制度。人们普遍认为，育种者的豁免专利制度下对农民的豁免是独特的系统设计，是对植物新品种的保护。其中作物与其他产品不同的特点是它们的自我繁殖能力，容易复制，方便农民。各国关于保护植物新品种的法律规定了农民的免税条款。虽然权利范围不尽相同，但农民的自立权得到了肯定。对于植物专利权人来说，合理控制植物种子的使用可以减少植物专利持有者的损失。根据传统专利权，为了限制专利权人的权利，规定产品在首次销售后用尽，即专利权不包含植物品种的后代。这表明传统专利制度的不完善。虽然新品种的出现提高了植物的产量，但它们也带来了环境的污染，土壤质量的恶化，原有品种的消失等问题。这些新品种将导致粮食危机，因为它们无法适应环境，这是正常的。专利持有人具有在工业背景下的权利要求。对于农产品而言，其权利要求的宽度应谨慎对待。在 20 世纪初，孟德尔遗传规律的发现和遗传学的崛起导致了各种创新从农民手中逐步转移到科学家手中。自农业社会以来，农民的自我使用是一种长期习惯，也是农民在世界各地创造数千种当地品种的基础。然而，特定试验田栽培的品种在植物新品种保护制度下已经取代了重新种植的做法。特殊品种逐渐消失，并且还伴随着适应新环境的基因型种子的出现。

（二）遗传资源所有者权益

目前，中国尚未确立具体的植物遗传资源管理机构。具有明确法律法规的主管部门不是专门负责资源开发和管理的组织，而是负责资源开发和利用、保护管理资源的综合部门。缺乏有效控制机制的组织，会导致植物遗传资源的输入和输出缺乏统一性。① 但是，目前中国的植物保护知识产权的法律法规极不健全，植物遗传资源保护管理体系也尚未完善。在中国没有具体的综合植物遗传资源管理法时，将这个领域中存在的法规附加到其他法律和法规上，如种子法和森林法，内容上很笼统、不具体。

三、管理水准和策略

（一）管理水准

中国在植物品种的立法上需要考虑两个方面：一方面采用优种提高产量，增加粮食供给。具体操作则是从拥有优良作物种子的发达国家引进，如此原有的供给压力能够得到缓解。另一方面，要防止一些跨国公司凭借自己的品种权实现垄断和控制种子产业的目的，使中国的粮食需求受到其他国家的控制，威胁中国的粮食安全。从这个角度看，系统地保护农民的利益，应从植物新品种保护制度方面进行。植物新品种的保护，在中国为种植业提供了公平竞争的平台，激励了中国植物新品种的创新，提高了育种者的收益，育种者对种植新品种的投资将是持久的。目前，我们需要借鉴 1991 年《国际植物新品种保护公约》的精髓，从完善品种权保护制度的角度着手。具体措施有：完善《植物新品种保护条例》，明确新品种鉴定，修改"至少一种性状不同于现有已知品种，即是新品种"，并澄清新品种在特征上的差异程度，以消除"重命名"侵权现象。

---

① 宋继瑛 . 论植物新品种的知识产权保护 ［D］. 武汉：武汉大学，2011.

（一）管理策略

1. 法律保护

《中华人民共和国专利法》（以下简称《专利法》）于 1985 年颁布，并于 1993 年修订，而此次修订主要是肯定了植物生产方法的可专利性，但对植物品种的专利保护并没提及。当《专利法》于 2000 年修订时，对新植物品种的专利保护进行了辩论。新品种的专利提高了育种者的权利，却影响了物种技术的创新，又由于国情和历史条件导致中国的农业处于落后且分散的状态，因此并不能完美适应这一解决方案。因此新修订的《专利法》仍未涉及植物品种的专利保护，确定植物新品种权的生产方法保护的法律制度《关于保护植物新品种管理办法》解决了这一问题。在植物新品种的专利法保护的主要问题体现在两个方面：首先，专利保护无法完美应对中国现有的育种方法，但是可以从保护育种方法的专利上来进行针对性的解决，植物新品种保护可以通过育种方法专利保护的手段来实现。但是，中国的专利法保护的专利育种方法，并不保护由专利方法生产的植物新品种。这显然相互矛盾。其次，转基因植物和动物的保护问题并没有解决。

针对第一个问题，我们发现，新植物品种拥有自身的生活特征，且还存在出现自我复制特征的情形。因此，在育种保护上进行专利保护的成效不会十分显著。尽管这在理论上似乎行之有效，但是一般工业产品中不存在植物品种，所以很多人可能没有大的动机想要获得育种方法。相反，通过采用中国植物新品种特殊立法模式，《植物新品种保护条例》（以下简称《条例》）有利于植物新品种的产生。因此，实际执行将会变得更为简单便捷，这对于有意获取新品种的人来说是个更加合适的方案。至于第二个问题，从《专利法》第 25 条可以看出转基因动植物品种不能申请专利。根据现行专利法，种子不具有可专利性，并且不清楚种子生产的植物是否属于专利法保护的范畴。专利法规定的可用的专利保护方法应该是能将转基因植物的育种方法归为其中，所以转基因植物的育种方法应该也是属于专利法保护的方法。然而，就中国现行专利法的实施而言，专利法并未被用于转基因植物。

随着生物技术的成熟，基因工程在植物品种的培育和改良中发挥着越来越重要的作用。此外，根据现行法规未被新植物品种保护条例所涵盖的植物品种也包括在专利保护范围内，通过专利保护这一部分新植物，以此将新的植物品种保护清单内容进行扩展，以便所有新的植物品种都能受到品种权的保护。①

现在 50 多个国家选择分享其遗传资源的获取和利益，以国家公共当局的模式，确定其领土内获取遗传资源的最低要求、标准和准则。中国也应该建立健全生物遗传资源法律法规体系：（1）明确规定获取、传播和分享生物遗传资源的权利，确定"事先知情同意"制度和惠益分享制度。（2）建立植物遗传资源知识产权专利制度。要完善保护中国植物遗传资源的知识产权制度，就要遵循"生物多样性公约"的"三项原则"和主权原则，知情原则和利益共享。（3）加强对中国技术、知识和实践的研究，特别是在优良品种的创造、使用和保存方面的研究，并将其纳入知识产权保护范围。（4）明确权利和义务的归属，使得资源转让者和资源使用者能适应好各自的角色，并限制和解决因遗传资源的开发和利用引起的争端，包括限制遗传资源在日后的使用普及、限制这类产品的进口和出口、限制对环境造成破坏，并对违反规定的行为进行法律追责。（5）建立健全资源节约和利用市场机制。（6）加强对传统知识产权保护的发言权。这不仅要加强传统知识产权领域的保护工作，而且要加强传统知识产权领域外的保护工作。要让中国在国际知识产权论坛上拥有更多的发言空间，在世界范围内树立中国的知识产权保护理念，让中国的植物知识产权保护从理论和实践上都能得到进一步的发展。

2. 司法实践

在行使行政机关所规定的植物品种权利时，可能会出现超出法律法规规定的纠纷类型，这时如何处理这类新情形容易导致争议和矛盾的出现。此外，《条例》第 43 条规定了申请植物新品种和争端当事方的权利。虽然没有说明争议主要是由于审批机关的行为引起的，事件牵涉的主体不同，当事人的行政诉讼可能会引发行政纠纷。这些相关争议属于法规本身明确界定的类型。除此之外，还有一些不太明确的争议法规，如《条例》第 39 条所述，品种权利人有权在未经品种所有者许可的情况下，对生产或销售许可品种的种植材料要求赔偿。此处的利益相关方包括这类合同的被许可和各类权利的合法继承人。纠纷涉及植物新品种保护的重点领域，直接涉及公民的权利和义务，出现行政争议的情形多样。《条例》中规定的可能出现的情形是：在强制许可决定或者强制许可使用费上出现的纠纷；对拒绝品种权申请和审查争议；该声明无效性和品种权重命名的纠纷；并在第 40 条和第 44 条规定了停止、没

---

① 宋继瑛 . 论植物新品种的知识产权保护 ［D］. 武汉：武汉大学，2011.

收的行政处罚和义务以及违法承担的行政责任。2009 年，经最高人民法院确认公布，将包括云南省曲靖、玉溪、楚雄、红河在内的四个中级人民法院，赋予对该地区涉及的专利和植物新品种的管辖权。

《条例》详细规定了侵权主体的权利类型、被告、诉讼时效和管辖法院。第 1 条规定，可以依法向人民法院起诉的主体包括新植物品种所有者和具有利害关系的其他方，他们在认为其权利受到侵害时可以采取诉讼方式。只有这样，才能有助于深化法治观念，建立法治社会，促进中国种植业的可持续健康发展，摆脱对外国种子公司的依赖。知识产权案件审判的特殊要求需要上诉法院做好进行特殊工作的准备。司法制度需要进行与时俱进的改革，但改革也需要审慎。改革最终的目的是使其能够适应日新月异的社会，满足公平、公正、合理的社会需要。

从行政上讲，我们迫切需要实施以知识产权为导向的科技创新战略。根据现行规定，农业科教管理体制具有行政执法权的功能。省部级农业行政主管部门有权查处违法行为。但现实情况是，市、县一级发生大量侵权案件。市、县级农林业行政主管部门没有相应的执法权力，不能查处违法行为。他们也无权对侵犯种植材料或者根据《中华人民共和国种子法》（以下简称《种子法》）实施扣押等强制措施。对假冒的种子进行处罚，远远不能满足植物新品种的保护要求。就目前来说，国家对规定的如何确定品种侵权案件的管辖权做出了分配，也对这类案件的查处和处理做出了严格的限制，也给予权利人更多的权利。由于行政执法陷入困境，明确责任分工，农林业执法资源整合已成为中国的首要任务。针对此处的问题，笔者认为，农业部门和林业部门应该共同协作，在成立综合执法局的基础上，二者共同负责组织、协调、指导和监督农林业系统的整个执法工作，并承担行政监督等执法职责。行使行政裁决和行政处罚权，加强植物品种权的保护。在出现跨省的重大假冒和侵权品种权案件时，需要在审查机构上缩小其涉及的地区的范围，可以是由省级以下农林业行政主管机构与农林业部共同处理。目前，由农林业部门共同成立的综合性农业执法机构设置的最低的行政区域到达县级。因此，县级以上农林业行政主管部门可受理植物品种侵权案件。

建立合法的品种鉴定机构和鉴定标准很重要。很少有检测机构可以进行基因鉴定。并且测试机构的"双重认证评估"十分重要，但是有的检测机构没能获得这一由专业机构的认证。那么由这些机构做出的评估结果是缺乏可信性、合法性以及有效性的，在具体的行政执法中，这些评估因为缺乏证据的可靠性，是不能作为技术依据的。此处积弊已深，又未能引起国家的足够重视，这使得针对中国植物新品种的保护问题也一直未能得到很好的解决。为了新品种保护的长期发展和不断进步，笔者呼吁中国主管部门应将农林作物遗传技术鉴定机构纳入农林业部门检验机构的建设规划，重点是将现有的农林业研究和教学单位作为质量检测实验室和品种检测中心。对于已经授权的品种，应提供品种所有者的同意书。如果农业农村部的品种或杂交品种经初步审批批准为授权品种，品种所有者需要被告知注意事项，且审批机关应当在种子生产许可证上标明作物、名称，杂交品种应标明亲本组合。有效的执法能力培训机制以及执法人员的整体素质和执法能力，是案件处理的公平性和有效性的有力保证。①

第三节　石漠化防治法律制度

一、石漠化的含义和特征

（一）石漠化的含义

石漠化是指以流水侵蚀作用为主的、包括多种地表物质组成的以类似荒漠化景观为标志的土地退化过程。其类型可分为风蚀荒漠化、盐渍荒漠化和水蚀荒漠化。由于地质条件、气候因素以及社会环境的差异，这些类型的石漠化有着不同的成因和形成过程，本质上有一定的差异。而狭义的石漠化，特指在南方（特别是滇、黔、桂）湿润地区碳酸盐岩（石灰岩、白云岩等）形成的喀斯特地貌上，由于植被破坏而引起水土流失导致的石质荒漠化。

（二）石漠化的特征

石漠化地区会表现出如下特征：（1）旱涝灾害频繁。石漠化地区有一句话是"地下水滚滚流，地表水贵如油"。可以看出石漠化地区的一个重要问题，就是水资源的问题。石漠化地区多在南方湿润地区，降雨量大，但是石漠化地区多为坡地，岩溶漏斗、裂隙及地下河网失去了表层带的调蓄功能。大气降水很难在地表存留，多经陡坡、岩石裂隙和落水洞转入地下暗河，造

---

① 宋继瑛. 论植物新品种的知识产权保护 [D]. 武汉：武汉大学，2011.

成旱季石漠化分布大面积的地表干旱。（2）土壤肥力下降。土壤的肥沃是作物收成良好的保障，但是由于降水带走土壤颗粒，里面所依附的营养元素和农药也都转移到水体中被带走。这样土壤肥力的下降会导致粮食产量的降低，使石漠化地区更加贫困。中国的毕节市地区就是典型的石漠化地区。（3）生物多样性遭到破坏。喀斯特山区生境对植物具有强烈的选择性，植物一般具有石生性、旱生性和喜钙性，生产力低下、生长缓慢、种群结构简单，其种类多具旱生结构和抗旱的生态特性。由于植被是各种动植物的生活天堂，如果没有了其赖以生存的自然环境其必定会迁移甚至灭绝。石漠化的出现使森林不断减少，植被结构简化，生态系统内种群数量下降，同时还造成地质旅游资源景观及环境价值的损失。

二、石漠化的成因和危害

（一）石漠化的成因

石漠化的形成不是某一方面造成的，而是各种因素的结合。中国西南的石漠化地区受地质地貌的影响具备了石漠化的自然条件，但是导致石漠化的最主要因素还是人为活动。本来就山高地陡，降雨量大，受地质、地貌的影响成土很缓慢，再加上当地居民长期以来大面积的陡坡开荒，自然植被不断遭到破坏，石山地区土层薄，很容易就被冲刷露出石头来。随着时间的推移，石漠化就越来越严重。

当然，石漠化的形成离不开自然因素的作用。石漠化地区山高坡陡，按照坡地与水土流失关系以及岩溶地区的地貌特点，可以将坡度划分为五个等级。（1）平缓坡，坡度在十度以下。这种地区一般只有轻度的片蚀现象，不会引起大面积的石漠化。（2）缓坡，坡度在十度到十八度之间。虽然土壤的冲刷量随坡度的增加有所增加，但是趋势还是平缓的。（3）缓陡坡，坡度在十八度到二十五度之间。土壤的冲刷量会随着坡度的增加而急剧增加，水土流失较强。（4）陡坡，坡度为二十五度到三十五度之间。二十五度就是农耕地的上限了，这种土地水土流失比较严重。（5）极陡坡，这是石漠化的主要防治对象。这种土地土壤侵蚀极为强烈，土层贫瘠，一旦水土流失，极易形成石漠化。

中国石漠化地区雨水集中，冲刷力强，再加上中国西南地区有大面积的陡坡存在，森林土壤是维系岩溶生态系统的关键要素。在广泛分布的碳酸盐岩基底和复杂的地形、气候等地质环境因素控制下，岩溶区地表地下双层结构发育、水源漏失、地下水深埋、干旱缺水、成土缓慢、土被不连续、植被生长困难、植被类型结构简单、生态功能低下，一旦植被覆盖遭到破坏就容易形成石漠化，导致石漠化分布广泛。

（二）石漠化的危害

石漠化看似只是一个环境问题，但它却会对社会造成极大的影响。水土流失引起的石漠化导致更严重的水土流失。由于土壤长期经受大雨的冲刷，大量的土地被雨水带走，堆积在低洼地带和河床之中，造成土壤贫瘠、井泉干枯、河溪断流，洪灾和堵塞河道引发自然灾害使农作物减收，造成农民生活困难。国家的土地资源大量减少，广大的农民无地可种，使越来越多的人陷入了贫困之中。大量无法解决温饱的人们即使有勤劳的双手也没有让他们开垦的土地。石漠化地区已成为中国农村贫困程度最深、社会经济发展严重滞后的地区。石漠化地区生产和生态效率低，居民生产生活设施差，生活质量低。

具体表现在以下方面：第一，贫困人口增加。土地退化、土地生产力下降、农产品的减少直接导致了农民收入的减少。大部分石漠化地区只能在石缝里面种植玉米一类的旱地作物，广种薄收，维持一家人的生活都困难。石漠化导致贫困，贫困又使得更加无度的开垦导致更严重的石漠化，造成恶性循环。第二，城镇建设困难。随着重庆成都"城乡一体化"试点的开始，去除二元结构已经逐渐成为城市化节奏的和谐音符。但是城乡一体化不是简单的口头文章，也不仅仅是把农村人口迁移至城镇。要使农村居民和城镇居民在生活上达到同样的水平还要从多方面来努力。居住环境的建设就是一个方面，但是石漠化现象不仅恶化了农业生产条件和生态环境，农民赖以生存的土地越来越少，而且人畜饮水愈加困难，这对建设和谐社会下的"城乡一体化"将是一个很大的障碍。

三、石漠化防治法律制度

（一）专门立法

倡导制定一部专门的石漠化防治法律，并对现行相关法律进行修改，制定相关行政法规加强地方行政管理。

（二）清洁生产制度

目前中国《环境保护法》体现的三同时制度、排污许可证制度、现场检查制度等都是末端控制的手段，应把清洁生产目标与措施纳入国民经济与社会发展规划和年度计划，控制污染物的排放量和处理率，并且着重强调排放量。落实对严重污染的工厂进行严格审批制度。强化清洁生产的技术，从法律制度上保障某些中小企业的技术力量，保障新产品、新工艺的研发能力。

（三）自然资源有偿使用制度

在国际社会，已经对诸如水资源、矿产资源等实行了有偿使用制度，但是在中国，地表水的缺乏是石漠化形成的一大因素，对水资源的无度开发，只会加剧石漠化的形成。水资源的有偿使用，在学术上的讨论已经比较成熟了，但是还没有形成一个可以把水资源管好、用好、保护好的有偿使用制度。粗放式的开矿也是石漠化形成的重要原因。企业为追求经济利益，大面积开矿，造成植被破坏，而复垦措施又不健全。自然资源有偿使用制度的确立，可以使很多浪费资源的企业和个人提高资源的利用率，在经济利益的驱使下，用同样的投入追求最大的收入。通过自然资源有偿使用制度，使石漠化现象不因为大面积开矿而更加严重。虽然第一代资源税在当时的背景下有很大的积极意义，但是作为一种调控制度，还存在很多的不足。后来中国又专门针对矿产资源出台了有偿使用的措施，资源税经历了税费并存、税费并存改革等过程，最后在1997年1月1日实施的《全国人民代表大会常务委员会关于修改〈中华人民共和国矿产资源法〉的规定》确立了矿产资源的有偿使用制度，但是对整个自然资源的有偿使用制度还没有确立。尤其是可再生资源和非消耗性资源，人们的危机意识更弱。中国宪法规定："矿藏、水流、山岭、草原、荒地、滩涂等自然资源，都属于国家所有，即全民所有。"但是国家很难具体地行使所有权。现在对自然资源的使用状况是所有权与使用权分离。使用人在使用这些资源的时候，认为自然资源是大自然的馈赠，从而无度开发。造成环境破坏之后，投入大量资金修复的通常又是国家。这样，使用者与资金投入者分离，导致使用者没有节约使用自然资源的意识。自然资源有偿使用制度不仅保护国家对自然资源在法律制度上的所有权，更要强调作为所有者的国家对资源开发利用的经济利益所在。自然资源有偿使用制度的确立，还可以减少很多自然资源不必要的损失。水土、植被的保护又直接关系到石漠化的防治，所以，建立自然资源有偿使用制度对石漠化防治有很大的促进作用。

从中国对矿产资源和水资源的有偿使用的经验来看，中国确立自然资源有偿使用制度还要注意：首先，要避免资源税和资源补偿费的相关法律规定重复。这些重复的收费无疑会给资源使用人增加很多负担和抵制情绪。但是各种税收和费用又是十分必要的，所以应该厘清它们之间的关系，按照不同范围、不同性质征收。其次，还要对自然资源有偿使用的范围做出规定。如果所有的自然资源都需要有偿使用，那么农村居民连烧火用材都无从获得，也会给农民生活带来极大的不便。要按照自然资源的特点和稀缺性，进行不同程度的收费管理，让自然资源收费制度有序进行。

（四）经济与石漠化防治挂钩

治山与脱贫致富相结合，还需要大力发展交通。只有产品没有交通，致富仍然只是一句空话。石山地区大多数都是交通闭塞、缺少运输渠道的贫困地区，即使有了优质的农产品，不能及时运到市场上进行销售也很难致富，再加上与外界不沟通，外面的技术和信息也很难在大山里发挥作用，就使得这些地区越来越穷。所以石漠化防治必须修路，把大山和外面的世界连接起来。修路需要大量的人力，可以就近吸纳村民修路，既节约成本又可以使村民增收。

（五）提高石漠化地区人口素质

西部地区资源丰富，很多石漠化地区的群众盲目乐观，以为自己所处的地区有很大的资源优势，缺乏对资源优势的科学定位。可以从以下几个方面解决：第一，多渠道、多方位积极发展教育。加大农村劳动力培训，提高劳动力素质。第二，推广科技。各地在开展石漠化治理工作的时候可以借鉴石漠化防治成功地区的经验，地方政府培养石漠化防治的专业技术人员，深入石山地区教授当地群众防治石漠化的科学知识。多进行科技宣传和开展科技讲座，派专业技术人员进行入户指导。种植一些适合石山地区的耐旱作物，有效促进石漠化土地向较完整的生态系统演替。

（六）协调政府管理部门的治理

有一个专门的石漠化防治机构是很重要的，但是仅依靠一个部门的努力是不能及时改善现在的石漠化状况的，需要在一个主导部门为中心的情况下，涉及其他相关部门的时候由相关部门积极配合。各个相关部门在主导部门的规划、管理、组织和协调工作中相互配合，共同完成石漠化的防治工作。但是多个部门的存在就很容易导致主管部门协调工作时稍有不慎就会相互推诿或者是争抢的情况出现，这就需要协调好各部门之间的关系。石漠化地区的防治是很复杂的工作，由于喀斯特地貌的特殊性，石漠化地区有几种不同的划分。严重的石漠化地区，必须大力治理，这种地区就必须有环境科学方面的专家根据自然的特性提出合乎自然规律的治理方案，以恢复土地功能为目的进行专项防治。还有的地区石漠化程度不是特别严重，坡度又低于二十五度，西南地区气候温和湿润，适合植物的生长，可以自我恢复。这些地区可以划成自然保护区，种植适宜的林木。这些区域里面严禁开垦土地、狩猎动物，依靠生态系统的自我组织和调节能力，让这些地区通过天然的自我恢复重新让大山披上绿色的外衣。但是有的农民为了开荒种地，会破坏刚恢复的生态景观，使前期的投入付之东流，这就需要很多执法人员和当地居民密切配合，针对自然保护区作出一些执法上的调整，向当地群众宣传自然保护区的重要性，做好群众的思想工作。同样是石漠化的治理，涉及的部门和职责各有不同，这就需要各个部门履行好各自的职责，才能在防治工作中更好地达到预期的目标。

首先要明确权限。权限明确才能职责分明，协调配合。因为石漠化的防治涉及的领域很多，林业、农业、水利、土地和环境保护都有可能同时牵涉其中，而石漠化防治的综合性又很强，不可能说离开这些部门的参与单独完成。而如何才能衔接好这些部门的工作就需要有明确的权限分工。同时在政绩考核方面也要有所改善，不能所有的标准都以经济发展来看。因为石漠化是一个生态工程，经济效益低，最直接影响的是生态效益和社会效益。经济的发展当然是目前最重要的一个发展方向，但是一个地方的发展不是只有经济这一项指标。尤其是一些环境保护部门，他们的评价标准就更不能与其他部门没有差别。如果一味地进行破坏性的开发，暂时的经济利益得到之后带来的是永久的不可逆转的毁灭岂不是得不偿失？搞好了生态就会为经济发展积攒深厚的力量。石漠化地区一般都发展小城镇，这些地方生态环境脆弱，经济、社会和人的全面发展必然受限。如果不遵循科学发展观，生态环境恶化会导致人居环境恶劣，经济的发展换不来资源的再生，必然使小城镇的发展缺乏后劲。而协调好各部门的职责之后，经济发展的任务有专门的部门负责。环境保护部门专注于石漠化的防治，政绩不受经济指标的影响，只受环境保护工作的影响，使专门的环境保护执法部门可以专心执法并努力提高环境保护的执法效率，更好地实现环境保护的目的。

中国现行的环境保护机构的设置采用的是分散管理与统一监督的模式。这种模式将环境管理权分散到环境相关部门，然后由中央机关统帅负责总体工作，期望可以有一个专门的机构进行协调工作，又有很多熟悉业务的部门分管相关的工作。石漠化防治涉及森林、水资源、土壤等各个部门，但是在实际的防治工作中就出现了各种问题，棘手的难题没有部门愿意接手，各部门之间相互扯皮，再加上各个地方环境保护部门还要接受当地政府的领导和管理，当环境保护工作和当地的经济发展计划相冲突的时候，往往会被迫给经济发展让路。最后也没有一个好的解决方案，甚至延误了最佳的治理时间。所以中国在实行分散管理与统一监督的模式的时候，要加强统一监督的力度，使相关的部门有积极性和权力去完成治理工作，既避免了没有部门管理的现象发生，又控制了多部门重叠管理的现象。

还要注意，石漠化发生的地方多在西南地区，而这些地区又是少数民族聚居的地方。很多少数民族有一些传统的节日或者是习惯，如果为了治理石漠化而不顾及这些传统的习俗，也会造成不好的影响，甚至引发一些冲突。要与石山地区的居民进行深层的接触，所以在环境保护部门里面可以安排一些了解当地习俗或者是当地的少数民族工作人员，协调各部门在开展工作的时候要注意的一些习俗。石漠化的治理毕竟不只是政府部门为石山地区种几棵树这么简单，治理工作还必须帮助当地居民提高石漠化治理的积极性，让他们自愿参与到石漠化治理工程之中，由"输血"转变为"造血"。

第八章　森林遗传资源的管理

第一节　遗传资源概述

一、遗传资源的含义和特征

（一）遗传资源的含义

1992 年，联合国环境与发展会议通过了《生物多样性公约》，该公约是一项保护遗传资源的国际公约，于 1993 年 12 月 29 日生效。《生物多样性公约》第 2 条"术语"解释了遗传资源、遗传物质和生物资源的概念。根据该条约的规定，"遗传资源"是指具有实际或潜在价值的遗传物质；"遗传物质"是指含有植物、动物、微生物或其他来源的遗传功能单位的任何材料；"生物资源"是指遗传资源、生物或其部分、生物种群或生态系统中对人类具有实际或潜在用途或价值的任何其他生物组成部分。

从条约所规定的文字字义的角度去解释，其对"遗传材料"的描述是从事实判断的角度进行分析的，并且强调"遗传材料"所具有的遗传信息和遗传功能的生物材料的特性。虽然此种描述侧重于从价值判断的角度进行限制解释，但通过在"工具性"上去界定"遗传资源"和"生物资源"的概念，突出了两者在满足人类需求方面的价值。毫无疑问，条约中"遗传材料"的概念被描述得更为广泛，属于上层概念，而条约中"遗传资源"和"生物资源"的概念则属于从属概念，前者构成了基本概念，后两者则需要从条约规定的立约精神的角度去进行解释。

随着生命科学技术的进步，生物现象的复杂性得到了突出体现。生物资源所指出的物质范围逐渐与遗传资源所指出的物质范围重叠，从而改变了这两个概念的内涵和外延，最终形成了一种趋同关系。

我们可以看出，遗传多样性是指不同群体之间或同种之间的继承和变化的多样性。遗传学是指个别再生的相似性。突变是指发生在个体间的大量繁殖的遗传变化。生物进化由遗传变异所决定，遗传变异则是指群体中单个个体的遗传变化，然后遗传给后代，导致后代发生变异。这种变异是积极的，其是推动生物进化的因素。从某个角度讲，遗传多样性正是基于这种丰富多彩的变异而产生的。遗传变异无论高或低，遗传多样性的程度都很高。例如，在杂交植物的大规模分布中，一般的遗传变异发生在它们的种群中；而有些植物则是以自交为主，其遗传变异的程度就很小。对于一些无性繁殖的物种而言，其遗传变异发生的概率也很小，所以我们所能够看见的它们的形态变化的概率也很小，但是这些无性繁殖的种群之间却差异很大，它们保留了自身遗传的纯洁性。对于分布较分散的种群而言，遗传变异的程度就很大，因为它们受外界的干扰是最多的，该群种的繁殖往往依靠其他动物（如蜜蜂）传粉来进行，这样就会经常带来不同种的植物花粉，该物种的遗传变异就具有了极大的可能性。因此，物种的进化程度，一方面取决于种群结构的特征，另一方面也取决于自己潜在的进化能力、抵御外在环境变化的能力及种群遗传变异的程度。

遗传多样性对于物种进化具有十分重要的意义。物种的遗传变异大小与其进化速度成正比，遗传变异程度越高，进化程度就越高，抵御外部风险的能力就越强。这也就使得物种的外在形态千姿百媚、丰富多彩，这就是我们常说的杂交优势。对于人类来说，遗传多样性给我们提供了丰富万千的生物品种，人类的生活、工作、研究也由此大大推进。古分类或分类学数百年来一直在探索和解释生物世界的多样性，并试图建立反映自然或亲缘关系的系统。该系统使得物种起源和生物多样性的进化更容易为人们所理解，并为动物和植物的分类和进化提供了有用的信息。

（二）遗传资源的特征

在认识了遗传资源和传统知识的概念之后，本文将总结出如下主要特点：第一，遗传资源的地域分布是不均匀的。基于地球生态环境系统的多样性和复杂性，遗传资源在整个地球的分布是不均的。由于外部环境（如气候、地理条件）或人为因素的影响，分布在发展中国家的遗传资源相对丰富，它们正逐渐发展成遗传资源的出口国。相对而言，发达国家所分布的遗传资源比较稀缺，它们逐渐发展成为遗传资源的开发者。第二，遗传资源的稀缺。伴随着人类文明的兴盛，自然环境遭到严重破坏，大量物种急剧减少，生物多样性受到极大威胁，遗传资源亦随之不断减少。然而，人类对于遗传资源的需求却在不断增加，进而导致了遗传资源不断减少的恶性循环。第三，复合性。与其他自然资源不同，遗传资源中最具有价值的部分是其中所包含的遗传信息，遗传信息的传播和表达必须基于遗传物质来进行，这使得遗传资源变得复杂。

（三）遗传多样性的起源

生物多样性有着一个不断变化的丰富多彩的表现方式，但本质是通过其固有的核酸，以及可以控制的形态和发展来确定的，核酸也具有多样化的特点。最早的物种是不像今天这样丰富多彩的，其存在形式较为简单，但是随着环境的变化，有些物种的形态和器官发生了变异，这使得它们具有了各式各样的物种分支。如此长期遗传的结果，就是它们的分类变得更加细致，有些长久形成的器官构造开始变得稳定，不会轻易发生变异了，慢慢地它们变成新的物种，这就是物种的相对稳定性。因此，物种的多样化实质就是基因的多样化。

最初的生命是一些有机小分子的组合，这些有机小分子慢慢结合成较大的分子，较大的分子又逐渐结合为更为复杂的结构，最后形成细胞。其中还有些生物要靠太阳的光合作用来进行自身的生命循环，而光合作用产生了大量的氧气，这些氧气充满了大气层，使有些厌氧的生物灭绝，但是却使得那些喜氧的生物存活了下来。这些存活下来的生物，顺势利用了遗传变异的原理，开始在陆地上慢慢地繁衍、变异，最终发展为当今如云彩般绚丽夺目的生物多样性。这当中，海洋里的一些化学物质起到了相当重要的作用。最初，一些简单的海洋中的化学物质，产生了一种将上一代的信息传递给下一代的能力。这就像是一个操纵复杂生物体的指令，而这个指令就是一种化学编码信息，我们现在称之为基因。基因的重大作用是两代生物在外形上甚至在内在和性格上十分相像，是它们和家族成员外的杂交，才使得其保持了遗传多样性。但是这种杂交是在种内进行的，其使得种群保持了稳定性。当生物物种发展到一定的高级阶段时，物种间的变异是很少进行的，因为遗传信息系统本身有着十分严格的规范，生物在交配时不得违反该规范，以此确保它们的后代的基因不会被曲解。但是，必要的遗传变异是可以进行的，这样反而使得种群具备了与外在恶劣环境相抗衡的能力（比如仿色的变化）。极为奥妙的是这种基因十分紧凑，将一个生物体中成千上万的指令浓缩在一个性细胞中，通过繁衍生育传递给下一代。染色体的结构就是许多单个细胞中的 DNA 盘绕而成，DNA 在生物遗传中将上一代的基因信息传递给下一代的准确性是很高的，但是由于 DNA 在细胞内复制时的错误拷贝以及环境污染带来的危害，还是免不了发生变异，这就是基因突变。基因突变是具有进步意义的，遗传多样性正是这种基因突变导致的，这种突变在自然界中逐渐积累，大自然对于这种突变优胜劣汰，使得那些有强大生命力的种群得以繁衍和生存，造就了当今世界的生物多样性。

生物多样性也受以下几个环境因素的影响：第一，气候，这是种群生存的先决条件；第二，分布状况，种群分布的位置直接影响了它们生存的条件；第三，时间，时间的长短和延续状况也影响了种群生存发展的态势；第四，生活环境。食物充足的环境是它们壮大发展的原因之一，食物缺乏的环境导致它们经常迁徙或者面临生存的危险。往往，离赤道越近，植物生长得越好，海拔高的地方没有海拔低的地方更适合植物的生长。由此，生物多样性也是离赤道越近则越高，反之亦然。当然还有大气流、岛屿、特殊地貌等自然因素，也会对生物多样性产生极大的影响。一个新品种的产生，最初总是在一个狭隘的地域范围内完成，然后慢慢向外扩散，但是扩散的程度总是会受到自然界各种各样因素的制约，所以我们发现，一个新物种，一般就生长在它产生的附近。

基因库是一个物种特定的状态，生物多样性也体现了基因的多样性。生物多样性与遗传多样性不同。生物多样性往往体现在人口和人口之间，而遗传多样性不仅是体现在人口和人口之间，也体现在种群之间。也就是说，一个种群内部，由于基因的变异，或者是遗传的环境变化的因素，也会产生基因的多样性。所以，每个种群内部，存在着成千上万个基因库。它们对于地球生物圈的平衡表现出不可代替的特殊作用。从历史来看，原始生态的地理环境，基于地理状况的稳定性，因而有更多的生物群落生活在这里，这也就形成了更多的生物多样性。反之，遭受外界破坏的地理环境，地理状况的变化很大，也就会导致生物多样性减少，从而不利于遗传多样性的保留。生物多样性是一个变动因素，随着自然环境的变化，甚至生态环境的巨大变化，也会使生物多样性发生变化。有时候一些种群灭绝了，而一些新的种群产生了，重新在一个区域内组合，从而达到一个新的生态平衡的水平。所以，遗传多样性相应也是一个变化的动态的多样性。

二、遗传资源与商业秘密

在《与贸易有关的知识产权协议》（简称 TRIPS 协议）中，商业秘密由三个要素组成：第一，通常从事信息工作领域的人不知道或不容易获得整体或组成部分的确切结构或组合部分；第二，商业价值；第三，合法控制信息的人采取了合理的保密措施。

鉴于多数传统医药所含有的动植物原料的功效不易被察觉和发现，对该部分所涉及的遗传资源可以通过商业秘密予以保护。例如，由于其配方的机密性，中国的中医药受到商业机密的保护。然而，通过观察和其他方法可以了解动植物在农业领域的功效或用途，因此采用商业秘密保护方法显然是不合适的。由此可见，通过商业秘密保护遗传资源在医药领域更为有效，而在农业领域则捉襟见肘。

三、遗传资源与地理标志

TRIPS 协议定义一个地理标志含义，"地理标志"指的是具备良好地从国家的领土中识别或地区内的区域或场所、特定质量、信誉或其他特征。"地理标志"的知识产权应该具有以下特点：第一，具体的环境相关性；第二，相对排他性；第三，相对公有性；第四，集体财产性；第五，溯源性。

根据地理标志的定义和特征所透露出来的信息，我们可以进一步了解到该制度与专门针对某一特定权利人的其他知识产权制度存在较大不同，该制度乃是针对特定地域范围内的产品予以保护，因而在某种程度上具有一定的公有性。该公有性的特征恰恰迎合了遗传资源和传统知识保护的需要，使得一定地域范围内的遗传资源和传统知识具有一定的合理性，即便在其不能满足专利中的新颖性和创造性等实质性条件时也能得到法律的保护。

目前，世界各国正在积极推进地理标志保护的国家战略，这就导致世界市场出现了出口风险加剧趋势以及不公平竞争现象。其中，以印度的地理标志产品保护战略为例，它表明一般政策不能将地理标志制度的作用发挥得淋漓尽致。1997 年，美国水稻技术公司获得了覆盖"Basmatty"大米的专利，专利授权导致了印度和巴基斯坦等国家严重抗议。该公司被迫取消它的一些权利，而美国专利局被起诉支付剩余的索赔。通过地理标志制度保护遗传资源是建立在市场对商品的认同之上的，而获得经济利益却非任何一种遗传资源都能够具有的潜能，以至于很多遗传资源的侵权案件并不能通过地理标志制度给予保护。

四、植物遗传资源多样性

在生物多样性的保护中，珍稀濒危物种与重要的生态系统的保护是目前自然保护区保护工作的重点，物种的保护是其中重要的组成部分。这对于物种的保护，对于物种的生存与发展来说是必要的。近年来，一些珍稀物种在人工科学管理下，种群数量恢复得很快，但问题也随之开始出现，由于种群多为近亲发展从而导致个体的生存能力低下、繁殖能力降低。因此，物种的保护不是单纯的数量保护与维持，从种群存在与发展的长远角度考虑，物种质量的保护也是很重要的，而物种质量保护的一个重要方面就是遗传多样性的保护，遗传多样性是生物多样性的根本，同时也是物种多样性与生态多样性的基础。遗传多样性的研究是生物多样性科学的重要内容，这方面研究对于探讨物种的濒危机制、物种的亲缘关系、种群分化和进化显著单元（ESU）、种群维持机制以及生物多样性形成机制等方面都有重要的作用。植物遗传多样性的研究基于遗传学，特别是分子生物学的基础和方法，这方面的研究在生物多样性理论中具有重要的地位，并对生物多样性的保护有着重要的作用。主要包括：（1）在濒危植物保护生物学中的应用。濒危植物保护生物学是一种交叉学科，涵盖了生理生态学、种群生态学、遗传多样性等多个研究领域，现在我们用遗传多样性的方法揭示濒危植物的生理原因，通过综合分析，最后确定合理的保护措施。（2）在物种亲缘关系和地理分布格局分析中的作用。通过遗传多样性的研究和分析可以推断物种种群格局的形成过程，而这方面的研究也可以从一定程度上推断某一区域生物多样性形成的过程和机制。（3）转基因生物释放的生态学评估。

关于基因突变问题。首先，最初局域种群可被看成是"邻居种群的大小"，包含在辐射半径以内，密度为d的圆圈范围内的个体，从父母和后代之间的出生地，沿一个轴x的距离标准差的2倍扩散。假设扩散是高斯分布，一个邻居将包括一对父母在分布中心生下的86.5%的后代。用标准差对应于平均父母——后代半径距离，根据高斯分布的扩散理论，可以通过测量估计。

我们来考察一个遗传变异小的物种，它们有些具有较高的丰富度，甚至是侵入物种（Invasive species），如大米草（Spartina anglica）等。分布范围广的植物物种较地理分布范围有很大局限性的物种而言，表其现出很高的多态位点，而且每个位点上表现出很高的等位基因多样性。较低的遗传变异可被看成是物种的适应性相对较差，但是这种说法必须从适应和进化的角度去理解，不能简单地通过物种的分布范围和生态习性去检验。我们知道生物的一切形态变异和生态特性最终都是由遗传基因控制的。对于生活在湿润条件下的物种来说，它具有适应本地环境条件的基因，但是如果它还具有耐旱的基因，即便由于气候变迁该地区发生干旱，具有耐旱基因的个体就可能继续生存，而无此基因的个体就可能被淘汰。当然这种解释还缺乏必要的科学证据和实践检验，只能说理论上有这种可能性，但是在复杂的自然环境下，这种现象能否发生，我们目前还不能下结论。

对于空间结构模型的问题，Wright（1943；1946）为了分析种群遗传变异的空间结构，建立了很多不同的模型。比如在岛屿模型中，种群被分成很多随机交配的个体组（混生群），它们之间有一小部分是通过迁移进行基因交流的。关于有效种群的大小，在岛屿模型中，总是涉及混生群的大小，同时该混生群还可以通过所谓的有效种群数量（Ne）来量测。如果该种群的遗传组成是由随机因素决定的，并且该种群的全部数量也都是如此，这就是一个理想种群的数量。由于遗传突变的原因，孤立种群的每一代都以 $1/2Ne$ 的速率丢失变异。

第二节　物种的保护和植被恢复

一、物种的保护

（一）种群生存力

20 世纪 80 年代以前，种群生存力主要研究种群在短期内的存活问题。20世纪 90 年代以后，生态学家开始研究植物物种长期生存以及影响物种长期生存的外界干扰、遗传突变等生物学问题。种群生存力分析在保护生物学中的应用包括五个方面：第一，对未来濒危物种种群大小的预测；第二，对特定时间内物种灭绝概率的估计；第三，评估一套能使物种种群长时间存活的保护措施；第四，探索对小种群动态产生影响的各种不同假说；第五，对濒危物种野外生存的各项数据搜集工作进行指导。种群生存力分析是特定时间内利用模拟和分析的方法估计物种灭绝的概率，其主要目标是对物种特定时间内以某个概率最小可存活种群的大小计算。在构建和分析模型的过程中，主要考虑统计学随机性、环境随机性、遗传随机性、自然灾害对种群动态及持续生存的影响等作用。PVA 模型需要确定数目庞大的参数，这些参数的缺乏或者不准确，都将直接影响计算结果的准确性，而收集这些种群参数又需要大量的人力、物力和时间，因此物种种群生存力分析应用的范围不是很广。

（二）保护的方法

如今，对濒危物种的保护在国际上引起了重视，其成为社会关注的热点。生态学家、生物保护学家及遗传学家从各个方面对濒危物种的保护机制和保护策略进行了交流和探讨，并从理论和实践中研究了物种保护的方法。世界各国也相继制定了相应的物种保护的法律法规，例如，在濒危物种分布相对比较集中的地区、适合濒危物种生存的重要地区以及生物多样性分布的关键地区成立了自然保护区等。但目前物种保护的首要任务是对优先保护的物种和地区进行确定。IUCN 自 20 世纪 60 年代开始发布濒危物种红皮书，根据物种的濒临程度和灭绝风险将物种分为不同的濒危等级。1980 年。IUCN 在《世界自然保护大纲》中提出了确定物种优先保护顺序的方案。1991 年，有学者提出了根据在一定时间内物种的灭绝概率来确定物种濒危等级的思想，并建议将物种分为极危种、濒危种和易危种 3 类。1994 年 IUCN 修订了 Mace-Lande 物种濒危等级作为新的 IUCN 濒危物种等级系统，并定义了 8 个濒危等级。2001 年，由 IUCN 正式出版的《IUCN 红色名录类型和标准》对 1994 年的等级系统标准进行了修改和补充。学者利用系统分析，在资料收集和实地调查的基础上，借助专家咨询系统构建了三江源自然保护区森林—草甸交错带植物受威胁等级、优先保护定量分级评价指标体系以及相应的定量评价标准。如以江西省 50 种珍稀濒危植物为定量研究对象，采用濒危系数、遗传价值系数、物种价值系数和生物学特征系数 4 个指标构成的珍稀濒危植物等级综合评价的方法对上述植物优先保护顺序进行了定量研究。有人依据野外考察资料，采用濒危系数、遗传多样性损失系数和物种价值系数求取急切保护值的方法对神农架自然保护区 14 种重点保护植物的优先保护顺序进行了定量研究，同时还可将物种濒危状况评价的指标进行分级、量化和给分，然后计算各指标的濒危系数。

在科技发达的情况下，人们开始运用网络、计算机、数学模型等技术方法研究种群的时空动态、潜在数量并对种群适宜生境进行预测。例如修建高速公路和蓄水大坝时对附近濒危物种的生存动态、迁移和其他方面的影响以及对周边农作物的保护等进行评估。

（三）应对生物入侵

生物入侵指由非本地或本地受抑制物种取代本地原有的物种，改变本地原有物种的生态结构和生态体系，减少原有物种的多样性，给本地原有的生态系统和生态体系及经济带来巨大损失。目前的生物入侵多指外来的引进物种，外来物种是指由于人类有意或无意的活动被带到了其自然演化区域以外的物种。外来物种入侵是自然生态系统面临的最重要的全球性问题之一，它不仅威胁生物的多样性，而且威胁着全球的生态环境和经济发展，并且外来物种的入侵可直接或间接产生各种巨大的危害。在美国，每年因为外来物种带来的损失高达 1370 亿美元。高山、大海、沙漠这些曾是阻止物种扩散的天然屏障，随着全球经济和贸易的飞速发展，这些地区的环境受到了严重的破坏，这使越来越多的物种离开原有的生存系统变成了外来的入侵物种，对生态平衡产生了严重影响，引起了社会各界的关注。特别是中国地域辽阔，气候多样，生物种类丰富，极易遭受外来物种的侵害。世界各地引种到中国的植物有 837 种，分属于 267 科。外来物种每年给中国的经济带来的损失保守估计高达数千亿元。但外来物种中只有少数会造成危害，造成危害的植物外来物种主要是入侵性植物外来物种，入侵性植物外来物种中有相当一部分能够克隆繁殖（自然环境条件下，具有无性繁殖习性或克隆性的植物），克隆植物具有独特的适应能力和较强的空间扩展能力，可以排斥当地植物物种并在种群中占据优势地位，从而降低了植物物种多样性，它们危害的严重性与其克隆生长习性直接相关。中国 126 个主要入侵性植物中克隆植物约占 44%，而且在 32 种属于恶性入侵植物中克隆植物的比例高达 66%。

入侵生物学目前主要的研究目标与成果可总结为：①制定各种生物体系防止外侵物种进入。②发展先进的预测模型与手段。③早期有效的根除或将危害维持在最低水平。④分析掌握外侵物种的入侵机理。⑤研究入侵物种对生态系统的效应。利用生物控制和引进天敌来根除管理入侵生物已有近一百年的历史。虽然取得了较好的成效，但由于引进天敌对非控制物种的危害以及扩散到其他地区的危害无法预测，这就使人们对日益增加的生物控制及引进天敌的方法仍存在质疑与争论。在物种上，物种转基因也面临一些未知的问题，使用现代生物技术培育出来的部分转基因植物如果控制不当进入大自然或其他国家也有可能成为入侵植物。

二、植被恢复

（一）植被恢复的概念

植被恢复是指运用生态学原理，通过保护现有植被、封山育林或营造人工林、草等植被，修复或重建被破坏的自然生态系统，恢复物种的多样性及生态系统。对于稳定性的内涵，不同学者也有不同的理解。现阶段植被恢复的主要内容有：①植被退化的生态后果要预计，主要有退化植被种类组成变化，群落时空结构变化，生物生产力下降，生物间关系的改变。②植被恢复实现的目标，主要包括物种组合胁迫、生态适应、种群密度及分布格局、物种的协同进化依赖、生态位恢复、群落演替、生物入侵、生物多样性的构建等。③干扰对植被的退化或生态系统的影响，主要包括砍伐森林、过度开垦、过度放牧、破坏自然资源、不合理的种植和养殖、外来物种的侵入、病虫害等。④植被恢复途径。20世纪70年代日本学者宫胁昭根据植被科学中的演替理论，采用当地乡土树种的种子进行营养育苗，配以适当的土壤改造，在较短时间内建立起适应当地气候的物种种群类型。这一方法得到了世界公认，称之为"宫胁法"。中国科学院华南热带植物研究所在广东小良、鹤山以及沿海侵蚀地上开展的研究以及中国科学院植物研究所在江西亚热带红壤丘陵地上进行的退化植被恢复与重建的研究，在矿山废弃地及城市垃圾场上都已开展了植被重建的研究都取得了重要进展。

（二）群落稳定性

早在20世纪50年代，先后由植物学家麦克阿瑟和动物学家埃尔顿分别提出了多样性与稳定性理论。麦克阿瑟于1955年在做群落学研究时发现一些群落的物种保持恒定，而在另一些群落中则表现出很大的波动。其把自然群落的稳定性归结于两个方面的因素：一是物种的数量，二是物种间的相互作用。对于一个物种较少的群落而言，物种间的相互作用对该群落的稳定性起到一定的弥补作用，但这种作用是有限的。埃尔顿于1958年根据对物种入侵的研究，提出了与麦克阿瑟类似的假说，其认为较为简单的植物或群落，容易受种群波动的影响，从而导致该种植被或群落抵御外来物种入侵的能力比较弱。20世纪70年代以前，生态学家们一致认为，更高的物种多样性和营养关系复杂性会增加种群与系统的稳定性。然而，20世纪70年代，以May为代表的生态学家，应用多种群落作为变量建立微分方程，其方程的解是通过不稳定的数学模型来研究群落复杂性与稳定性的关系，最终得出了与多样性—稳定性理论完全相反的结论，即系统复杂性对系统的稳定性有直接的影响。但无论 May 的数学逻辑和理论推导多么严密，他最大的缺陷是过多地依赖数学方法，他所使用的系统都是与实际相差甚远的人工模拟，并且其所使用的控制论稳定性分析手段和技术有很大的局限性，没有考虑到真实生态系统的自我调节机制。通过对美国明尼苏达州草地植物群落的研究观察证明：物种的多样性越高，群落对干扰（干旱）的抵抗力和干扰后的恢复力越强，反之，若群落失去一个物种，就会对群落的抵抗力产生强烈的影响。较高的多样性可以增加植物群落的生产力、生态系统营养的保持力和生态系统的稳定性。从生物多样性和稳定性的概念出发，忽略多样性与稳定性的生物组织层次可能是造成观点争论的根源之一。他结合对群落和种群层次多样性与稳定性相关机制的初步讨论，认为在特定的前提下，多样性能够直接影响稳定性。

第三节　森林遗传资源保护与管理

一、原地和异地保护策略

不同的国家或地区对于重要物种可能有不同的看法。林业部门与当地林区居民和森林使用者的看法可能稍有不同，当地林区居民和森林使用者与农民及其他林木使用者的看法也不相同。很显然，如果土地管理当局或土地所有者直接关心、利用或关注目标物种，那么原地保护方案将会更成功。这在原地保护方案规划中是主要内容，同时考虑重要外来经济植物的种类和种源也非常重要。这些外来物种在它们的原分布区和栖息地已不太重要，一个典型的例子就是来自美国西南和墨西哥的辐射松（Pinus radiata）。在这种情况下，期望从原地保护受益人那里获得财政或其他方面支持完全是合理的。

如果森林遗传资源具体保护项目的可用资金有限，那么必须考虑那些急需或已获批准采取保护措施和行动的重要物种。人们可以很方便地针对不同的树种，比较资源（遗传多样性或种内遗传变异水平）的脆弱程度，比较它们作为种群或生态系统的一部分所受到的威胁程度。一般来说，遗传资源保护策略分为原地和异地保护策略。建立国家级保护区系统（主要为原地保护目的）和建立公立或私立保存区，正成为世界各国普遍采用的保护措施。

1. 原地保护策略

对于非驯化物种，原地保护是最重要的策略，有时可能是唯一可行的方法。由于土地用途的改变，热带地区物种灭绝的比率很高，因此确定重点保护树种非常关键，这在保护资金、物种分布基础资料和物种丰富度数据均缺乏的发展中国家尤为明显。在资源稀少的世界，一个保护方法就是通过网络性活动和涉及多个国家相关人员的行动来确定重点保护树种。原地保护的主要保护策略通常是保护大多数野生植物种类，包括一些农作物的近缘种。另外，对于许多驯养物种（作物和家畜）来说，传统品种的农田保护已得到广泛支持，现在已作为保护遗传多样性的一个重要措施。

全世界开展的许多森林树种的分子遗传研究，有助于更好地理解变异模式，制定更好的管理措施，监测物种的时空变化。在某些情况下，可以使用新工具（如分子标记和模拟模型），更精确地确定物种的优先序。结合地理信息系统与分子研究，能提高我们对物种遗传多样性景观分布模式的认识，协助我们制定资源管理计划。例如，在印度高止山脉西部，将两种方法结合使用可以检测出具有高度遗传多样性（种内多样性和种间多样性）的区域，从而确定保护重点。因此，分子标记有助于树种的保护，并在国家方案的管理计划中反映生物多样性模式。分子方法也有助于确定本地和非本地种源及基因型之间的不同，找出哪里的多样性正在消失，促使新的多样性引入到育种和综合保护项目中，这也为种内遗传变异提供了更好的管理方法。

2. 异地保护策略

异地保护被认为是遗传多样性在植物育种和保护中应用的最终基础。异地保护的基本要素涉及种内遗传变异的鉴定、保护和管理，主要通过各种形式确定田间更新的发展和管理达到上述目的。分子遗传技术，主要是遗传标记技术，通过检测保存种质的特性和遗传变化，也有助于异地保存种群的管理。然而，遗传保护的资金分配应该是受需要驱动而不是受技术驱动。

生物技术还发挥了管理种质库的作用，提供了更好的遗传多样性水平评估工具，提出了维护遗传库的新方法。通过指纹识别分析及遗传多样性研究，新的分子技术可以防止收藏种质出现冗余和重复。低温冷藏是另外一种广泛采用的生物技术手段，有助于长期储存几种植物收集物。那些正在用于基因组研究的分子分析工具，还可以帮助发掘基因库中有潜在用途的基因。

二、进化与静态保护策略

决定选择保护措施的重点，是将能否持续保持遗传过程作为保护策略的重要组成部分。遗传过程通常涉及基因频率和基因型分布的变化，导致这种变化的情况包括：A. 如果种群小或者种子采自较少的几株树，可能出现等位基因随机损失、基因频率随机变化或近亲交配程度增加。所有减少种群大小的行为一般都会增加近亲交配的比例。B. 管理或利用天然种群：（1）影响授粉者和种子传播者的行为，会改变近亲交配数量和改变繁殖率；（2）改变小气候和物种构成，从而产生新的竞争者。C. 在栽培繁殖和管理期间，由于利用和管理天然林分时进行有意或无意的选择，都可能对某些等位基因产生有利或不利的影响，从而改变等位基因的频率。D. 对主要环境持续进行自然选择会影响等位基因频率（自然选择与具有混合交配系统物种繁育的后代相悖，即在自然条件下产生自交和远交混合后代的种类）。

在所有保护策略中，过程 A 和 B 通常是不可取的，因为会导致遗传多样性随机丧失或种群适应性降低。过程 C 和 D 在某种程度上能够产生有利于持续适应特定环境的遗传响应。因此，在规划过程中考虑这些过程在何种程度上不可接受、可接受甚至可取，是非常重要的。

根据进化过程，保护策略大致可以分为 3 种类型：（1）静态保护策略，其通常认为遗传过程不重要，目的是尽可能保持基因频率或基因型分布无变化。也可以说，目的是在收集品或样品中保存一套当前的基因型。（2）完全进化保护策略，其认为保护遗传过程与保护当前种群的基因频率同等重要或更重要。可以说，进化保护的目的是保护经过长期适应后仍能维持适应性的种群（例如长白猪的发育）。因此，我们期望改变基因频率。与上述过程 C 和 D 有关的过程被视为保护的基础，需要保护甚至支持这些过程。（3）利用种群的进化保护，其目的是保护栽培在能反映管理和利用森林条件下遗传多样、有活力的种群。

（一）静态保护

静态保护活动的特点体现在保护对象是基因型。因此，一般认为植物繁殖的首选是营养繁殖，而不是种子繁殖，营养繁殖的无性系可在保存圃内种植和保护。如果嫁接成功，嫁接的根砧树木通常能生长到相当大的年龄。当然，日后树木必须重新嫁接在新的根砧木上。认真保存早年的档案很重要，以避免根砧木发芽或萌芽取代了接穗。这就需要经常除草和进行田间管理，并且好的标签和地图也必不可少。同时，静态保护需要持续的、适当强度的人为管理。

静态保护还应用于种子库保存种子。在种子库中，种子保存在低温贮藏库中或其他适宜条件下。种子库只能用来保护具有可贮藏种子的种类。许多热带树种具有所谓的顽拗型种子，贮藏几年后就会死亡。与树木存活的时间相比，绝大多数树种种子的高发芽率只能维持短短几年，所以有时种子需要繁殖更新。繁殖更新包括种子发芽、种苗生产、栽植树木直至开花，再收集新的种子用于贮存。这些"复壮"活动允许在繁殖和生长期间发生新的遗传再组合，并面临新的选择压力。

对大多数树种来说，种子库可能是短期的保护活动。濒危种群的种子可以临时收集和储存在种子库中，直到播种、长成树苗以及建立基因保存林（称为异地保护林）。而对于许多树种而言，尤其是非洲湿润和半湿润森林中的许多树种，种子库甚至不能用于种子的短期储存，因为种子储存期不超过几个月。设施保存（In vitro）包括低温冷藏曾应用于此类树种，但也只是一种静态保护方式。基于物种和技术的差异，在设施保存的生长和存储期间可以检测到某些基因变化（如突变），有时还观察到所谓的体细胞无性系变异。然而，设施保存方式的主要缺点是相关费用和稳定的电力供应需求，最致命的缺点在于其只能保存少数基因型。因此，设施保存技术一般极少用于森林遗传资源保护工作，但在找到合适的技术之前，种子库保存对那些需要短期储存的树种仍很重要，可以为它们提供一种过渡。

许多属于硬壳种子的树种或大多数松科树种，存储多年仍能保持高的发芽率，种子库可以为这些树种提供比短期存储更多的功能。这些物种的基因库是一种静态保护策略，因为只要所有种子萌芽，基因频率与基因型分布将大致保持不变。一旦发芽率开始下降，储存期间可能会产生选择效应。但从长远看，一般不会影响到基因型或种批的适合度和效用。

静态保护与强度育种项目结合是一项不错的选择。在培育项目中，经过鉴别和检验的基因型（无性系）通过嫁接，可以保存在无性系保存圃中，或应用于种子园，或作为无性系繁殖隔离。可以说，在这样的育种项目中应用静态保护去保存知名基因型，静态保护的进化内涵在多世代育种和测定项目中得到发展和管理。在某种程度上，可以认为静态保护和进化保护是相互补充和相互结合的。

（二）保护区和规划保存区的进化保护

进化保护活动的特点体现在树木连续多代产生后代的方案中，基因通常"被保存"，但基因型没有。自然选择发生在有等位基因新组合的树木中，组合得到有利或者不利的不同基因型。这个过程保证了种群中基因频率的变化即与高适合度有关的等位基因将增加，而与低适合度相关的等位基因则减少。一般来说，如果种群足够大，中性基因应该是得以保留的，但有些基因由于遗传漂变而丢失，这是不可避免的，通过几个世代的变异也会产生新的遗传突变。所以要进行人为干预，其目的在于促进中性遗传过程而不是避免它们。如果种群生长在不同的环境中，那么一般可以维持种群之间的遗传变异，甚至有望随着时间的推移而增加遗传变异。

保护具有进化进程的种群的典型例子就是天然林中的保护区。在保护区内，物种通常与许多其他物种一起占据自然环境（认为是原地保护）。一般适合度的自然选择很大程度上与物种之间的竞争有关，也与物种内部对当前和未来环境的适应能力有关。不过，符合以下两个假设条件，进化保护也可以在人工林内进行：一是人工林内任其进行自然选择，二是种植材料来自种子更新的后代而不是通过营养繁殖更新的后代。在这样的保护方案中，人工林的营建和管理应模拟支持自然选择的自然过程。由于大多数情况下树种混交（如果有的话）都是人为的，因此与选择原地保护的实际情形相似，可以对多种基因进行选择。然而，这也反映出在任何生态系统中选择和适合度总是取决于人为影响的程度。通常，严格的进化保护项目，要避免进行诸如好的地形或造林简便之类具有商业特性的定向选择，当然这又取决于当地保护项目的目标。

有效率的原地保护需要如下资料：（1）物种的遗传变异，以及在种群内和种群间如何进行空间和时间组织；（2）自然生态系统内物种的动态变化，如重要物种的繁殖和更新能力，可能存在的物种间的竞争，或者与产生和维持变异有关的其他过程。

然而，在绝大多数情况下，由于当前技术和可用资源的限制，在某个特定地区直接监测某个特定树种的遗传变异并非切实可行。在可预见的将来，森林遗传资源的原地保护监测要集中开展种群数量的基础研究，如通过更新以及授粉、种子传播等重要过程，确定需要维持的合适的种群大小。

（三）发展过程中的进化保护

进化保护是努力保持遗传的过程，因此相应地要讨论选择过程要获得什么样的进化结果。无论是通过发展来反映未来的生长条件如何，一个目标就是要维持其对环境变化的持续适应能力。已经发生的草原树种的原地保护就是很好的例子。由人类和自然压力形成的选择的一个外延得以确定，这才会对利用和更加驯化的人工林系统相关的重要特征提出更高的选择要求。

三、发展水平对遗传保护目标的影响

保护基因资源可以在利用价值以及蕴藏价值的背景下启动。当然，一个关键问题是发展与保护相互支持的作用或者相反的作用到什么程度。一般来说，根据发展和保护结合的程度有三种操作策略。（1）严格保护区中的"不干涉"策略的指导思想是尽可能限制人类影响。不过，从实践的观点看，该策略难以执行，至少有两个原因：第一，现存的保护区网络，很少采用系统或有遗传代表性的方法对树种遗传多样性进行抽样；第二，"不干涉"策略实施最好的区域，只是保护地位已经很高的地区，人口密度很低的地区，以及投资有风险而且没有很大经济利益的地区。在人口压力很大的地区，建立严格保护区往往非常困难。（2）可持续发展策略，建立严格保护区的一个选择是允许在特定保护区域内利用资源，但要减少利用程度，避免遗传资源退化。从这个意义上说，可持续发展的思想根源在于遗传资源已原地保护的事实，而且利用强度仍然保持种群的遗传完整性。例如，从保护区的树木上采集果实，但只要没有达到无剩余种子用于天然更新的程度就可以接受，砍伐树木也同样可以接受，只要没有达到清除所有立木的程度，等等。

可持续发展策略可以应用于目标种（保护的优先树种）或相关种的利用，两种情况下都必须认真考虑对保护状况的影响。可持续利用模式的主要优点是减轻对某一特定地区的压力，或限制利用物种使自然资源的长期恢复，从而改善未来利用的条件。这样，利用过程就变成自我增强的过程，因为特殊资源可用性增加了，可持续采收也就变得更容易。此外，该策略的另一个优点在于，它不剥夺当地人利用重要自然资源的权利。事实上，保护计划可以向当地居民提供更多利益，例如他们可以合法利用某一特定资源。当然，这种策略可以建立与当地居民真诚的伙伴关系。例如，在泰国北部 Kong Chiam 保护区，有充足证据表明采用非破坏方式可以毫不费力地采割南亚松（Pinus merkusii）松脂。当地使用者自然对采割合法化和保留林木产生兴趣，因为这是他们从树木收获树脂维持收入的先决条件。

从遗传角度看，找到遗传资源不受侵蚀的利用模式，将是一种挑战。人类干扰从多个方面影响遗传资源和遗传过程，因此还必须从这些层面上考虑遗传资源保护可能暗含的东西。在复杂生态系统中，树种授粉需要特定的动物或非常特殊的生态条件。人们通常没有很清楚地了解这些关系，因此人为干预可能对种群长期生存能力造成不可预知的严重影响。在这种情况下，找到利用的可持续水平是非常复杂的。在土地使用期限和使用权制度明确的社会环境里，即使存在一系列技术问题和社会问题需要认真解决，采用可持续利用策略保护遗传资源仍然是简单的。"保护专家"常常发现，"不干涉"策略比可持续利用策略更容易建议。但利用与保护相结合的方法比"不干涉"方法可能产生更好的保护效果。

3. 加强利用

由于树种能提供有价值的产品，而且需求量大，一些树种常常变为稀有和濒危物种。在此情况下，应该考虑采用第三种策略进行保护，即加大对濒危、生态或商业树种的人为干预，而不是限制干预。加强遗传资源利用是指在森林区域、流域、退化地区或者农场开展人工种植，这是保护珍贵遗传资源的一种非常有效的方法。培育有价值但濒危的树种，可以促进种质的增殖和分布。此外，低密度树种通过种植变为常见种，至可以收获产品时，天然种群的压力就会减轻。该保护策略还有一个好处，种植高价值的濒危树种能满足当地居民对林产品和森林服务的需求，或满足通过林产品销售获得资金收入的需求。

目前，由于缺乏获取种质的途径，还有大批没有栽培的珍贵树种。仅越南就有200多个重要树种，但大部分树种没有进行培育。许多技术障碍限制了这些树种的利用，克服这些技术障碍是这些树种可持续利用和保护的关键。如前所述，许多热带树种具有顽拗型种子，很难贮藏，并且种子发芽能力常在数天内丧失，必须精心处理。

加强利用的模式对低价值产品树种同样有效，但适合将种植项目与土壤恢复或流域管理项目结合起来使用。如果能进行适当的种植、抚育和管理，乡土树种可能符合这种目的，因为它们适应当地条件，降低了当地生物或非生物损害的风险。此外，乡土树种通常适合营造混交林，将来的管理也较为容易。通过驯化加强利用模式会涉及一系列有关遗传多样性的过程。首先，在种子收集、种子生产、苗木培养、种植、田间管理和收获期间，存在无意或有意的选择；其次，种子和树木移植到周围不同生态区内，这就增加了丧失适应性和污染当地遗传资源的风险。种植方案一般不考虑这个问题，因此不能确保遗传资源是否得到保护，除非已有合理的遗传原理并且遵循了。但如果考虑了遗传因素，遗传多样性就能在驯化人工林内得到有效的保护。

一旦当地村民参与了种植项目，就必须考虑一些其他问题：（1）必须让村民有机会确定他们自己的需求，并且种植项目必须对此做出响应；（2）引种新作物不应该让当地村民承担经济风险，进而影响他们的生存；（3）组织的项目要保证濒危树种适合当地种植，当地村民能获得优质种植材料。

为了便于管理和记载，必须应用具体的技术指南描述、监测保护措施。从管理角度看，有用的办法是将保护方法分为两大组：保护林（原地或异地保护）和基因库（异地保护）。

第一，保护林。

每块保护林的物种与立地特征不同，需要的管理和具体的管理干预也不同。保护林可以是由一个物种组成的纯林，也可以是由几个物种组成的混交林。在混交林中，基因保护对象可以是一个或几个物种。人们可以通过人工（种植或播种）或者更新（天然或人工辅助）建立保护林。一般认为，人工建立的保护林是异地保护林，天然更新的保护林则为原地保护林，并且原地和异地保护林的一般管理规定往往比较相似。事实上，人工栽植的异地保护林的主要差异在于它具有更强的物种控制和储存控制能力。人们需要考虑的是：（1）保护一个或多个物种遗传变异的混交林，通常必须比保护单一树种的纯林难度大；（2）对于预计没有或者很少得到管理的种群，由于受物种基础生物学差异和自然变异影响的统计因素和随机事件的影响，应该考虑较大数量的个体；（3）种群内保护个体的实际数量，与获取更大遗传变异利益的更多的个体有关，取决于维护这些个体所花费的成本；（4）对于原地保护的种群，保护林进行更新的遗传材料，应来源于尽可能不受外部遗传影响（如外来花粉污染）的相同或相邻的保护林；（5）实践中更新需要采用一些类型的隔离，隔离在很大程度上依赖于物种的繁殖生物学，但对于多数风媒授粉植物，300~500米的隔离带一般已经足够了；（6）是否需要田间管理取决于物种和立地条件，需要进行的田间管理有利于林木和林分的更新与稳定；（7）有些种群需要考虑采取特殊的管理制度，包括砍除竞争（入侵）种，或者对某些灌木丛要控制放牧和火灾；（8）通常认为疏伐是最重要的田间管理措施，特别是在它能促进更新的地方，在纯林中，为了维持林分当前的遗传组成，通常推荐采用系统性疏伐（换言之，不允许采用高强度择伐）；（9）在有些情况下，利用不会改变保护林分的遗传组成，可以将保护工作与不同形式的森林利用结合起来；（10）对于野外的原地保护和异地保护两者来说，立地条件和立地质量当然是重要的考虑因素。

第二，基因库。

在基因库中异地保护森林遗传资源，是野外利用保护林潜在的重要补充措施。术语"基因库"暗指需要昂贵的现代技术，但事实上并不必要。得到广泛应用的储存设施，结构相当简单，可用于许多物种的异地保护。有些情况则需要更专业的设备结构。

四、天然林和保护区内的原地基因管理

天然林中的原地保护通常包含生态系统功能和物种间相互关系的保护，而不仅仅是单个树种的保护。另外森林中还有许多森林经营管理者可能不太感兴趣，但在遗传资源和未来使用方面具有很高价值的林木和灌木。这些林木和灌木的保护可能需要特殊的管理措施，这就要通过建立基因保护区加以保证。从理论角度上看，如果目标保护种遵循遗传变异分布模式，那么遗传保护区网络应该是一个保护它们遗传资源的有效办法。

实践认为，合理的遗传资源管理应该是具备双重保护策略的保护工作，即兼顾其遗传资源的天然林管理和基因小保护区网络的营建。这并不意味着所有本土经济林或全部森林保护区里都必须保护所有物种的遗传资源。面临的挑战在于找出这两种方法之间的平衡和互动。这反过来还要取决于生物因子（物种的组成、分布和生态学特性）以及森林当前和将来的用途。

（1）基于原地基因保护的天然林可持续经营实践。在天然林，特别是在指定的基因保护区域，大多数森林遗传资源都将受到保护。因此，重要的是充分告知森林所有者和管理者如何对其所控制的天然林进行森林遗传资源的保护、管理和获益。

（2）保护区。幸运的是，大多数国家都建立了保护区网络。然而，保护区不会自动保护森林遗传资源。首先，重要种群频度不足；其次，种群不一定有活力，如果没有适当的管理措施，森林的正常演替变化可能会影响到特定目标种的基因保护。众多的保护区经常会形成一个可以从中建成更加具体的重点保护目标种，包括非商业性物种原地保护林网的"骨干"。

（3）不同类型森林的造林实践和林木遗传资源的保护。温带和寒带经济

林在最后的收获季节大多数母树被砍伐，这可能是由于这些森林经济树种占有很高的比例，尤其是在经过长期经营管理的林子里。一般针叶林是皆伐的，而阔叶林或混交林则越来越倾向于择伐和分阶段采伐。那些已进化出灾后可大量繁殖的树种，如野火发生后的灰型桉，拥有适合皆伐的生物学特征。如果本地种更新占据主导地位，加上对种群规模和流入毗邻改良人工林的基因流的充分考虑，大多数基因保护标准很容易满足。

热带森林：目前对热带森林的实际管理干预是相当有限的，存在着各种生物学、技术、社会、经济、体制和法律上的障碍，制约着可持续经营实践措施的应用。

五、兼顾遗传资源的森林经营

本节的重点是森林管理技术，它在森林遗传资源保护中是最重要的。联合国粮农组织（1998）就如何计划和实施潮湿热带林的可持续经营，特别是对木材的生产提供了更加全面和详细的指导。

1. 信息需求与规划

详细的管理计划需要大量的信息，如苗木的品质、年龄大小、结构以及土壤的评价、坡度和影响造林和采伐活动的其他因素。

森林组成和生长的详细资料对森林可持续性生产和基因保护来说都是至关重要的。资料来自广泛的调查，包括植物调查、伐前调查、更新调查和非木质林产品信息。（1）伐前调查单应包括调查和评估目前种子、苗木的级别和适于销售或首选的木材树种的增长状况，作为未来采伐木材的基础。这个调查通常采用在林轮均匀或系统分布林的小样地的抽样。取样面积的百分比随以下因素而变化，如可用资源的级别、立地的异质性、更新类型（不论小树还是大树的增进生长）。例如，每公顷可能抽取一个 20m×20m 的样地，对样地内的增进生长（如胸径 3060cm）进行鉴定和测定，该样地内再抽取一个 10m×10m 的小样地，对小样地内的幼树/小树木（如胸径 1030cm）全部进行鉴定并计数。完全的树苗调查是非常费时的，难以在热带森林中进行。在小块土地内部核心，有个简单的方法可以定性或主观评估（分类级别大致符合树苗密度）易鉴别的重要商业树种苗木的更新能力。另外，评估可以沿着均匀间隔的平行断面进行，例如对间隔为 100m 边界线两侧各 2m 的范围进行评估（即 4%抽样）。（2）除了能够评估允许砍伐的权限和木材的可持续生产，还应该制定森林及更新调查从而为连续监测森林的生长提供基准数据,为森林遗传资源的保护提供指导。这包括建立永久性的样地或连续森林清查的小样地。因此,它还应该包括对立木材准确的评估及其随物种、大小级别和地点的分布。这些资料可以用来研究不同采收和造林措施的意义及其影响。

有个重要步骤就是制定管理计划,以达到预期的目标。为保证未来的生产力,在经济林和多种用途林管理计划中,遗传保护目标应该是一个重要因素,特别是在森林已被指定作为高级优先种遗传资源保护林网络的一部分时。在许多情况下,当地人有着传统的权利接近和利用森林资源,在规划、实施和监督管理计划的所有步骤中主动将他们纳入是非常必要的。

2. 森林采伐和遗传资源保护的协调

以生产木材为目的经营给本地特有和对栖息地变化特别敏感的物种带来了灭绝的威胁。采伐是目前许多热带森林唯一的经营干预手段。最常见的采伐影响是缩减了经济树种的分布范围,特别是那些具有很高价值的树种。在热带环境中通常采伐那些木材密度低中等、快速生长的树种。对森林进行分区管理,每区采用不同的管理制度和措施,这样可以大大减少木材经营对森林生物多样性的影响。

只要更新能力存在且在采伐中没有被严重破坏,土壤种子库或邻近地区就有足够用于更新的种子,在一个择伐周期内不会降低树木种群的种丰富度(Johns,1992b)。采伐对森林遗传资源的影响将取决于下面几个关键因素:(1)采伐强度、频率和采伐时间;(2)确定树木(包括树种和单个样木)采伐或保留的步骤;(3)规划水平,包括低环损采伐规程的使用和具体保护措施的编制;(4)采伐作业的执行;(5)更新系统的保护和管理;(6)采伐迹地的管理。

采伐体系分为两大类,单次采伐和多次采伐。单次采伐体系就是在周期末一次性采伐所有商品林木,中间可以进行一次或多次疏伐清除不想培育到最后的树木。这类森林的长期生产力和遗传资源保护将取决于森林的更新方式。主要内容是:(1)用本地种源作为下一经济树种的来源;(2)通过确保足够的有助于森林更新的树木株数,维持遗传变异的水平(或确保保留足够的母树,或从大量单株收集大量种子用于直接播种);(3)更新过程应该尽量避免亲缘关系"毗邻"树种的发展(否则可能造成杂交系统物种近亲繁殖和下一代生长衰退)。

3. 天然更新

一般而言,天然更新是首选的,在任何情况下是达到基因保护目标最合算的更新方法。除了帮助确保有足够数量的植株可用以取代被采伐的树木外，充足的树苗更新在树木生活周期不同阶段还为消除自交和其他形式的遗传负荷（有害基因的积累）提供更多的机会，特别是在自然选择发生的幼苗和幼树阶段。促进木材树种天然更新的两个最重要的因素，尤其是在潮湿的热带林，它们是：（1）创造合理的光强和林窗空隙，操作上可以通过适宜的采伐强度来营造适宜的更新小生境；（2）细致规划和执行采伐，避免破坏森林植物地面层的幼苗库。这对只有顽拗型种子的树种特别重要，像多数龙脑香科植物，也包括大多数主要顶极群落树种。

在更新阶段加强森林遗传资源保护的其他措施包括：（1）如果造林措施可用的话，在采伐前的结实大年就开展林分更新。结实大年时，几乎所有的母树都对基因库做出贡献，胚珠和花粉的产量保证了最大的远缘杂交、最小的自交，因此可在结实大年前开展为更新而准备的整地；（2）保留足够的主要经济树种结实（成熟）树。结实树是具有繁殖能力的成熟植株，具有大的林冠和较高的种子生产潜力，而且干形比一般的植株要好。要保留的母树数量因树种不同会有很大差异，但一般温带针叶树保留2025株/公顷，像冷杉、云杉和松树。（3）为了保护更新应该禁止家畜放牧。放牧牲畜，包括在热带季节性森林里放牛、在林地上放养骆驼和绵羊，破坏了大量树木的更新。放牧对树木的不利影响已经扩大到其他生态系统并对重要的森林遗传资源造成严重威胁。例如，在澳大利亚东南部地区的部分地区，沿河桉树种群因为牛、羊的啃吃而更新不良。此外，瓦努阿图热带森林保护低地里的白木树（北埃法特岛）种群，尽管土地所有者强烈渴望保护这个种群，但其更新遭到失败，原因就是幼树被放牧的牛吃掉了。在大多数情况下，单靠物理的措施是不够的，必须与当地居民协商和谈判，防止游荡的牲畜对森林更新造成过度破坏。

4. 政府创造执行环境

从印度联合林业管理和泰国森林基因资源保护中学习到的经验之一是更高层次的当地参与可能导致更有效的森林保护。然而，如果没有政府以执法和不同政府机构间合作的形式予以支持，当地森林管理的这类改善不可能持久。因此，一定要关注政府行动在参与保护过程得出结果方面所起的关键作用。

第一，行政权力下放。

大多数国家保护经验的调查结论显示，集中、自上而下的管理几乎没有什么效果，除非执行时有大量预算和有关团体自愿或被迫接受不民主的保护过程。因此，这表明可以通过在决策过程中强化地方政府和社区的作用来提高公共保护工作产生的影响。将财政、行政和立法权力从中央政府转移到地方机构可以实现这种权力下放。

当特定利益相关群体而非政府官员具有收取收益和决定如何花费的权力时，就形成了一种权力下放或转让形式。在印度联合林业管理地区有实力的关键是自治，因为当地社区能保留全部或部分林产品的收益。在尼泊尔，政府已经将使用权和管理责任授予许多地方的森林使用群体。无论是森林保护，还是当地居民参与公共森林管理和发展他们经营管理能力的自愿性，权力下放已有令人满意的结果。

在与保护相关的新权力与责任下放到地方政府部门和非政府组织的国家的经验表明，行政权力下放既存在机遇，也存在问题。计划与执行较差的权力下放就是将权力授予那些缺乏合理利用权力技能和责任的地方团体。权力下放也可能无意中导致一种情况，即生物多样性保护成本在由当地承担，而所产生的利益却是区域的、国家的和全球的。在大多数情况下，如果当地居民需要改进管理计划和检测保护区域或种群，他们需要生态学家和林务员的支持。

第二，土地所有权和使用权的保障。

缺乏有保障的土地所有权或森林使用权是当地居民不参与森林保护的一个主要原因。正如我们所期待的，没有这些权利的人缺乏可预见的未来，投入劳动力和精力的意愿也会有所降低。一旦当地人获得了土地所有权或者使用权，他们往往对森林保护产生积极兴趣。在非洲，有效的原地保护几乎全是在法律承认土地所有权的情况下完成的。在美拉尼西亚，无可辩驳的森林资源所有权被看作是一个取代原木开采活动的先决条件。

在许多国家，当地团体都有他们自己传统的森林规章制度。当地政府通过正式承认这些规章制度，可以大大激励人们参与到保护工作之中。然而，传统法则的正式承认是一个复杂的问题。考虑到森林的经济价值和森林资源利用的激烈竞争问题，是否给予当地居民所有权或使用权在许多国家是一个备受争议的内容。对于这一点，部分是因为使用权或所有权本身提供不了保证，即新的土地私有者或公有者将采用比先前的政府管理活动更持久、对社会更负责的方式管理森林资源。

第三，支持参与方式的能力建设。

在没有当地居民参与的情况下，森林遗传资源保护可能无法进行，但显然森林可持续利用并不总是需要参与。如果森林遗传资源保护的参与过程必须成功，那么除了由国家提供适当的机构和规章制度规定，以及利益相关人员拥有土地所有权和资源使用权保障以外，利益相关人员受到的教育和其他能力建设形式也至关重要。

参与性森林保护为林业行政人员、决策者、非政府组织和科学家以及当地社区带来很大的挑战。以印度为例，联合森林管理（JFM）策略所面临的问题是农村社区必须克服村庄内和村庄之间的冲突，并且需要与林业行政人员一起工作。行政人员一直受到将部分决策权授予给当地居民，并使自己适应与这些居民之间新的、更平等的合作管理关系的挑战。在泰国东北部，农村居民不得不改变耕作方法，并利用新途径将自己组织起来以防止毁林活动，如烧炭、森林火灾。他们还参与到作为提高森林管理的社区绘图和边界划定之中。与此同时，泰国林业行政人员还必须适应新行政条件，并把更多的重点放在与居民合作方面，而不是单纯的林业技术问题。

尽管印度尼西亚卡扬·门塔让达雅克社区，以及来自坦桑尼亚姆葛俚森林和嘟噜—诶廷巴森林的居民居住在世界上不同的地方，但他们可以分享与非政府组织工作人员或其他外部顾问合作制定森林管理计划的相同学习经验。这两个国家的决策者都有被强制修改土地利用权和土地权法律的经历，从而有助于创造所必需的"执行环境"，使参与性森林管理获得成功。换句话说，每种情况都以自己的方式表明参与引起的社会关系改变，权力重新分配和所有参与人员的新责任。通常，这些变化引起了对新技能、新思维方式和新组织方法的需求。情况研究显示，在参与过程中，不同利益相关人员会面对各种不同的挑战：

（1）社区。社区要经常加强他们自己的组织能力，以获得森林遗传资源保护和管理的责任。这可能包括能力开发，如会议和摘要的记录，或获得林业和保护方面某些技术的培训。对于一些社区，绘出自己的土地区域图和划定森林界限方面的培训至关重要，尤其是可以作为今后监测资源的起点。已获得森林资源使用权和开始创收的社区将必须进一步获取财务责任和共享收益的技术。

许多社区进行的管理和解决冲突的培训，对于补充传统冲突解决方法也有一定的帮助。这不仅是因为参与性森林保护管理通常涉及一些不习惯合作的社区，而且可以发展一些方法确保他们管理的自然资源不会被更强的组织或更好的利益相关团体接管的自然资源的保护方式。因此，必须加强社区能力以审查外部投资者和开发者的意图，包括非政府组织，同时避免对社区不利的外界利益。

　　虽然许多社区经历了挑战，但对社区在森林保护方面的需求不能一概而论。社区需求可以从读、写、算的基础教育拓展到绘图、保护计划或利用地理信息系统（GIS）方面的训练。同样，对于如何最好地组织利益相关人员之间的各种能力培养活动无法给予一个普遍的定义。在一些国家，这一点主要责任在于政府。在其他国家，非政府组织和大学在当地社区的动员和培训中发挥了重要作用，部分原因是政府机构往往缺乏资金和经验，或者是不愿意培养当地社区在行政事务方面的能力。在政府官员抵制与当地社区分享森林管理权力的地区，这种抵制往往也表现为不想分享知识和信息的意愿。这种情况下，在当地社区获得必要的胜任共同管理的知识与技能的机会方面，非政府组织和学术机构的协助是至关重要的。

　　（2）政府机构。大部分发展中国家具有较小的政府林业部门和环境部门，它们通常只有有限的职员和预算，居住在农村地区的工作人员直接代表林业部门与居民交涉。与同部门地位相当的城市同事相比，这些工作人员的教育程度更低，并且他们拥有的决定和决策权通常比在部门等级方面有更高职位的市区同事要少。这种状态意味着，在许多国家，下列两项要处理的挑战对于林业部门至关重要：

　　一是确保所有工作人员对森林遗传资源保护、管理和利用的更多技术领域都有所了解且训练有素。此外，在林业保护中，需要更多参与者了解参与方式及与实施参与方式的途径相关的知识。因此，重要的是，在这些方面对那些和当地社区打交道的工作人员进行培训。

　　二是尝试避免阻碍解决问题和沟通的官僚政治薄弱环节，它不仅存在于工作人员和当地社区之间，也存在于不同层次的工作人员之间。成功的印度联合森林管理（JFM），主要归因于政府部门准许主张改革的官员进行必要和相当激进的变革。

　　因此，只要有可能，就应鼓励林业部门人员参加到与参与方式相关的研讨会和培训班，并利用这些技术实现真正的改变。在印度霍桑贾巴德，关于联合森林管理（JFM）的政府解决方法打印件已经分发到每名工作人员手上，并且开展了培训班以确保所有员工都了解联合森林管理（JFM）是林业部门的重点。在泰国萨蒙，来自许多学科的大学讲师对政府工作人员和不同社区成员进行培训。

　　越来越多的森林面积在当地人的管理之下，林业部门工作人员的政策责任势必降低，因此他们能够集中提供高质量技术的建议。作为森林保护中重要的利益相关人员，林业部门将永远需要有资格监测森林遗传资源参与性保护的连续结果的人员。这项程序的基本内容包括森林清查、产量研究、更新调查、成果评估，以及由于过度开发或有害采伐方法的调整系统等方面的培训。

第四节　中国遗传资源的立法

中国是世界上动物资源最为丰富的国家之一，生物遗传资源储量十分丰富。作为世界上最大的发展中国家，中国与其他发展中国家一样，是一个遗传资源出口国，已成为发达国家利用遗传资源的原料基地。以美国的大豆遗传资源为例，中国拥有世界上90%以上的野生大豆资源。早在19世纪末，美国就开始调查和收集中国野生大豆品种的资源，以培育优质大豆品种。2000年，美国孟山都公司在中国利用野生大豆遗传资源开发了一种"标记基因"，随后在几个国家提交了专利保护申请。该专利申请涵盖了"标记基因"和相关育种的所有大豆及其后代。可以预见，如果申请成功，将直接影响中国大豆的国内和国际市场地位。发生这种情况的原因有很多，遗传资源在中国的损失，以及外部因素只是原因之一。中国国内法律保护不足的现状，迫切的要求我们加快相关法律制度的立法进程。

一、中国遗传资源保护的立法渊源

目前，中国尚无专门针对遗传资源和传统知识保护的国内立法，对相关国际公约亦停留在加入阶段，相关行政法规、部门规章等多以暂行形式公布实施。整体而言，中国关于遗传资源和传统知识法律保护尚未体系化、专门化，专门针对野生动植物、种质资源的单项立法保护远远还不够，相关立法工作有待进一步加强。中国《野生动物保护法》（2004）中规定的野生动物资源属国家所有的原则与《保护生物多样性公约》中所确立的生物资源国家主权原则完全一致，《野生植物保护条例》（1997）的规定对此原则体现则更为充分。2007年，中国颁布了《物权法》，《物权法》规定国家所有的野生动物资源属于国家所有，在保护遗传资源方面也发挥了一定的作用。中国通过了《专利法》第三修正案。《专利法实施指南》和《审查指南》同时规定了披露原则的实施。然而，目前尚不清楚披露原则作为一种防御性手段能否有效地阻止相关侵权行为的发生。2008年，国务院发布《国家知识产权战略纲要》，该纲要构建了遗传资源获取与分享机制的专项任务。在专利实践的基础上，结合中国实际需要，《专利法》第三次修改时将遗传资源的保护纳入专利保护的范围，以进一步完善专利制度。

二、现行遗传资源保护法律规定

《专利法》的第三次修订引入了保护遗传资源，不包括通过非法的方式获取或者通过非法的方式利用的遗传资源，并在专利申请中，建立了遗传资源信息披露制度，建立了有关创造发明的专利性的系统。作为世界上遗传资源最丰富的国家之一，中国积极借鉴相关国家保护遗传资源的经验，多次参加相关国际讨论，以逐步完善国内相关立法。例如，中国专利法借鉴了国外遗传资源的获取和利益分享机制，因而，新专利法规定了违反法律、行政法规等相关规定，申请专利的相关发明创造所利用的遗传资源，是以非法的方式获取或利用的，将不会授予专利。

与此同时，在中国申请的依靠遗传资源而完成的发明专利，必须遵守中国关于获取遗传资源和利益分享的法律、行政法规。它不仅贯彻了《生物多样性公约》关于国家主权、知情同意和遗传资源利益分享的两项原则，而且维护了中国保护遗传资源的国际声誉，促进了国际知识产权格局的健康发展。

鉴于某些相关立法仅存在于法规中，不能满足新专利法"法律和行政法规"的限制性条件，因此有必要尽快提高有关遗传资源和惠益分享的相关立法水平。

第五节　中国农林基因资源管理

一、农林基因资源的商业价值

自古以来，中国劳动人民就有使用农业遗传资源的先例。例如，中国人广泛使用在种植业的生产劳动中确定种子是否良好的方法来决定是否保留这一代种子。中国还成功开发了菊花、牡丹花、百合花以及蚕、金鱼等新品种。随着现代社会的到来，经过生物技术革命，农林遗传资源的人类利用范围扩大，效益不断提高，农林产品种植周期也相应缩短。通过引入特定的基因来改变植物和动物的质量，遗传技术的发展使得培养优良的种子更快、更有效。来自美国威斯康星州立大学生物化学家霍尔博士的生物化学家团队利用这项研究将来自其自然位置的一组基因转移到向日葵细胞中，得到了"向日葵菜豆"，这项研究的成功是来自完全无关的植物物种的遗传物质组合的第一个案例。

现代生物制药的成分在很大程度上依赖农业遗传资源。虽然许多现代药物也是由化学合成的，但其实这些药物原料大多是来自野生动植物。例如，在美国的药物中，有 1/4 含有活性植物成分，通过提取和开发可以从植物遗传资源中获得许多特效药物。例如，长春花的研究人员发现长春花可以用于抗肿瘤，并且疟疾的治疗药物是从大麦中纯化和分离的。

二、国际社会农林基因资源专利保护

从保护国家利益的角度看，世界各国在遗传资源保护立法问题上采取了不同的态度。以巴西和印度为代表的具有丰富遗传资源的发展中国家，在制定了与该国遗传资源保护相关的相对完整的立法后，努力促进修订与公约有关的专利法，贯彻了《生物多样性公约》的精神。

（一）巴西、印度的具体立法

2002 年，印度通过了《生物多样性法》，其中印度制定了一项关于获取遗传资源和分享利益的原则性规定，然后在 2004 年，印度出台了《生物多样性条例》，其中详细阐述了《生物多样性法》的相关规定，并在业务层面制定了一些规则。根据《生物多样性法》，印度修订了《专利法》，在 2002 年《专利法修正案》第八条中增加了一份专利申请文件，要求在申请专利时披露遗传资源的来源，并要求提供"本发明提供的技术信息摘要"。当发明使用遗传资源时，应在专利申请文件中披露生物材料的来源和地理来源。印度专利法还修改了基因资源专利许可、专利撤销等规定。巴西于 2001 年颁布了《获取遗传资源和传统知识临时措施》，其中规定了遗传资源的获取和利益分享制度，该措施第 31 条规定："主管当局应根据本法令的规定，授予因使用遗传资源样本而产生的工艺或产品的工业产权，但根据具体情况，申请人必须查明遗传物质和相关传统知识的来源"。在专利法中，巴西对专利权的授予附加了条件，将专利申请人披露遗传资源和相关传统知识来源作为授予专利的一个条件。

（二）欧盟政策

欧洲共同体及其成员国不认为《生物多样性公约》和《涉贸知识产权协定》之间存在冲突，也不认为《涉贸知识产权协定》的任何条款否定了《生物多样性公约》规定的利益分享原则。欧盟题为《生物技术发明的法律保护》的第 98/44 号指令规定："如果一项发明是基于一种植物或动物的生物材料，或者如果它使用这种材料，则在适当和可知晓的情况下，专利申请应包括关于该材料的地理来源的信息，而不影响专利申请的处理或授权专利的有效性。"2004 年修订专利法第 8 条规定，如果发明使用遗传资源，专利申请应包括发明人收集或接收材料的国家提供的信息。如果提供遗传资源的国家的国内法要求取得遗传资源的事先同意，专利申请应提供证据，证明提供遗传资源的国家已经同意。如果遗传资源的来源国不一致，申请还应注明遗传资源的来源国。

（三）美国政策

美国尚未加入《生物多样性公约》。美国认为，《涉贸知识产权协定》和《生物多样性公约》不仅是不矛盾的，而且是相互支持的。然而，在专利申请过程中，美国对增加披露遗传资源来源的义务持非常谨慎的态度。美国担心，在专利申请中增加对来源的披露的义务将对专利法建立的利益平衡机制产生影响。美国认为，解决这一问题的办法是，除专利制度外，重新建立新的制度，规范各类非法使用遗传资源的行为。美国反对专利法中披露遗传资源来源义务的主要原因是：（1）建立国内获取和利益分享制度，讨论专利披露要求的必要前提；（2）专利法中披露来源的要求会导致不确定性；（3）关于起源国或来源国等信息，在确定发明归属时，基于合同的生物材料保护机制能够有效地监测遗传资源和传统知识的有效利用；（4）违反法律规定的披露义务，其结果是专利无效，这种披露要求给专利局和申请人带来了额外的负担，从而降低了申请专利的不确定的积极性。尽管所有这些理由都有明显的美国利益，但包括中国在内的其他发展中国家在要求披露专利申请中的基因来源时，没有考虑到第四点。

三、农林基因资源的法律保护

中国对农林基因资源的法律保护没有专门的规定，现在还只有在现行的专利法中有些相关的规定。2008 年第三次修订的《中华人民共和国专利法》（以下简称 2008 年《专利法》）和 2010 年 2 月修订的《专利法实施实施细则》（以下简称 2010 年《实施细则》），其中包括披露遗传资源的要求，体现中国作为基因资源大国和基因技术发展强国的地位，具有十分重要的意义。修改后的《中华人民共和国专利法》中，第 5 条和第 26 条中有相关规定：如果发明是违反法律法规、公共利益或者社会道德的，将不会授予申请人专利。如前所述，取得、利用的遗传资源违反了法律、行政法规的规定，并依赖这些遗传资源而完成的发明创造，国家将不得授予其专利。第 26 条中规定发明或者实用新型专利的申请人应当提交请求书、说明书、摘要和请求书。请求书应当载明发明或者实用新型的名称、发明人的姓名、申请人的姓名、地址和其他事项。申请的材料中，申请的实用新型或者发明的说明书内容必须完整明确，并以该技术领域的技术人员认可的为准。必要时应该附图加以简要说明本发明或实用新型的技术要点。

在中国缺乏保护遗传资源获取的专门法律法规的情况下，对《专利法》及《专利法实施细则》进行了修改。毫无疑问，遗传资源获取的有效性以及对源信息披露的三种修改都具有重要的意义。新专利法对授权专利实体条件的修改特点如下。

（一）授予专利的实质条件

一般而言，为了获得发明专利，国家的垄断授权必须符合实质性和正式的条件。其实质条件有两个方面：第一，不违反国家法律，不违反社会道德，不干涉公共利益。《专利法》第 5 条的规定是从专利授予对社会的有益性来考虑的，即只要是损害社会公共利益和社会道德，违反国家各类法律法规的发明创造，不得授予专利。第二，专利的本质要求是指专利的三大属性，并且申请专利的发明创造必须具备一定的技术条件。中国《专利法》第 22 条第 1 款规定，当具备专利的三大属性时，发明和创造应当被准予授予专利权。三大属性主要是指创新性、创造性和实用性。

（二）个别条款

2008 年《专利法》第 5 条中第 2 款作出如下规定："违反法律、行政法规，以非法的方式取得、使用遗传资源并且依赖这些非法获得的遗传资源而完成的发明，不得授予专利。"从语言学的角度看，"违反法律、行政法规的规定获取或利用遗传资源"显然不是授予专利权的实质条件的三种性质的问题。这应属于另一种实质性条件，即遗传资源的获取和使用不能违反国家法律、行政法规，否则不能获得专利授权。但是，原《专利法》第5条已经规定："专利不适用于违反法律、社会道德或公共利益的发明和创造。"本条的规定并不限制发明的类型，即任何想要获得专利许可的A类发明和创造都是合法的，并且包括创建依赖于完成遗传资源的发明。那么为什么2008年《专利法》明确规定了遗传资源的获取和利用的合法性？当然，我们不能排除这是立法者在修改《专利法》时加入了对中国遗传资源价值的一些认识。因此，我们在修改《专利法》时，对遗传资源来源的合法性作出特别规定是很有必要的，但如果我们仔细分析该条，我们会发现该条是违反法律和行政法规的。非法获取和使用遗传资源，它们不是前者与后者的关系。

（三）非法获取遗传资源

中国《专利法》第5条的内容规定了发明创造行为的非法性，也就是说，根据国家法律，要求发明的产品或方法本身就是非法的。不要求本发明之前和之后的行为。在《中国专利法实施细则》第9条中还规定，中国《专利法》第5条所称的非法发明的发明和创造中，国家法律仅禁止实施的发明是不包括在内的。如赌博设备和方法、吸毒、黄色淫秽传播工具等，这些产品和方法都是违法的。

（四）操作性的问题

2008年《专利法》规定，"违反法律、行政法规的规定，取得或者使用遗传资源的发明、创造"，不授予专利权。事实上，关于遗传资源是否非法的具体规定是指关于获取遗传资源的法律和法规。这是一种"方向性"的调节。是否非法获取和使用遗传资源不是专利法解决的问题，而是需要特殊的法律规定。

在解释专利法修正案时，国家知识产权局表示："为了使专利制度与保护遗传资源的制度相匹配和联系，确保专利的授予将有助于实现《生物多样性公约》。"该制度建立了防止发明和创造专利违反中国遗传资源法律法规的机制。《生物多样性公约》规定了利益分享，其中包括分享利用遗传资源所产生的专利技术的商业使用所产生的惠益。如果对被非法利用的基因技术授予专利权，遗传资源提供者将有可能失去分享专利技术商业化利用利益的机会，这无疑会使中国的利益受到损害。

最后，存在一个问题，即专利权具有强烈的区域性，一个国家授予的专利仅在其自己的领土内是专有的，其中遗传资源所在国的好处是可以通过共享利益得到很好的保护，生物技术也可以尽快公之于众。这样的制度设计将有利于中国的基因技术的发展。

所以，完善《专利法》对于森林遗传资源的规定，以及克服以上法律规定的不足显得尤其重要。

第九章　森林生态补偿管理

由于历史的原因，过去我们对森林生态服务功能认识不足，过多地强调了木材的生产，忽略了森林的生态功能，导致过度地砍伐森林，森林面积急剧缩小。中国森林资源有限，同时人口众多，人均森林面积和人均蓄积量在世界排名 120 位。与森林密切相关的生态问题十分突出，包括水土流失、土地沙化、生物多样性锐减等。现在，中国已经高度重视和发展林业产业，重视森林生态保护，我们对森林的认识已经提高到生态与生产兼顾的层面上，因此对森林的生态效益进行补偿就要求更加法律化、科学化。

现在中国实施的重点生态工程在一定程度上就是对过去砍伐森林进行的补偿。然而，由于严格限制天然林、生态公益林的采伐，使其经营单位和个人不能从长期经营中获得直接收益，而且还要为生态公益林的保护、管理付出必要的人力、财力和物力，如果没有适当的补偿，这种公益性经营是难以为继的。为了使天然林、生态公益林经营得以维持和发展，就必然要求社会对生态公益林经营者的经济利益给予合理补偿，以完善林地资源的优化配置，实现生态、社会和经济效益的统一，促进建立完备的森林生态体系，实现林业可持续发展。

中国森林资源大多分布在经济欠发达地区，而森林生态效益的受益者主要是江河中下游地区，这些地区一般属于中国经济较发达地区，其经济发展水平和居民收入水平要远远高于江河源头的天然林、生态公益林保护经营区。受到保护的天然林和生态公益林以发挥生态效益和社会效益为主要目的，短期内无经济效益可言，而且各项管护措施需要投入很多人力、物力和财力加以落实。居住在生态公益林区的林农群众为了全社会的利益牺牲自己的发展机会，而人们过去却在无偿使用森林的生态效益，出现了"少数人负担，全社会受益，穷人贡献，富人享受"的不公平现象。如何给森林生态效益提供者实施补偿，实现生态公平，调动人们保护森林的积极性，加强森林资源的培育和保护，建立起符合国情的森林生态补偿制度，已经是中国不得不面临和解决的重大命题。

第一节 森林生态效益补偿制度概述

一、森林生态效益补偿制度的概念

森林生态效益的概念可谓众说纷纭,有人把它看成是森林环境效益的一种,也有人视其为森林环境效益,称为公益效能。这种说法突出了森林环境效能的"公共物品"的性质。在国外,日本、韩国及美国等一些国家都认为森林具有经济和公益两方面的效能,森林的公益效能可分为环境效能和文化效能。森林公益效能主要包括森林的净化大气、涵养水源、防止水土流失、森林的游憩以及野生动物保护等。

中国许多专家普遍认为,森林生态效益是森林生态系统中生命系统的效益、环境系统的效益、生命系统与环境系统相统一的整体提供的效益,以及由上述客体存在而产生的物质和精神方面的所有效益。有些学者认为森林生态效益是森林生态系统及影响所及范围内,森林改造环境对人类社会效益的全部效用;有些学者把森林生态效益界定为森林涵养水源效益、森林水土保持效益、森林抑制风沙效益、森林改善小气候效益、森林吸收二氧化碳效益、森林净化大气效益、森林减轻水旱灾效益、森林消除噪声效益、森林游憩资源效益等。还有学者从森林生态效益计量角度出发,把森林生态效益定义为在大气环流和太阳辐射的作用下,森林通过物理和化学作用,对生命和环境组成的地球生物圈提供直接和间接的有利于人类的、具有使用价值和"公共商品"特征的森林涵养水源、水土保持、改善小气候效益、净化大气效益等公益效能(不包括木材经济价值)。这类学者指出森林生态效益是大气环流和森林共同作用的产物,即强调了森林生态效益的性质——公益效能。森林生态效益实质是森林资源本身所具有的生态效用性和森林生态功能被利用产生的效益的总和,包括森林涵养水源、水土保持、防风固沙、纳碳吐氧、净化空气、消除噪声、保护生物多样性、增加旅游效益等方面。

中国对森林生态补偿的概念有不同的理解。广义的概念是指对森林生态本身的补偿;对个人或区域保护森林生态的行为进行补偿;对具有重要生态价值的区域或对象的保护性投入。由于对森林的砍伐利用过多,对于林业生态建设和保护的投入在该层次范围内都是属于一种补偿。该层次范围内,不仅包括公益林生态补偿，而且还包括了林业重点工程、森林病虫害防治、森林防火等。狭义的概念是指现在进行的森林生态补偿基金制度所涵盖的内容。国家生态效益补偿基金是对重点公益林管护者发生的营造、抚育、保护和管理付出给予一定补助的专项资金。国家中央森林生态补偿基金制度结束了中国长期无偿使用森林生态效益的历史，开始进入了有偿使用森林生态效益的新阶段，其意义非常重大。按照这样的理解，天然林保护工程、退耕还林工程和重点生态公益林建设都属于生态效益补偿。天然林保护工程和退耕还林工程最初目标是为了恢复森林生态系统及减少洪水、库区泥沙淤积和沙尘暴所带来的负面影响。

西方经济学在论述公共产品及其经济外部性时，除了以福利经济税为代表的政府干预解决方案外，另一部分经济学家坚持认为市场机制在一定条件下可以解决一切问题，包括经济的外部性。有代表性的是科斯的环境产权理论。科斯认为如果交易成本为零，只要产权明确，则无论最初产权是如何分配的，通过交易总量能达到帕累托最优，外部性也就可以消除。如果森林资源的权属明确，则森林资源的培育可以获得额外的补偿，森林环境资源的受益者有义务对所获得的良好的生态环境进行补偿。在产权明确，森林生态环境效益量化的基础上可以通过市场交换实现其生产成本的补偿，保证资金通过市场形成投入与补偿的完整循环。由于森林能够为社会提供的非物质产品和服务是多种多样的，森林生态效益的可市场交换性程度不同，因此积极培育森林环境效益的服务市场，可以从市场交换角度实现生态林业发展的资金自积累。由于森林生态效益的外部效应性和公共产品的特性，不管是否愿意处在同一环境中的人都是受益者，这导致人们不会主动为消费森林生态效益而付费。因此，需要政府采取适当的措施进行干预，解决森林的外部效应及市场失灵的问题。虽然政府的作用是必不可少的，但政府只能部分干预，而且政府应该尽快转变职能，最终还是得靠市场。于是，森林生态补偿制度就成为各国森林资源保护法律制度中不可或缺的部分。

森林生态效益补偿制度，是指国家为保护森林、充分发挥森林在国土保安和环境保护中的生态效益而建立的，通过国家投资、向森林生态效益受益人收取生态效益补偿费用等途径设立森林生态效益补偿基金，用于提供生态效益的森林的营造、抚育、保护和管理的法律制度。森林生态效益补偿法律制度是国家保护环境、保障公民环境权的有力措施，体现了当代中国环境法律的价值取向。生态补偿制度是自然资源有偿使用制度的重要内容之一，即自然资源使用人或生态受益人在合法利用自然资源过程中，对自然资源所有权人或对生态保护付出代价者支付相应费用。该制度是建立在环境资源价值理论、环境经济学与循环经济理论、生态学理论基础上的一种合理的制度模式。

二、森林生态效益补偿的类型

森林生态效益的补偿类型有两种，一是价值补偿，二是实物补偿。

（一）价值补偿

价值补偿，即生产所获得的效益必须能够补偿生产中所耗费的生态资源价值，也就是环境成本补偿。生态补偿是基于生态效应的外部性，使其内部效应和外部效应实现总体经济效益最大化。生态价值补偿总额由生态开发的成本和平均利润的总和决定。由于生态效应既存在于本代人之间，又存在于代际人之间，因此有当期效应与延期效应之分。表示生态的当期效应成本有三种：第一种为污染者或环境破坏者的生产成本和污染治理成本之和；第二种为环境污染给他人或社会带来的直接损失；第三种为环境污染给他人或社会带来的间接损失。延期效应成本也有三种情况：一是污染治理一次性投入；二是污染治理等成本投入；三是污染治理不等额投入。

（二）实物补偿

实物补偿，即维护生态资源的生产能力、恢复能力和补偿能力，它主要是通过抑制森林生态资源的过度开发和鼓励生态资源培植实现的，如义务植树、退耕还林还草等。实物补偿是对生态资源的实物恢复，它可以分为两种情况：一是无偿的实物补偿，即从事生态资源培植的主体不计任何报酬地付出劳动。对于这种情况可以根据其劳动所创造的价值虚拟其实物补偿的价值金额，并把这部分报酬转化为生态保护与治理基金续存，如义务植树等活动所实现的生态资源的实物补偿；二是有偿的实物补偿，即以实际支付劳动报酬和实物购置（如所买树苗等）的多少为补偿的价值金额计量。从实物补偿的模式上来说，又分为两类：一是复原型重置实物资源，就是说破坏多少恢复多少，如砍了一株树再种一株树，并让其恢复到原来的状态。对于这类实物补偿，在扣除资源的时间价值损耗后，返还破坏时所征收的补偿金。二是更新型重置实物资源，就是说所重置的资源具有了更多的新功能，如新培植的树的排氧能力是原来的 2 倍等。对于这类实物补偿，应该根据资源功能综合平衡法则适当调整补偿金额。

三、森林生态效益补偿方法和途径

（一）森林生态效益补偿方法

目前国内外主要有以下几种方法：第一，效益补偿法。其适用于公益林在涵养水源、保持水土、保护土壤、促进营养物质的积累、调节气候、净化空气等方面的效益补偿。主要根据公益林的上述不同效益类型，核算出公益效益经济价值的定量值，以此作为效益补偿的参考依据。第二，旅游费用法。其适用于公益林游憩效益的补偿。该方法是建立旅游费用的游憩需求模型，即将某一旅游地的旅游者所支付的旅游费用（包括他们的时间机会成本）作为内涵价值，通过分析旅游点旅游费用与意愿支付这笔费用的人口总数比例关系，从而把旅游费用（替代价格）和旅游地的使用（需求数量指标）联系起来，求出消费者作为公益林游憩效益的剩余价值。第三，损失补偿法。此方法主要用于因公益林的划分而减少采伐量所带来的经济损失的补偿。森林划为公益林之后，有些公益林区严禁采伐，而有些公益林只允许少量择伐，从而给经营单位造成较大的经济损失。因此，可根据减少的采伐量，按照现行的市场价，将损失的林价部分予以全额补偿。第四，成本费用补偿法。这主要用于公益林管护费用和因公益林经营而增加的各项成本的补偿。由于公益林禁止采伐或只允许少量采伐，使得公益林管护经费难以再从采伐收益中支付。同时，公益林的严格择伐和运输要求也造成采伐工作中的各项成本增加。该方法通过计算上述成本和费用，进而提供补偿依据。

（二）森林资源生态补偿的途径

生态补偿是实现森林资源可持续发展的重要措施，是社会再生产和自然再生产的一个必要环节。它有利于维护产权所有者的权益，有利于实现社会福利的公平，有利于资源产业的持续发展。

森林资源生态补偿通常有如下几种主要途径：第一，对口补偿。这种补偿形式是由森林资源外部经济的受益者或森林资源的破坏者向森林资源外部经济的受损者或森林资源的所有者、经营者、保护者提供补偿，同时要求资源损益的大小比较容易计算，补偿额度也比较容易确定。笔者认为，这种补偿途径方式可行、有效。第二，统筹补偿。即由政府主持进行统筹补偿，该途径主要是运用财政杠杆，通过税费征收、转移支付或财政预算等方式实现价值补偿。在经济发展中，外部经济的受益者不需要向提供外部经济的各方支付任何报酬，就能利用外部性获取这些经济资源。同时，由于资源定价和计量技术上存在的许多难题，在无法明晰产权界限时，往往只能由政府来进行统筹补偿，即由政府建立相应的公共财政体系，实现对森林资源外溢产权的补偿。第三，回避补偿。解决森林资源环境产权补偿的另一条途径是回避补偿，将外部经济内在化。常见的做法是产业延伸和产业合并以及联合经营、股份经营。产业延伸是商品经济条件下实现外部经济内在化的典型方法。产业合并是外部经济内在化的另一种方法，它是将原来存在损益互补关系的相关产业或企业进行合并，这可以有效地解决森林资源的补偿问题。第四，市场替代补偿。即政府制定较为完善的资源核算办法、资源资产评估办法并规定合适的资源折旧率和基本的资源税，把复杂的资源计价问题和资源补偿问题交由市场解决，而产权所有者可以将部分环境资源市场化，进行资源的市场替代开发，实现自我补偿。

四、森林生态效益补偿法律关系

法律关系是由法律规范所确认的当事人之间的具有权利义务内容的社会关系。或者说，法律关系是社会关系为法律规范调整之后所形成的社会关系。森林生态效益补偿制度的法律关系是森林生态效益补偿制度所确认的当事人之间的具体权利义务内容的社会关系。其由主体、内容、客体三要素构成。

(一) 森林生态效益补偿制度的主体

森林生态效益补偿制度的主体是参与森林生态、补偿活动的各种关系人（自然人和法人）。它包括两类：公共主体和市场主体。

森林生态补偿制度的公共主体就是政府及各类相应的机构和组织。由于森林生态经济的公共性，决定了政府作为公共主体参与森林生态补偿活动的必然性和重要性。[①]《中华人民共和国环境保护法》第 16 条也明确规定，"地方各级人民政府，应当对本辖区的环境品质负责，采取措施改善环境品质"，并建议明确地方人民政府是生态赔偿和补偿的主客体。政府之所以能成为森林生态补偿制度的主体还在于其特殊的经济职能和地位，即它处于信息优势地位，特别是具有政策信息的绝对垄断地位（垄断了政策的解释权、控制权

---

① ［美］斯蒂格利茨. 经济学（上）［M］. 北京：中国人民大学出版社 . 1997.

和目标制定规划与引导权）和较强的协调能力，以及超强的监督与奖惩力。政府的职能与地位同样也决定了其职能行使的方式，即通过宏观的政策规划与引导，强化市场的功能，也就是说"政府的职能应该是搞好规划和管理，如果能够拿出一个比较具体的、可行的、带有战略性的规划蓝图，许多事让民间去做，可能做得更好"。另一类公共主体是各类相应的组织机构。这些组织机构在两种情况下产生：一种是由于执行政府职能或共同的公共目标而产生的非营利性组织，如环保委、林业局、环注委等；另一种是在自发的基础上产生的营利或非营利性组织机构，如爱鸟协会等。这类公共主体成为政府与市场或企业联结的桥梁，它在接受政府宏观指导的前提下组织市场运行，为各类企业提供相应的服务，特别是民间组织对维护社会公正和社会公利，弥补市场缺陷和政府调控的不足起到了重要的作用。

市场主体是生态补偿的微观实施主体，主要是指直接与森林生态资源发生各种关系的人。从与生态资源的关系角度看，它可以分为森林生态资源的破坏者、培植者和维护者三类。从生态补偿的利益关系角度看，它可以分为生态受益者（补偿费用的支付者）、受损者（补偿费用的获得者）和公共主体的利益分享者。

（二）森林生态效益补偿制度的内容

森林生态效益补偿制度的内容是森林生态效益补偿制度的当事人的权利义务的总和。森林生态效益补偿制度的权利是指森林生态效益补偿制度法律关系的主体主张其法定利益的可能性。法律规定的主体权利，只有通过主体主张才能实现。森林生态效益补偿制度的义务是指森林生态效益补偿制度对森林生态效益补偿制度法律关系做出一定行为的约束力或要求力。森林生态效益补偿制度的义务是国家强制人们实施适应或满足森林生态效益补偿制度权利的行为的合法手段，是实现森林生态效益补偿制度权利，取得相应利益的前提和保障。

森林生态效益补偿制度的内容分为森林生态效益补偿制度管理主体的权利义务和受控主体的权利义务，具体包括森林生态效益补偿制度的制定权、行政处罚权、物权、环境司法权等。管理主体的义务也称之为职责，包括管理性义务、服务性义务和接受监督的义务。受控主体的权利是指受控主体在森林生态效益补偿制度上为实现自己利益的力量，主要包括参与管理权、森林资源的使用权、保障权、受益权、申诉和控诉权等。受控主体的义务主要包括：遵守和维护法律秩序的义务、服从国家森林管理的义务、服从制裁的义务等。

（三）森林生态效益补偿制度的客体

森林生态效益补偿制度的客体是森林资源的协调，即要实现人—森林资源—经济社会的协调发展，而不是森林生态资源、人或经济发展本身。这是因为：第一，人口、森林资源和经济发展本身是不能衡量其自身的大小与状态的，人口的多少，发展速度的快慢，无法从其自身及其历史比较中得出结论，而只能把它们放在人口、资源与经济社会的协调发展中才能进行比较。如果人口的数量超过了自然资源的承载力，那它当然发展过快，反之则相反。因此生态补偿要实现的人与自然、经济与社会的平衡，不仅包括以生物链为基础的自然平衡和以利益分配为核心的人类社会的平衡，而且更为重要的是人与自然之间的平衡，也就是现代环境发展观所强调的可持续和协调发展。第二，人口、森林资源和经济发展三者的平衡是一个动态的过程。在人与自然的关系上，经历了自然优势阶段、人类优势阶段和人与自然相协调的阶段。当自然占据优势时，人类往往处于屈从的被动地位，自然不仅不是美丽可爱的，而且是可怕的，就像赤手空拳的人面对一只凶残的老虎，不是老虎怕人而是人怕虎，于是人用猎枪让老虎屈从于人，但当遍地都是老虎时，即使有猎枪，一个人也免不了被吃掉的命运。人要努力强化自身的地位和能力，发展为人类优势阶段，这时的人不仅让自然屈从于自己，而且通过自己的创造让自然发挥出了更大的效应。正如马克思在《资本论》中所指出的："以自然的支配为前提，社会地控制自然力以便经济地加以利用，用人力兴建大规模的工程以便占有或驯服自然力——这种必要性在产业史上起着最有决定性的作用。如埃及、伦巴第、荷兰等地的治水工程就是例子。或者如印度、波斯等地，在那里人们利用人工渠道进行灌溉，不仅使土地获得必不可少的水，而且使矿物质肥料同淤泥一起从山上流下来。兴修水利是阿拉伯人统治下的西班牙和西西里岛产业繁荣的秘密。"[①] 但是也正是人类的这种创造造成了自然的无情报复。恩格斯曾尖锐地指出："我们不要过分陶醉于我们对自然界的胜利。对于每一次这样的胜利，自然界都报复了我们。每一次胜利，在第一步都确实取得了我们预期的结果，但第二步和第三步却有了完全不同的、出乎预料的影响，常常把第一步结果又取消了。美索不达米亚、希腊、小亚细亚以及其他各地的居民，为了想得到耕地，把森林都砍完了，但是他们想不

---

① 《马克思恩格斯全集》（第23卷），人民出版社1972年版。

到，这些地方今天竟因此成为荒芜不毛之地。因为他们使这些地方失去森林，也失去了积聚和贮存水分的中心。阿尔卑斯山的意大利人，在山南坡砍光了在北坡被十分细心保护的松林。他们没有预料到，这样一来，他们把他们区域里的高山牧畜业的基础给摧毁了；他们更没有预料到，他们这样做，竟使山泉在一年中的大部分时间内枯竭了，而在雨季又使更加凶猛的洪水倾泻到平原上。"①

解决人与自然平衡的关键是科学技术的进步。自然通过其生物链形成了自己独特的平衡法则和制衡机制。比如森林对大自然的调节，它能调节空气，吸收二氧化碳，放出氧气。1公顷阔叶林一天可吸收1吨二氧化碳，放出700多公斤氧气；还能调节气温、温度，夏季可降温3~4摄氏度，冬季可升温15%~20%；还可降低26%的噪声等等。但是对于一个已经被破坏的环境与生态就不能完全依赖于自然本身的自我修复，因为它们的修复功能连同它们本身一起被破坏和削弱了。要满足人类和其相应经济增长的需要，就必须快速地修复自然，并提升其自我维持的能力和对人类的承载力，这就只有用科学技术的力量才能实现。人对自然的协调和平衡必须以自然本身的客观规律为出发点，否则不但解决不了环境问题，反而会造成更大的环境威胁。

五、森林生态效益补偿制度的缺陷

（一）生态价值观的缺乏

传统森林生态效益补偿制度理论，其背后的根源是经济问题、社会问题、政治问题等综合作用而成。但在众多因素中经济因素始终是第一位，是根本性的。因为人们为了生存，就必须从事物质生产，为此就得与周围环境包括森林资源发生这样或那样的关系。当人们因经济发展而无畏地索取森林资源的速度超过了森林资源本身及其替代品的再生速度或者向环境排放废弃物的数量超过了环境的自洁能力时，便造成了森林生态环境的破坏。现实中森林生态环境的破坏很难得到有效补偿。森林生态问题产生的根源就是人们以发展经济为唯一目标。

经济学对自然资源的基本划分是把自然资源分为可再生资源和非再生资源。森林属于可再生资源，即只要合理砍伐，森林可以砍了再生，生了再砍，

① 《马克思恩格斯全集》（第3卷），人民出版社1972年版。

循环往复，无穷无尽。由于森林所蕴藏的巨大财富，贪婪的人类在利益的驱使下严重破坏了森林。据世界资源研究机构报告，全世界每年有 4000 万到 5000 万英亩热带雨林被破坏。因此，这就要求我们必须界定森林或木材资源的经济价值构成。从传统的劳动价值看，森林资源的价值是市场上对物价格和价值的转化形式。森林资源的价值量取决于市场的需求量和支付能力的大小。效用和稀少是森林资源价值的自然基础，而市场交易则是森林资源价值的社会基础。森林资源价值既要有自然基础又要有社会基础。因此，传统上将森林资源产品——木材的价值定位于其劳动力价值的理念，只考虑到了其社会基础而未顾及其自然基础——森林资源的稀缺性，生长周期性。在市场经济条件下，资源无价或低价将使森林资源的消耗得不到补偿，其最终结果只能是效益低下。而森林资源长时期被无价或低价消耗，最终导致了木材生产企业经济危困的现状。因此，我们必须对森林资源的价值进行全面的评估，以森林资源的社会基础价值和自然基础价值为评估的基点来正确界定森林资源的价值，适当抬高森林资源木材产品的价格，以使森林资源的生产资金能正常循环。

（二）产权制度不健全

改革开放二十年以来，中国林业取得了长足进步，但是由于林业责、权、利三者分离，极大地影响了造林、营林的积极性，制约了林业发展。林权问题是森林资源管理最基础、最核心的问题。大力推进林业产权制度改革，已成为当前最重要最紧迫的事情。市场经济的本质是一种契约经济，生产和交换是借助于生产者之间、生产者与消费者之间的各种契约来进行的，而要使市场有效运行，一个重要条件就是必须明确所有权关系。这是因为：如果林权得不到落实，收益权和处置权得不到体现，森林资源所有者和经营者就不可能有保护和发展森林资源的内在动力。当前中国林业产权制度存在较多问题。我们在实践中可以看到许许多多这样的例子，具体表现如下：

第一，政府部门之间存在着诸多的权益重叠、权益不清或者利益冲突的问题，并且缺乏相应的约束机制。例如：在生态治理方面，1998 年机构改革后，为了统一规划，科学治理，中国明确水土保持的生物措施归林业部门管理，但又明确水利部门有组织水土流失的监测和综合防治职能，从而造成了多头管理，重复投资的现象。再比如，同一工程项目取了多种名称。有的地方同一治理项目，可以从不同的部门要到经费，谁来检查验收就挂谁的牌子。

第二，由于森林资源在中国属于国家或者集体所有，在利益刺激和市场机制的作用下，使用者为获取私人利益而竞相利用，而对于公共利益的投资则竞相蚕食，从而造成资源衰退乃至枯竭，酿成共有地的悲剧。

第三，经营权利受到政府部门不合理的干涉。在产权明晰的基础上，森林资源的控制和使用应当由所有者、使用者来决定，但在许多地区，政府对林业经营权干涉过多，导致其在林木的采伐数量、交货地点，甚至是在交货价格等方面均受到许多不必要的限制，缺乏经营自主权。此外，森林产权的分割、组合、交换也受到政府严格机制的约束。由于林权所有者无处置（销售）产品权，木材收益分配扭曲等原因，林农耕山有责、管理无权、分配无利，严重挫伤了经营管理者的积极性，导致森林资源管理错位。因此，解决政府不合理的干涉行为是改善产权制度环境的重要举措。

（三）补偿范围偏窄

传统森林资源生态效益补偿制度将补偿基金的主体仅限于国家和受益人。国家通过财政拨款来扶持生态林的建设与维护，但国家财政资金极其有限，因而补偿资金严重不足。这导致对森林生态效益补偿资金的投入可能会无限期搁浅。此外，森林资源的受益者绝大部分是居住林区以砍伐森林为生的居民，而这些居民作为资金扶助主体，不仅不会使生态效益补偿制度有效实施，还可能导致这些贫困居民面临生存危机。如果补偿基金的责任完全由国家和受益者承担，那么森林资源生态补偿制度必然会因为国家和受益者不堪重负而流产。显然，把森林资源仅当作客体加以保护，这种传统的森林资源生态效益补偿制度是从功利主义出发来思考问题并进行法律制度设计，其目的仍然是为了满足人类的需求，不承认森林具有自身的价值和生存的权利。这无疑是"人类中心主义"为主导的生态伦理观念。他们忽视了对林木周围生态环境的保护，只孤立地看待林木的保护问题。事实上，森林是一个开放的系统，它与周围的生态环境密不可分。只有把它放在生态系统的整体中来进行保护才是合理的，才能更有效地保护森林资源并发挥其生态效益。将森林资源的生态补偿局限于树木和其他木本植物的观点是缺乏整体主义思维的。

（四）补偿资金渠道不通

2001 年财政部和原国家林业局选择了 11 个省区的 658 个县（单位）和 24 个国家级自然保护区作为生态效益补助资金的试点。从试点的情况看，森林生态效益补助资金全部来源于国家财政拨款。这一方面表明了中国政府对生态建设的高度重视，森林的生态效益已开始得到国家的承认，但另一方面也要看到目前中国的森林生态效益仅依靠政府补助的方式，其筹资渠道过于单一。尚未真正建立依靠政府、社会、市场等多元化筹资机制所应形成的生态效益补偿基金，财政负担重、财政转移支付缺乏稳定可靠性，难以满足中国大约有1亿公顷生态公益林营造与管护的实际需要。全靠国家财政，不但没有调动全社会的积极性，而且使许多地方产生了依赖思想。生态保护补偿不能单靠政府补贴，还需建立补偿制度，健全补偿途径，完善补偿网络。在这个制度下，国家、集体、个人一起上，对外商、个体、私营经济和其他社会投资采取积极鼓励和优惠的配套政策，以促使补偿主体多元化，补偿方式多样化。

（五）补偿标准不规范

就补偿的标准与程度而言，在目前的行政主导体制下，由于补偿标准确定的主要是国家财政支付，没有导入市场运作机制，无法对生态公益林所能提供的生态服务价值充分把握，因而难以科学合理地确定补偿标准。若采用不充分补偿，仅根据森林碳汇的价值对森林资源估价，不计算森林的其他潜在生态价值，则会导致现今森林生态补偿标准过低。因此，财政用于生态公益林补助的资金只具有象征意义，还不足以支付管护费用，而且在经济欠发达地区，地方配套资金难以落实的现象较为普遍，因此就更谈不上生态效益补偿了。现在的森林生态补偿采用一刀切的形式，没有根据实际情况确定合理的补偿标准体系。笔者认为，合理的补偿标准应建立在科学评价的基础上，需要具有一定的经济适应性和社会公平性。例如，在南方地区，其经济发展程度比北方地区发达，林地被划为生态公益林后，其丧失的机会成本比北方地区要大得多，故难以调动人们保护森林资源的积极性。

（六）补偿市场化机制欠缺

中国将森林生态产品与服务补偿问题纳入财政体系，属于质的飞跃，但是要实现真正意义上的补偿还需要一个相当长的时期，这主要取决于国家财政支持能力。今后一个相当长的时期，完全由政府补偿森林生态效益是不现实的，主要原因在于中央财政和地方财政尚难以支撑如此巨大的补偿金额。因此，必须建立可操作性的机制确保资金来源的可持续性。实施森林生态补偿，关键是要找准市场渠道，为生态系统服务开拓市场，减轻政府财政资金压力。森林生态效益市场化机制的最大挑战是把公共利益和私人的激励因素结合起来。目前，中国森林生态效益市场化手段处于探索阶段，仅出现了一些零星的生态效益市场交易的案例。其主要出现在流域水文服务交易和碳汇贸易等方面，而对于建立森林生态效益市场的主体、对象和范围等都没有进行深入、系统的研究。中国森林生态效益价值评估理论和方法尚处于探索阶段，还没有建立一个公认的、完善的核算方法体系，因此森林生态补偿存在技术制约。现在用的核算方法，大多直接利用国外的定价或方法，与中国社会经济现状脱节，这使得评价结果存在可信度低与可操作性差的缺陷。

（七）管理监督力度不够

近年来，林业保护的管理工作取得了一些成绩，尤其是国家林业和草原局派驻各地森林资源监督的管理机构加大了对政府违法征用林地、毁林开垦以及退耕还林工程实施情况的监督，为国家挽回森林植被恢复损失数亿元。但是一些监督管理部门的监督力度仍然不够，对林地用途管理制度、占用林地审核制度的监督力度及对破坏林地案件的监察力度还未落到实处。

中国目前对森林生态效益的补偿并不是真正意义的补偿而仅仅是一种补助。同时在实践中，还仅仅是"部分试点"而不是"全面铺开"，并没能使森林生态效益价值得到完整实现。随着林业分类经营的深入和公共财政能力的增强，中国应按照经营公益林的应得收益确定森林生态效益补偿标准，并逐步将全部公益林纳入补偿范围。目前，在政策执行过程中也存在"生态补偿不到位"，实施的森林生态效益补偿机制没有引入竞争机制和市场机制等问题。为此，国家需要建立完善的、统一的森林生态效益补偿制度，才能确保在公平、合理、高效的原则下，实现森林生态环境保护与建设投入的制度化、规范化、市场化。

第二节　森林生态效益补偿制度立法

一、森林生态效益补偿制度立法意义

（一）平衡地区森林资源发展的不均匀

由于中国是一个贫林国家，人均森林面积和森林蓄积量在世界各国中排在第 120 位以后。① 局部贫困和生态脆弱区导致的跨地区的生态环境破坏，给中国森林生态环境保护与治理带来了诸多问题。第一个问题是生态脆弱区内居住着严重超过其承载能力的人口。据估计中国自然保护区内及其周边社区的人口就超过 6000 万（区内达 1800 万），这个数字甚至超过中国与国土面积接近的加拿大和澳大利亚全国总人口数。这些人口的生存需要直接构成了对生态环境的持续增加的压力。当这些人仅靠这种生产方式去生存，那么执行"谁污染谁付费"的原则便是无用之举。第二个问题是生态环境保护"出力区"（例如上游保护天然林）与生态环境效益的"收益区"（如下游地区）的地理错位。因此，解决这些问题，建立生态补偿制度非常必要。因为一是贫困及生态脆弱区的贫困人口生存压力很大，没有外力支持是难以有力量改善生态环境的。相反"受益区"大多是经济发达地区，它们有能力帮助"出力区"的生态恢复与建设。二是大部分的生态脆弱区的生态环境具有较大的公共物品性质，"免费搭车"也就顺理成章了。三是贫困、生态脆弱区的形成有多种复杂情况。另外，有些地方的长期落后格局与它们所处的不利竞争条件有关。也就是说它们与发达地区的关系中有一些不平等因素，例如初级产品价值长期偏低，如云南省迪庆州，从 1973 年至 1992 年给国家提供平价调拨木材 730 万立方米，等于国家从中拿去木材差价 19.6 亿元，而同期国家给迪庆州的财政拨款仅为 3.8 亿元，这实际是国家对这些贫困地区的经济欠账。

中国森林资源的现状足以说明中国森林环境问题不容乐观，森林的保护需要更多法律制度去维护。森林生态效益补偿制度的建立将更加有利于森林资源的保护和合理利用。

（二）保障国家生态安全

森林是人类赖以生存、发展的基础。当一个国家或地区的森林状况能够维系其经济社会可持续发展时，它的生态才是安全的。科学家认为，一个国家的森林面积达到 30% 以上，并保持较高的质量，就能维护良好的生态环境。当前，中国森林覆盖率只有 16.55%，而且分布不均，质量不高，生态环境仍呈整体恶化趋势，国家生态安全所面临的形势十分严峻。据联合国环境规划署评估，这种损失远大于生态破坏造成的直接经济损失。生态环境的恶化在一定程度上已经制约了经济社会的可持续发展。生态破坏加剧了贫困，影响了社会安定。可见对森林的保护事关国家的生态安全。

---

① 郑易生. 中国环境与发展评论（第二卷）[M]. 北京：社会科学文献出版社，2004.

（三）解决环境冲突

环境冲突理论认为，在没有任何援助和补偿措施情况下，环境冲突自然演化轨迹是：环境冲突→环境侵权→环境妨碍和环境侵害→环境问题→没有责任主体的环境问题→生态破坏→历史性"生态赤字"。而生态补偿就是要截断这一链条，消除外部性对资源配置的扭曲作用，减少"公地悲剧"的出现，减轻"市场失灵"对生态的压力和损害，形成清晰稳定的产权关系、产权机制和生态化的市场运行机制。生态补偿使经济活动外部性内部化，消除传统的不含环境代价的效率分析对生态破坏的刺激、误导和强化作用，挤去"效率泡沫"，准确反映经济活动的各种环境代价和潜在影响。生态补偿在平摊经济活动或环境活动的成本后，易于实现经济效益、环境效益、社会效益的协调统一。

（四）确立森林生态环境补偿措施

鉴于森林的生态效益是不具备商品属性的特殊商品，无法通过市场交换实现价值补偿，若想使其公益性使用价值得以持续，必须进一步完善森林资源法律、法规，建立生态补偿制度。例如，三峡年发电量 847 亿千瓦时，如果每度电提取生态补偿费 5 厘钱就是 4235 亿元，仅此一项就可以保住 28 个像云南省德钦县那样的长江中上游贫困县的原始森林。葛洲坝水利枢纽工程 5 年来发电 1878 亿千瓦时，创造直接工业产值 150 亿元。然而，上游地区却未得到适当补偿，这是极不合理的。

森林生态补偿制度为森林生态环境补偿措施提供了法律依据。反过来，为了确保能长期、稳定地通过政府间的财政转移支付，加强对贫困地区森林生态环境保护的支持，也需要在法律上给予明确规定。另外，需要制定专门森林生态保护法，对森林资源开发与管理、生态环境保护与建设，生态环境投入与补偿的方针、政策、制度和措施进行统一的规定和协调，以保障生态环境补偿制度的建立。

（五）保障森林生态效益资金的筹集

从中国生态公益林建设的实践来看，生态公益林建设资金严重不足，主要体现在三个方面：一是建设初期的造林费用。二是森林管护费用。林业投入费用一方面严重不足，另一方面又投入错位，管护费用投入微不足道，带来的问题是造林多，成活少，成林更少。三是对经营生态公益林的集体和个人投入的补偿，由于没有资金渠道，一直没有实现，严重影响了生态公益林经营者的积极性。现在的保护补偿基本上全靠国家，然而国家的财力总是有限的，以后不可能永远补助下去。因此，我们要变"输血型"补偿为"造血型"补偿。寻找生态与经济、社会的结合点，采取有利于综合发挥生态、经济和社会效益的措施，积极发展生态产业，使补偿做到生态效益与经济效益和社会效益相结合，实现三者共赢。还要建立补偿制度，健全补偿途径，完善补偿网络。在这个制度下，国家、集体、个人一起上，同时对外商、个体、私营经济和其他社会投资要采取积极鼓励和优惠的配套政策，以促使补偿主体多元化，补偿方式多样化。

（六）保障公民享有环境权、生存权和发展权

森林生态效益补偿制度的建立与发展，从其内在的价值取向而言，正是协调诸种权利形态之间的冲突，主要是协调公民环境权与生存权、发展权之间的冲突。随着环境污染的日益加剧，"生态环境危机"成为威胁人类生存和制约经济发展的直接因素，人类开始意识到生态环境与人类的命运息息相关，人类应该尊重自然，与自然和谐相处，只有保护生态环境，才能使人类生活在舒适的环境中。《人类环境宣言》明确宣示："人类拥有在良好的环境中享受自由、平等和适当生活条件的权利，同时也负有为现在及未来保护和改善环境的责任。"而生态效益补偿机制的建立正协调了这三种权利之间的矛盾。通过这种制度的建立，国家对生态公益林的经营者的经济利益给予合理的补偿，使经营者的生活和生产经营得以维持和发展，并维护了他们的生存权和发展权；同时，由于林区居民的生存权、发展权得到了保障，也就维护了公民的环境权。因此，就森林生态效益补偿制度这一现代法律制度的终极价值取向而言，协调环境权与生存权、发展权的冲突乃是这一制度产生与发展的价值动因。实行森林生态效益资金补偿，不仅是为森林资源的保护管理提供资金来源，而且为公民享有环境权、生存权和发展权等基本权利提供了可靠保障。

二、中国森林生态补偿制度的立法进程

中国森林生态补偿制度经历了一个从政策个别调整到国家立法普遍调整以及个别地方立法试点先行的渐进过程。

中国政府重视森林资源管理工作，在 20 世纪 50 年代，就提出了"青山

常在，永续利用"的森林资源经营管理原则，并利用增加营林投资、税收优惠等多种手段刺激森林资源经营管理。1953 年，中国就建立了育林资金制度。这一制度的建立，对中国用材林的发展起到了积极的促进作用。

自 20 世纪 80 年代以来，中国有关森林生态效益补偿的政策立法文件相继出台。1981 年，中共中央、国务院《关于保护森林发展林业若干问题的决定》提出了要建立林业基金制度。同年，全国人大颁布了《全民义务植树条例》，要求每个公民开展义务植树活动，对没有履行义务植树的公民缴纳绿化费，还规定公民享受森林生态产品与服务需支付一定数量的货币或者劳务。1985 年，林业基金制度正式作为一项法律条文写入了《中华人民共和国森林法》。继后中国进一步扩大了育林基金的征收范围，不少地方根据这一文件将征收育林基金的范围扩大到防护林和经济林等生态林。随着中国社会和经济的不断发展，以及育林基金制度的不断完善，中国建立森林生态效益补偿制度时机已经成熟。

进入 20 世纪 90 年代，森林环境有偿服务机制在更大范围内得到认可。1992 年，国务院批转国家体改委《关于一九九二年经济体制改革要点的通知》（国发〔1992〕12 号）明确指出：要建立森林生态效益补偿制度，实行森林资源有偿使用。1992 年末，原国家林业部邀请有关部委对中国 13 个省的林区进行考察，决定建立森林生态效益补偿机制。1993 年，国务院《关于进一步加强造林绿化工作的通知》指出："要改革造林绿化资金投入机制，逐步实行征收生态效益补偿费制度。"1994 年，《中国 21 世纪人口、环境与发展白皮书》中也提出要建立森林生态效益补偿使用制度，实行森林资源开发补偿收费。1996 年中共中央、国务院《关于"九五"时期和今年农村工作的主要任务和政策措施》（中发〔1996〕2 号）提出："按照林业分类经营原则，逐步建立森林生态效益补偿制度和生态公益林建设投入机制，加快森林植被的恢复和发展。"1998 年《森林法》修正案中明确规定："国家设立森林生态效益补偿基金，用于提供生态效益的防护和特种用途林的森林资源，森林的营造、抚育、保护和管理，森林生态效益补偿基金必须专款专用，不得挪作他用。"1998 年"三江"特大洪灾之后，中共中央、国务院在中发〔1998〕15号文中确立了"封山植树、退耕还林"的方针。继后国家通过无偿向退耕户提供粮食、现金、种苗的补助措施，在长江上游、黄河中上游等较大区域开展退耕还林的政策试点。

2000 年，国务院颁布的《森林法实施条例》规定：防护林、特种用途林的经营者有获得森林生态效益补偿的权利。由此可见，森林资源环境产权补偿有许多相关政策可依，并且这些相关的政策在不断地健全和完善，为森林资源环境产权补偿机制的实现奠定了基础。从 2001 年起，为了加强重点防护林和特种用途森林的经营保护工作，提高经营者的积极性，中央财政设立"森林生态效益补助资金"，在全国开展森林生态效益资金补助试点，这标志着中国长期无偿使用森林资源生态价值的历史已经结束，开始进入一个有偿使用森林资源生态价值的新阶段。国家对 11 个省区的 2 亿亩重点防护林和特种用途林先行试点，试点区包括 685 个县级单位、24 个国家级自然保护区。试点目标是：进一步提高试点区域水源涵养林、防风固沙林、自然保护区等的质量，充分发挥森林资源的生态功能；探索重点防护林和特种用途林保护的经营管理模式，找到切实可行的管理措施；总结有效的资金投入机制，探索在社会主义市场经济条件下，处理好资源的保护同社会稳定和区域经济协调发展的关系。

许多省区已经开始着手研究和制定森林生态效益补偿费（税）实施细则。2003 年 6 月 25 日，《中共中央国务院关于加快林业发展的决定》出台，中央政府将加强林业建设作为中国经济社会可持续发展的重要基础，中国林业建设实现了以木材生产为主向以生态建设为主的历史性转变。

2004 年 12 月 10 日，《中央森林生态效益补偿基金制度》正式确立并在全国范围内全面实施。其重点是对公益林管护者发生的营造、抚育、保护和管理支出给予一定补助。基金的补偿范围为原国家林业局公布的重点公益林林地中的有林地，以及荒漠化和水土流失严重地区的疏林地、灌木林地、灌丛地。同时，中央政府将先拿出 20 亿元人民币，对全国 4 亿亩的重点公益林进行森林生态效益补偿。

《中央森林生态效益补偿基金制度》的确立非常及时，它为重点公益林的保护提供了长期的、稳定的资金来源，也使公益林所有者和经营者，特别是广大林农的切身利益得到了有效的保护，提高了他们种树护林的积极性，确保了中国林业生态建设持续健康的发展。但是有偿使用森林生态效益还存在着一些"遗憾"。一方面，尽管森林生态效益补偿基金已纳入中央财政经常性预算，但对于广大社会公众而言，森林生态效益还是一个很新的概念，较低的公众认知率直接影响这项制度在全国的推广。另一方面，中国现在的森林覆盖率已近 23%，如此大面积的森林养护和培育，仅依靠政府基金的支持是不够的。到目前为止，全国已有部分省、市出台了生态公益林建设和补偿办法。尽管如此，由于森林生态效益补偿制度本身所涉及问题的复杂性，在实践中仍然有许多问题。

2017 年，国家又颁布了《国家级公益林区划界定办法》（林资发〔2017〕34 号）、《国家级公益林管理办法》（林资发〔2017〕34 号）。2019 年，为保护重点公益林资源，促进生态安全，根据《中华人民共和国森林法》和《中共中央、国务院关于加快林业发展的决定》，财政部建立中央森林生态效益补偿基金。2020 年，十三届全国人大常委会第十五次会议表决通过了新修订的《中华人民共和国森林法》，自 2020 年 7 月 1 日起施行。新修订的《森林法》对于践行绿水青山就是金山银山的理念，保护、培育和合理利用森林资源，加快国土绿化，保障森林生态安全，建设生态文明，实现人与自然和谐共生将发挥重要作用。这部新法，正式确立了中国森林生态补偿制度。

第三节　健全中国森林生态补偿制度

森林生态补偿制度应建立在法制化的基础上。首先，需要加强森林生态保护立法，为建立森林生态环境补偿机制提供法律依据，这是建立和完善森林生态保护补偿制度的根本保证。同时，为了确保能长期、稳定地通过政府间的财政转移支付来加强对贫困地区生态环境保护的支持，也需要法律给予明确规定。其次，对森林资源开发与管理、森林生态环境保护与建设，生态环境投入与补偿的方针、政策、制度和措施进行统一的规定和协调，可以保障生态环境补偿机制很好地建立。再次，需要通过立法确立森林生态环境税的统一征收、管理制度，规范使用范围。森林生态补偿急需通过法律将补偿范围、对象、方式及补偿标准等确立下来，所以立法已成为当务之急。笔者认为，中国应制定《森林生态补偿条例》，其目的是规范森林生态补偿行为，统一管理办法，形成权威、高效且规范的管理机制，为加强森林生态补偿工作提供强有力的法律保障，促进森林生态补偿工作步入法制化、规范化、制度化与科学化的轨道。《森林生态补偿条例》应规定强化森林生态补偿管理，坚持"受益者补偿"的原则，为提供生态效益的地区提供资金来源，达到社会的和谐发展；还应规定完善森林生态补偿的资金管理机制，加强各部门之间的协作，明确各自的责任和权利，将专门用于森林生态补偿的资金落到实处。具体应作如下规定：

一、完备的生态补偿机制

建立完备的生态补偿机制的关键是为提供生态屏障的欠发达地区构筑一个发展平台和空间，为其提供发展机会，激活其发展潜力，从而调动全社会参与生态建设的积极性，走生产发展、生活富裕和生态良好的文明发展道路。因此，新的法规应规定允许源头保护区和生态脆弱区招商引资和异地发展，调整产业结构，促进经济发展，并以发展所取得的利税返回，支持这些地区的生态保护和建设工作。而且还可以通过技术援助等方式，虽然不直接投入资金，但可以通过技术的提高，从而增加当地居民的谋生手段，达到改善生活的目的。只有这样，才有利于调动生态保护重点地区发展经济的积极性，增加财政收入，形成生态保护和建设投入自我积累、自我发展的"造血"机制。同时，还应加强部门间的沟通与协调，为补偿制度的实现创造一个良好的、宽松的环境是实现该制度目的的基本保障之一。

森林资源生态补偿机制是一项复杂的工程，涉及林业、农业、水利、环保、财政等多个部门。产权补偿机制的构建，涉及部门间利益关系和利益格局的调整，因此，在补偿机制的立法条文中，还应当明确国家环境保护总局领导下的部门协作管理制度，加强财政、农业、水利、环保等部门的沟通，协调好彼此的利益分配，为补偿机制的最终建立和顺利实施创造一个良好的外部环境。

森林资源生态补偿机制的建立、完善和实施需要大量的技术支撑。基于当前中国在森林生态环境效益监测、计量、补偿方面的研究现状，应进一步在生态环境效益的指标、监测手段、计量技术方法、补偿标准及机制等方面加强研究，应用 GIS 及现代数学手段，提出一整套切合实际、操作性强的技术体系，将绿色 GDP 纳入国家整体核算体系中。为此，森林法应当在前述认可"绿色 GDP"的基础上对相关的技术性作出界定。

二、完备森林生态补偿标准

考虑森林生态效益分类补偿，要科学地确定生态效益补偿的标准。按照新造林及现有林两类森林，补偿标准应考虑以下几个方面：（1）营造林的直接投入。测算用于森林的直接经济投入，新造林的造林成本以及现有林的管护成本。（2）为了保护森林生态功能而放弃经济发展的机会成本。由于生态效益保护的要求，当地必须放弃一些林业产业的发展机会，从而影响当地经济社会的发展水平。机会成本的计算包括生态公益林、退耕还林和天然林保护工程3个方面。（3）森林生态系统服务功能的效益。在确定生态效益补偿标准时，应考虑生态系统服务功能的效益，该效益的计算是生态补偿的基础。因此，以直接投入、机会成本、森林生态系统服务功能的效益为主要依据，就可以初步确定森林生态补偿标准。

除此之外，森林生态效益具体补偿标准还应考虑以下几个因素：（1）地域因素。不同的地域生态系统具有不同的生态系统服务功能。在制定森林生态补偿标准时应考虑地域生态系统的重要性及生态系统服务功能的差异性。具有极重要的生态系统服务功能的区域，如水源涵养、水土保持、生物多样性保护和调蓄洪水等区域应进行重点生态效益补偿。（2）林种、树种。不同的林种、树种具有不同的造林成本，其发挥的生态效益也不同。同一树种，不同的林龄、林分质量所发挥的生态效益也不同。因此，通过综合考虑林种、树种、林龄及林分质量，科学地确定森林生态补偿的标准。（3）造林方式。现阶段中国的造林方式有封山育林、飞播造林和人工造林等。根据不同的造林方式，要综合考虑其造林成本。（4）地方经济发展水平。不同的地区经济发展水平具有差异性，因此制定森林生态补偿标准应结合地区经济发展水平，因地制宜，给出合理的补偿标准。

三、森林战略环评体系

战略环评是科学生态补偿的重要前提。战略环评的对象侧重于制定政策和规划本身，既不同于单个建设项目环境影响评价，又与单个项目环境影响评价密不可分。战略环评应对森林生态补偿政策的有效性作出客观评价。森林生态补偿往往是跨区域、跨流域的补偿，因此可能涉及主客体的分配问题，因利益格局的变化，造成新的生态问题，而战略环评可以通过对森林生态补偿主客体之间的利益分配变化等多种因素的分析，对这种利益格局的变化作出客观的评价，进而对生态补偿本身作出评价。这种评价是十分必要的，以江河上下游生态补偿为例，如果将下游地区的部分收益用于补偿上游地区，那么下游地区是否会过度使用生态资源，上游地区是否会将补偿的费用真正用在生态保护上，这些都需要做具体分析，而这些分析是依赖于战略环评的。

对生态补偿的标准和原则要作出科学的分析。生态补偿的标准和原则是生态补偿政策的重要环节，因此对生态补偿标准作出评价，是生态补偿战略环评的重要内容。目前生态补偿的法律原则有公平补偿原则、充分和适当补偿原则、替代补偿原则等等，生态补偿的标准有多元补偿标准等等。对不同的地区、不同的时间和不同类型的生态补偿采取什么样的补偿原则和标准，还要考虑各地区的经济发展水平和财力状况，这些都是影响生态补偿的政策因素。战略环评就是要对这些细节作出判断。同时，还要对生态环评的具体方式作出评价。另外，区域内和政府间，政府和企业间，企业和企业间，以及企业和群众间，也会产生补偿机制，这些不同的补偿机制所产生的效益也不尽相同。

四、生态补偿的资金保障

2019年，财政部建立中央森林生态效益补偿基金（以下简称"补偿基金"）。中国在立法中明确规定森林资源生态补偿的资金来源渠道，将原有政策和行政法规中的有关规定进一步加以确认；明确森林资源生态补偿的实施途径；将森林资源生态补偿的实施方案作出列举性的规定，为实施细则和地方立法提供参照和法律依据。"补偿基金"是指统一补助标准、统一分配、统一管理制度、统一组织实施。"分级管理"是指对生态公益林工程实施项目管理，实行在政府主导下的项目法人责任制，即项目法人对项目实施全过程负责。

因此，在一些细化的环节上要落实到位，比如采用"报账制"手段投放、控制资金，对项目资金的申报、立项、审批实行分级分工负责制。在具体操作上，可以县（市）为报账单位，省级项目由各县（市）向省级主管部门申请提款报账，中央级项目，由各省向国家林业和草原局、财政部报账；林业、财政主管部门通过报账单据的审核以及抽查核实和验收，根据管理权限，最终确定实际允许报账的金额，并通过严密的资金划拨规范程序，使补偿基金真正用于对生态公益林投资经营者的经济补偿和生态公益林工程建设；要建立项目监督保障体系，必须包括项目责任追究制与赔偿制度，重在完善生态公益林的管理体制，明确各级政府对生态公益林的管理监督职责，明确生态公益林所有者和经营者的管护责任，形成一个科学规范、严密、有效的监督保障系统。

另外就是完善补偿基金的筹措方式。生态效益补偿基金来源，一般主要有三种：财政补助、征税和向受益者直接收取补偿费。财政补助受各国财政收入状况的影响，发达国家补助较多。法国建有森林基金，有国家政府支持，即通过收益团体直接投资建立特别用途税及发行债券等方式开辟林业基金来源渠道。奥地利政府对林业的扶持力度很大，可以说奥地利林业是高投入的林业。联邦政府每年对林业的投资达 50 亿先令。为了创造更接近自然状态的森林，奥地利鼓励小林业主不生产木材，只要其经营的森林达到接近自然林状态，就可以得到相当于木材生产收入额的补助。在日本，森林法明确规定，国家对于被划为保安林（生态公益林）的所有者加以适当补偿。同时，要求保安林收益团体和个人承担一部分补偿费用。瑞典森林法也规定，如果某林地被宣布为自然保护区，那么该地所有者的经济损失将由国家给予充分补偿。英国设立森林林业基金，主要由国家拨款投资发展造林。国外的成功经验表明，财政是充分发挥森林生态效益的物质基础。

目前中国一些省已经采用这类办法，但资金到位率低，不能满足公益林建设的需要。当前中国的森林生态效益补偿资金来源于国家财政预算直接拨款方式，因此向水电、旅游等部门收取补偿费难度大，而且有可能导致部门之间的矛盾。整个生态林业的可持续发展，需要由政府预算直接集中投入为突破口，尽快恢复灾害严重区的森林生态系统，即通过国债，形成能够调节当代人和后代人经济利益关系的生态林业工程投入机制，并逐步以税收方式规范日常生态林业建设、保护的资金渠道，即通过森林生态效益税，形成能够调节生产者与受益者经济关系的生态林业日常经营投入机制。

第十章 城乡一体化与森林资源保护

当前，我国的城乡一体化建设既饱含机遇，也蕴含挑战。而如何在城乡建设中兼顾森林资源的保护，则对我国经济社会可持续发展有着十分重要的意义。所谓"城乡发展"并非仅以经济发展为本位，也更强调以生态环境不断向好为依托。因此，城乡一体化建设与森林资源保护的关系密不可分。

第一节 城乡一体化的基本理论

一、城乡一体化的定义

党的十九大提出，区域协调发展是中央作出的重大战略部署，强调以城市群为主体构建大中小城市和小城镇协调发展的城镇格局，加快农业转移人口市民化。这一决策在构建城乡一体化的都市田园新格局方面将有着重大的意义。城乡发展不平衡仍然是城乡一体化发展中的主要矛盾，加快城乡一体化的发展，是中国重大而深刻的社会变革。在城乡一体化建设的宏观背景下，加强森林资源的保护对经济发展与生态文明建设的实现具有重要的意义。

关于城乡一体化的定义，社会学家、经济学家和规划学家等从不同角度进行阐释。但是，大家一致认为，如果从社会治理角度出发，结合我国实际，应该对对城乡一体化的概念进行界定，从而揭示城乡一体化的实质。城乡一体化的概念我们可以定义为，城乡一体化发展是指主要对乡村的城乡经济社会进行全面发展。城乡一体化发展的内涵是相当丰富的，不仅是农村经济的发展，还包括中国的产业结构、农村收入、公共服务、生活质量、观念更新、文化教育、人与自然的和谐发展、国内发展和对外开放等诸多因素。

城乡一体化发展要逐步改变城乡二元经济结构，其中的重点难点在农村。在工业化初期，广大农村为了支持工业化付出了巨大的代价，城乡差距不断扩大。这不仅使地区间差距不断扩大，也造成相当多的社会矛盾。从长远来看，这并不利于我国经济社会的持续向好发展。时至今日，经过了数十年的积累，我国工业化建设已取得了举世瞩目的成就，但发展不平衡不充分的问题并没随着经济体量的增大而自然解决，反而愈演愈烈。因此，缩小城乡差距，实现工业与农业的协调发展和城市与农村的协调发展的重要性就显得十分突出。

要逐步改变二元化结构，科学制定城乡一体化体系，促进城镇和乡村有序发展，是指通过经济文化等多领域的融合，使乡村同步享受到现代化生活的便利。可以说，城乡一体化并非仅为城市乡村相互结合的结果，也表现为一系列为了这个结果而进行的过程。

城乡一体化不仅仅是法律、政治或文化某一方面的问题，必须整体布局，全面推进。在生态环境领域，我们特别要关注人与自然的关系。森林引入城市，城市建在森林中，体现人类与森林协调发展，这将是城市森林总的发展趋势。我国城市森林的研究虽然起步较晚，但是由于其在统筹城乡森林发展机制上起到重要作用，故而其也是今后研究重点。建设城市森林要考虑诸如城市建和环境保护等多方面的问题。城市生态建设不能仅以市区为焦点，必须由市区向郊区发展，向空中立体发展，向单位、庭院和家庭室内发展，形成以城市为中心，以广大郊区农村和社会单位为基础，以道路、河渠为纽带的城乡结合的绿化体系。乡村以城市经济、技术、生产资料等有利因素为支撑，为传统林业注入活力，使传统林业拥有更广阔的未来。这样，城市生态系统良性循环就可以乡村传统林业资源为保障，既减少了不利因素对城市综合系统的危害，又为大城市创造了良好的环境条件。

新兴的技术在针对城市森林方面的应用上体现在对计算机技术的应用和生物工程技术的应用。比如，生物工程技术可以在较短时间内对苗木进行无性繁殖，实现林木产业化生产，满足城市森林对苗木的大量需求。因而，新技术在城市森林的管理上具有十分广阔的用途，而这也是今后城市管理的重要发展方向。

二、城市生态保护与生物多样性

(一) 城市生态的概念

城市是由人类社会、经济和自然三个子系统构成的复合生态系统。由于人是城市生态系统存在的主体，所以，不论是城市生态系统还是小区域性气候，都不可避免地受到人类的影响。而作为在城市生态系统中生存的动植物和微生物，一方面它们自身的生存与繁衍受城市环境的严重制约；另一方面，它们的种群数量和多样性对城市环境起着不可替代的积极作用。也就是说，保护城市中的生物多样性实际上就是保护人居环境，同时也有利于促进城市生态环境健康有序地发展。

近年来，受环境保护和生物多样性等多种理念的影响，在城市绿地规划中，追求生态效益最大化的呼声越来越高。当前，各国对"绿地"一词的定义和范围有不同看法。在中国，"绿地"一词有着丰富的内涵，其不仅指专用绿地，也指公共绿地以及特殊用途的绿地。《辞海》对其概念进行了更加精准的阐述，即所谓"绿地"是指配合环境创造自然条件，适合种植乔木、灌木以及各类的草本植物，从而形成的具有一定面积范围的地面或者区域。从《辞海》对绿地的定义，我们可以从三个主要方面对这一概念进行细化剖析：（1）由植物覆盖的，诸如花园和草坪等的绿色地面；（2）植物生长占大部分的地块，诸如生活中的自然风景区和湿地公园等的区域；（3）农业生产用地。一般状况下，我们理解的城市绿地属于狭义上的城市绿地，即往往会直接的认为是城市区域内的绿地。

我们基于对城市绿地多样性的研究，会引入景观的概念，来对城市绿地进行全新的解释，即在城市区域内保有的自然景观，或者是某区域被复原后的自然景观。全新定义后的城市绿地，是充分结合并体现了城市的人文景观以及自然景观，同时也是最能够以更全面综合的视角，来展现城市的生态化空间。从功能来看，城市绿地不但能够有效地改善城市的生态环境，维持城市的生态平衡，同时，还能够营造出更加和谐的人文景观，促进城市的发展。

（二）城市生物多样性

城市生物多样性是指城市范围内除人以外的各种活的生物体，在有规律地结合的前提下呈现出来的动植物物种在生态系统内的状况。在全球生物多样性的视角下，城市生物多样性不仅仅是其中的特殊组成部分，更是城市经济可持续发展的资源保障。

任何一种生物都不能脱离特定的生活环境。生物的生活环境由许多生态因子组成，因此包括光、热、风等在内的非生物因子和动物、植物、微生物等在内的生物因素，它们共同影响着生物的生长、发育和分布，也影响着生物的群落特征。因此，生物保护特别要注意对生物栖息环境的保护。就地保护是生物保护最为有效的措施，其基本含义为在原来的生境中对濒危生物实施保护。多类型的自然保护区和风景名胜区都是就地保护的主要形式。因此就地保护对城市生物多样性的维持起着至关重要的作用。

城市绿地是中国保护植物多样性的重要基地。城市绿地作为城市景观的重要组成部分，它是以土壤为基质、以植被为主体、以人类干扰为特征，并与微生物和动物群落相互作用的人工系统，是城市生物多样性的载体。从以往生物多样性保护实践来看，生物多样性的保护大多数以生物物种为核心。基于城市生态系统的特殊性，城市生物多样性的减少、物种的灭绝早已不是自然界的演化过程，直接或间接的人类活动是城市生态系统最主要的干扰因素。

随着城市化进程的加快，不断扩大的城市规模逐渐挤占了动植物栖息繁衍的处所。湖泊、河流等的自然景观由于被过度开发而逐渐被破碎，取而代之的是越来越多的人工绿地被镶嵌在人造生态系统中点缀城市景观。这种状态下的城市绿地，看起来如同海岛，而绿地中的动植物像被隔绝的破碎群落，这使得地带性植被的结构和功能发生了根本的改变。在城市建设中，人类一方面破坏或摒弃了许多原有的自然植被和乡土植物，另一方面又引进了许多外来植物和建造了许多新的植被类群，这使得城市生态系统中物种组成、遗传结构、数量结构非生物因子都发生了改变，属于地带性植被的乡土植物数量锐减，从而严重影响了城市生物之间原有的营养结构和生态过程，使城市生物多样性的稳定性受到影响，城市生态环境日益恶化。

鉴于生物多样性面临的诸多问题，有关的国际组织以及许多国家政府都纷纷采取措施，致力于生物多样性保护与持续利用的研究以改善人类的生存环境。同样，城市生物多样性也与城市人居环境和可持续发展密切相关，保护城市中的生物多样性已受到世界各国的重视。

第二节　城市生态的保护

一、城市生态的保护范围

在以往的研究中，基于保护生物多样性的城市绿地建设目标主要包括五个方面：第一，城市绿地景观。整个生态系统通过景观异质性和时空镶嵌性的方式得到了很好的平衡。在景观的迁移、转化以及扩散中，绿地景观的异质性发挥了重要的作用。在分布均匀的城市环境中，植被的结构多样性能够对空间异质性起到衡量的作用。此外，城市绿地的类型在直接决定植被的结构及其物种多样性的同时，可以通过向生物提供觅食、栖息以及繁衍条件，来对景观的空间异质性进行很好的呈现。对绿地进行多种植物结构的配置，可以在很大程度上丰富城市绿地的景观异质性，丰富并发展生物物种，从而使生物多样性得到保护和发展的同时体现美学效果。第二，绿地生态网络。城市化进程的大步推进，对城市生物的多样性造成了极大的威胁和破坏，这使得原有的生物群落被孤立起来。如果生物群落之间缺少必要的基因交流，群落的生存发展就会受到不利影响。城市绿地在进行系统的规划和建立时，既应当重视对生物多样性的保护，又应当遵循岛屿的生物地理学原理，在充分融合原始自然风光和当地风土人情的同时，提供适合生物群落栖息和生存的环境，避免城市的发展给动植物物种带来威胁。有机的城市绿化大网络的建立，可以促进现有的封闭城市绿地系统向开放式的系统转变，向物种提供良好健康的栖息和生存环境，保持动植物群落自身的生态习性和动植物物种的基因交换。第三，生物多样性的复层群落。由于城市绿化面积有限，足够的单位面积物种数量对生物多样性的构建来说至关重要。所以，在城市森林建设时，要基于对组成地带性森林群落的物种、结构特性以及演化交替规律的了解，依据各种植物在生态上的不同幅度，对植物群落进行合理和优化的配置，构建和扩展生物群落的生存空间，扩充群落内的物种多样性，从而促进高低相间和疏密适当的生物群落的形成和建立，以此来实现对绿地空间资源的充分开发和有效利用。此外，复层结构的生物群落本身的特殊性也有助于形成多样化的生存环境，从而为动物和微生物的栖息生存和繁衍提供适合的场所。由此，日益丰富的生物群落结构和物种的多样化使城市景观愈加丰富，更加接近自然化的城市绿地系统，从而对"水泥森林"造成的景观退化进行弥补。第四，城市生态多样性。乡土植物是经过长期的自然选择，逐步适应本地气候和环境而生存下来的地带性植物。乡土植物的稳定性使得它可以较快地适应由于城市化高速推进而剧烈变化的环境。在长期的自然选择过程中，乡土植物和周边的动植物早已形成了稳定的食物链关系。乡土植物可以为周围的生物提供适宜的栖息环境，因此它们往往可以和周边的动植物和谐地生存在一起，并能够协同进化。因此，地带性植被的引入，将会成为城市的生物多样性格局可持续发展的有效途径，并持续发挥重要作用。第五，人工植被天然化。绿地群落的形成是一个缓慢的、循序渐进的过程。特别是作为顶极群落的自然群落，在长期的自然界的适应和调节中已经形成了很稳定的状态，它不仅具有合理的结构功能，而且还可以进行自我调节。所以，在城市绿地系统的规划和园林的建设中，应该首先遵循生态学的原理，效仿自然群落的机制，对所选取的物种进行合理的优化配置。这样不但能够丰富城市生物物种的多样性，还能够因减少人工成本而降低绿地群落的建设成本，以较低投入实现城市绿地生态系统的构建。同时，生态绿化还应该完善和强化对绿化的源头管理，对种植结构进行有效的改善，进一步提升其自身的稳定性。此外，还可以根据当地的气候和土壤，选择符合当地环境的生物物种，促进绿地的凋落物的有效再利用和生态循环，构建生物群落的自生自消的健康可持续的循环机制，从而实现人工植被天然化。

在对城市森林实施建设时，应当充分考虑对组成地带性森林群落的物种、结构特性以及演化交替规律的借鉴，依据各种植物在生态上的不同幅度，对植物群落进行合理和优化的配置，构建和扩展生物群落的生存空间，扩充群落内的物种种类多样性。此外，因为复层结构的生物群落本身的特殊性，形成的多样化的生存环境，可以为了动物和微生物的栖息生存和繁衍提供适合的环境。

生物群落是否具有稳定性，在很大程度上由生物的多样性和复杂性共同决定。在这里，我们通过对复杂物种结构的建立来重新审视对绿地水体的建设，力求为两栖动物和益虫提供适宜的生长环境，从而构建稳定健康的群落调控机制。所以，在对生态系统进行设计和管理时，我们需要将对病虫害的防治考虑进来，并且利用绿地群落之间的生态分异、生存竞争以及次生态代谢物的再循环利用等作用，实现目标植物和有害生物的动态平衡，以此来实现城市绿地的无公害管控。而系统中的枯木和倒木可以适当保留，以此为野生动物提供适宜的栖息环境，构建健康和谐的生存空间。适当保留原则的应用可以使城区孤立的绿色区域和城郊的自然残留区域充分联系，构建城乡一体化的绿化体系。

二、城乡生态的目标

马克思曾尖锐地指出，实现共产主义必须消灭城乡差别、工农差别、体力和脑力劳动之间的差别。他在 1858 年出版的《政治经济学批判》一书中首次提出了"乡村城市化"这一理论。恩格斯是最早提出"城乡融合"概念的人。他在《共产主义原理》中说："乡村农业人口的分散和大城市工业人口的集中只是工农业发展水平还不够高的表现。……通过消除旧的分工，进行生产教育、变换工种、共同享受大家创造出来的福利，以及城乡的融合，使社会全体成员的才能得到全面的发展。"恩格斯认为实现城乡融合就是：工人和农民之间阶级差别的消失，城市和乡村的对立消失，人口分布不均衡现象的消失，人人平等地享有社会生活的权利并承担相应的义务。

城乡一体化，是充分发挥城乡各自优势，理顺交流途径的双向演进过程，也是以城带乡、以乡促城、互为资源、互为市场、互相服务、互为环境，共同享受现代文明的城乡空间的对立统一。它并不等于城乡一致和城乡差别的消失。城乡一体化强调城乡间人口、技术、资本、资源等要素的交流、融合、贯通，其目的在于把城市和乡村作为一个相互依存、相互促进的统一体，使城乡资源及生产要素自由流动，充分发挥城市和乡村各自的优势和作用，使城乡人口、技术、资本、资源等要素相互融合，逐步达到城乡之间在经济、社会、文化、生态上协调发展的过程。

中国城乡居民享用的公共资源很不均衡。构建现代村庄精神并提高农民素质是现代化建设最重要的内驱力和非经济动力。加强农村精神文明建设对物质文明建设也有重要意义。一方面，精神文化状况将会极大地影响着农民思想意识观念形成、培养和变化。如果思想上得不到跃升，物质层面的提升就不足以代表现代化建设的全部方面。我们希望的和谐社会不仅仅是每个人的物质生活达到一定的标准，而是要从政治、经济、文化各个方面的全面进步。另一方面，农民的思想意识观念又决定着村庄的前途和命运。没有农村社会的全面进步和农村人口素质的全面提高，农村城镇化就没有基础条件。

目前，城乡一体化建设在紧锣密鼓地推进中，有关法律法规也有待完善。

三、城市森林的功能

城市森林是指在城市及其周边范围内以乔木为主体，达到一定的规模和覆盖度，能对周围的环境产生重要影响，并具有明显的生态价值和人文景观价值等的各种生物和非生物的综合体。城市森林作为城市生态环境的重要组成部分，对城市生态环境质量提高和人类健康的维护有着重要作用。

森林类型包括防护林、园林、市区环境林、观赏林、经济林、特种用途林、部分用材林和薪炭林等，而城市森林类型又可分为防护林、公用林地、风景林、生产用林地、企事业单位林地、居住区林地、道路林地和其他林地八大类型。城市化地区人居环境绿地可分为农业绿地、林业绿地、游憩绿地、环保绿地和水域绿地五大类型。城市森林的功能体系可分为生态功能、景观功能、社会功能和经济功能。

（一）生态功能

大城市由于人口密集且工商业集中，因此污染相对严重。森林植物具有很好的吸热、遮阴和蒸腾水分的作用，有助于能够缓解城市的热岛和干岛效应。综合国内外的研究情况，森林能使局地气温降低 3～5 摄氏度，最多可降低 12 摄氏度，增加相对湿度 3%～12%，最多可达 33%。森林在调节温度、湿度和局地气流等方面有不可替代的作用。一棵成年的孤立木每天大约要从土壤中吸收 200～400 千克水，其中 95%以上的水分被蒸腾作用所消耗，树木每产生 1 千克干物质需要消耗 170～344 克水。植物的蒸腾作用需要吸收大量的热量，生长旺盛的森林每公顷每年要蒸腾 800 吨水和消耗 167 亿千焦热量，从而使上空的温度降低和相对湿度增加。所以森林上空的相对湿度比无林地高 38%。同时树木的光合作用吸收二氧化碳释放出氧气，使大气中氧气增加二氧化碳减少，从而可以从更大的范围内控制温室效应。

城市森林能够涵养水源，保持水土。森林有强大的树冠和庞大根系以及良好的土壤结构，因此具有很好的涵养水源的功能。首先，强大的树冠可以使水滴的动能大大降低。森林土壤的地被覆盖物又可进一步的降低林冠水的动能，这样就大大减轻了雨水对地表的冲击力，防止水土流失；其次，森林植被具有强大的根系，这些根系的更新使土壤中产生更多的有利于水分渗透的非毛管孔隙，加之植物枯枝落叶的分解使土壤有较高含量的有机质，因此森林下的土壤具有良好的持水、透水和优化水质的功能。如果城市有较高的森林覆盖率，我们就可将大量的降水通过绿地系统转为地下水，从而补充地下水源。根据北京市 30 年的统计资料，北京年均降雨量 644 毫米，绿地内降水 10%被树冠截留，10%被地面蒸发，5%形成地表径流，75%渗入土壤，北京现有绿地 97 平方公里，每年可减少径流 5668 万立方米，涵养水源 5289 万立方米。

城市森林还可以防风固沙。城市中的防护林带能够作为害风前进通道中的较大障碍物，当害风遇到林带之后，一部分风气流穿过林带，由于树干、枝叶的摩擦和分散，将较大的涡旋分割成无数大小不等、方向不同的小旋涡。这些小旋涡又相互碰撞、摩擦，进一步消耗了气流的大量动能。此外，除去穿过林带的一部分动能受到削弱外，另一部分气流从林冠上方越过林带，迅速和穿过林带的气流相会合，彼此又相互摩擦、混合和碰撞，从而使气流再一次削弱并持续一段时间，直到恢复到原来的气流运动状态，但此时的风速、风力大大下降。

城市森林又可以净化城市空气。据有关研究表明，城市绿化覆盖率每增加一个百分点，可在1平方公里内降低空气粉尘23千克，降低飘尘22千克，合计45千克。没有林木的地方每立方米空气尘埃含量达800毫克，而有林木的地方每立方米空气尘埃含量仅为50至60毫克。城市中有林木比无林木的烟尘含量减少56.7%。据估算，每公顷阔叶林在生长季节每年可吸收1吨二氧化碳，释放0.7吨氧气，每公顷生长良好的草坪每年吸收0.36吨二氧化碳。城市森林对许多有毒有害气体具有吸收净化作用。

噪声也是一种环境污染。长期的噪声污染常常会引发听力衰退、高血压、心血管疾病、神经衰弱等各种疾病和心理变态反应。据测定在120分贝的噪声场所停留一分钟，即会造成暂时的耳聋；而140分贝以上的噪声则会使人成为聋人。绿色植物对声波具有吸收和散射作用。粗糙的树干、茂密的枝叶能够阻挡声波的传送，树叶的摆动能使通过的声波减弱并迅速消失。另外，绿色植物也可以通过对环境中气候的影响而间接地降低或减弱噪声。声波还可以被植物的叶片、嫩枝所吸收。植物的这些部分既轻又柔，这就会使林木具有最大限度的柔韧性和震颤性。粗大的树干还可以通过反射和散射使声音得到削弱。

生物多样性是维护城市生态系统的重要因素。绿地结构愈复杂，生物种类越多，城市森林系统就越稳定。城市森林建设特别强调提高绿地的生态功能，生态功能的发挥是要靠各种植物所组成的植物群落稳定性来实现，而植物群落的稳定是建立在生物多样性基础上的。然而，20世纪中叶以来，人类生产活动对生物资源及其生境的破坏不断加剧，大面积森林砍伐、野生动物捕杀造成水土流失、环境污染等，致使森林资源急剧减少，生态失衡，部分物种快速消失。而城市森林生态结构的构建有益于恢复原有的动植物结构，促进生态环境持续修复。

（二）景观功能

城市森林对提升城市美学价值和文化价值有相当大的作用。运用森林植物的不同形状、颜色、用途和风格，因地制宜地配置有季相变化的各种乔木、灌木、花卉、草坪，形成色彩丰富的城市景观，能够为城市增添自然美。同时，不同城市森林不同的构建模式、不同的植物群落、不同的生态配置也会产生不同的观赏价值。

（三）社会服务功能

森林能提供娱乐、休闲、旅游、保健等多种服务功能。许多森林植物可以分泌挥发性的植物杀菌素，有效地杀灭有害细菌，减少空气中的有害菌数量，净化城市空气。据调查，每公顷阔叶林一昼夜能产生植物杀菌素 2 千克。同时，随着社会生活水平不断提高，人们逐渐认识到森林不仅可提供美的享受，还能促进身心健康。因此森林公园及郊区森林成为人们避暑、疗养和进行文化娱乐活动场所。在森林中进行治疗的方法在医学界被称为"自然疗法"，这也是近年来发展起来的新学科，是指在森林中运动和治疗以保持身心健康的养生之法。近二三十年来，森林疗养业在国外已引起心理学家、生理学家和林学家的高度重视。目前，走向森林、开展森林浴的活动正在城市中盛行。

（四）经济功能

城市森林的经济效益是由商业、旅游业、体育业、文化产业等相关产业来实现的。美国环保专家曾经对一棵树的价值进行估算，如果一棵树的寿命按 50 年计算，那么它释放出的氧气的价值为 3.125 万美元，防止空气污染的价值为 6.25 万美元，防止水土流失、土地沙化及增加土壤肥力产生的价值为 6.875 万美元，促进生物多样性产生的价值为 3.125 万美元，创造的生物蛋白质价值为 0.25 万美元，价值总和约为 19 万美元，而这还不包括它美化环境、调节气候、开花结果产生的价值。

与之相关的，国内外有关专家提出了"绿化经济链"的新理论。这种理论认为以乔木为主体植物的生态环境的改善，必将同时改善城市经济发展环境，使经济充满活力。通过有效的经营手段和途径，人们可以将环境优势转换为经济优势，从而带动周边地区商业、旅游业和会展业等第三产业的快速发展。城市森林也促进城市精神文明建设，培养人们的爱护环境的良好素质，陶冶人们的情操。

四、城市森林的协调发展

城市森林的发展趋势将形成城乡一体化的新格局。城市和郊区紧密相连，相互联系、相互影响、相互促进。城市森林的建设要全面考虑城市建设、农村发展和环境保护三方面。乡村以大城市的经济、技术、信息、市场、生产资料等有利因素为依托，为传统的林业发展注入了新的活力，使传统林业具有更广阔的发展前景。乡村传统林业的资源、环境又为城市生态系统良性循环提供保障，为大城市创造了良好的环境条件，减少了不利因素对城市综合系统的危害。

有学者认为，建立城乡一体化的森林生态系统，应进行大区域绿化。所谓大区域绿化，主要包含以下三方面的内容：（1）城区的绿化、美化、园林化以垂直绿化为主体，缓解城区的热岛效应；（2）近郊的风景林、防护林和用材林具有休憩、防护、生产、森林浴等功能，向城区输入新鲜空气和负离子，调节城区的生态环境，服务于城区生活、文化和生产；（3）远郊的森林公园和环城林带建设则旨在改善城市的景观格局，维护城市的生态安全，疏散人口，限制城区的无序蔓延，有利于与周边的地区形成绿色廊道，构筑城市的绿色生态屏障。

城乡森林一体化发展的重点是退耕还林。退耕还林虽然搞了多年，但实践中仍存在不少问题。新形势下，应积极探索退耕还林的发展新路。虽然现阶段国家没有用于发展退耕还林后续产业的专项资金，但我们应当转变思想、创新机制，积极鼓励公司、企业、集体、个体大户等社会各方主体参与退耕还林工程建设，广泛吸纳社会资金，解决后续产业发展资金瓶颈问题。同时，也要通过企业化运作和公司化管理等方式，不断提高退耕还林工程的质量和实施成效。在机制运行上，要在明确权属的基础上，鼓励林地使用权的合理流转，允许各种社会主体通过承包、租赁、转让、拍卖、合作经营等多种形式参与退耕还林工程建设。

退耕还林后续产业能否得到长期、有效的发展，其关键要靠龙头企业带动。发展退耕还林后续产业，要树立扶持龙头企业就是扶持退耕农户的观念，强调龙头企业的公益性与经营性的有机结合。龙头企业加工能力越强，对地方经济的拉动力就越大，退耕农户增收就越有保证。因此，地方政府要选择对退耕农户辐射面大、带动力强的龙头企业，从财政、税收、信贷、金融等方面进行扶持，大力推行"公司+基地+农户"的模式，推行区域化布局、专业化生产、标准化管理、集约化经营和社会化服务政策，促进地方经济发展，带动农民脱贫致富。只有这样，退耕还林才能真正见到实效。

第三节　城乡一体化的法律保障

一、城乡一体化的立法

不少发达国家制定了诸多关于城乡森林资源保护和发展的法律。美国于1972年通过的《城市森林法》涵盖了有关城市森林建设和管理的一系列问题。由于城市森林建设涉及的范围广，牵扯的部门多，各部门采取不同的原则和方式，因此很难进行统一规划、统一布局和管理。因此，要加快城市森林的建设，必须进一步完善国家和地方性城市绿化法律法规以及行业规程和技术条例。保障措施应包含城市森林建设的科技保障、经营者的权益保障、城市森林的建设资金保障、城市森林建设工程的招投标和工程监理等等。法律责任应包括侵占城市森林用地、违反绿地系统规划、非法采伐、毁坏城市森林等违法行为的处罚或相关刑事责任。在国家法律、法规和条例的基础上，各级地方政府应结合各自的特点制定地方性的法规。如北京制定了《城市绿地植物种植的若干意见》《北京市绿化补偿费缴纳办法》，上海制定了《上海市植树造林绿化管理条例》《上海市公园管理条例》和《上海市古树名木保护管理规定》等。同时，为了确保不同省、市、县管辖的林区与城市协调地进行建设和经营活动，应将城市森林的边界和不同城市负责人承担的责任义务以规范性文件的形式固定下来。因此，应当制定森林公园管理、林木和林地使用权流转等一系列城市林业法规规章和相应的政策，并逐步将城市森林的规模、分布、质量和功能以及管护经营利用主要措施等纳入法制的范畴，从而确保城市森林资源保护有一个良好的政策法制环境。

二、山区森林资源保护措施

首先要开创山区综合开发森林资源新格局，制定山区综合开发的法律措施，立足现实，突出重点，综合考虑区域代表性地方积极性等因素，探索建立不同区域开发联合机制，做好林业综合开发规划编制和项目设计，争取国家资金和项目安排上的倾斜。其次要加强农业综合开发林业项目布局和管理工作。林业生态示范项目要进一步整合现有生态工程区域布局，集中资金、突出重点、注重实效。在建设项目安排上，要积极探索国家投资造林的新模式、新机制，努力走出一条生态改善、经济发展、农民增收的新路子。

科学管理系统的建立，是使森林资源保护城市一体化得以保证的主要手段。比如，美国通过立法成功地建立了城市行道树的编目与分级系统。该系统管理中心利用每年对林木的调查资料和数据库信息，编制预定管理计划。行道树编目分级系统建立在树种调查基础上，调查范围包括其位置、生长状况、维护记录等。所有的资料输入计算机后，技术人员可随时查询并决定当年的工作量。目前，全美有 23%的城市配备计算机管理系统。又如，1997 年中国林业科学研究院热带林业研究所将 GIS 技术引进城市林业研究，建立了广州城市林业管理信息系统（GZUF MIS）。该系统具有采集、管理、分析和更新多种区域空间信息的能力，共分为 6 个子系统，即公园管理子系统、行道树管理子系统、绿地管理子系统、市郊森林管理子系统、管理机构管理子系统、法规文件管理子系统。该林业管理信息系统可以文字、数据、图形、报表、录像和声音等方式输入、存储、显示、输出绿化系统各类信息，并能被研究人员及时查阅、检索、修改、删除。

森林公安队伍的建设和管理是关键。加大森林派出所基础设施装备建设，实施科技强警战略，完成森林派出所的所址建设，完善金盾工程建设，规范执法程序，落实执法责任，健全执法保障，完善城市林业行政执法工作运行机制。全面提升森林公安工作的水平和森林公安队伍的战斗力，才能成为城市森林资源保护和发展的有力保障。

第十一章　森林资源的跨国保护

第一节　遗传资源的跨国保护

一、遗传资源在国际上的法律地位

在 3500 年前，出现了历史上最早的生物采集行为。当时的埃及统治者在结束军事征服之后，就开始把被占领地的植物带回埃及。其实，生物勘探行为从来没有停止过，尤其是在殖民地时期。帝国主义国家紧急利用殖民地统治的方便，从其所属殖民地搜索可以作为农作物、食品和药物等的生物资源。殖民地国家斗争的历史，就是西方殖民国家为了本国的利益，侵占和掠夺殖民地国家自然资源的历史。但是，在经历了民族解放运动以后，诸多发展中国家开始成立，生物勘探行为并没有停止，反而愈演愈烈。究其原因，可以借鉴发达国家所秉持的遗传资源是人类共同遗产的观点。此观点认为：鉴于遗传资源的稀缺性，反对任何一个国家对遗传资源的排他控制，以实现对遗传资源的帕累托最优利用和效益最大化。发达国家自由获取位于发展中国家境内的遗传资源并加以开发利用，最终达到服务于全人类的目的。在此理论下，生物剽窃行为被披上了合法外衣，发展中国家的遗传资源可以自由地获取。联合国粮食与农业组织（以下简称"粮农组织"）在 1983 年 11 月 23 日通过的《植物遗传资源国际约定》对该观点予以认可。其在序言部分就明确规定了植物遗传资源是人类遗产。因此，可以为了当代以及后代的利益不受限制的获取。从其规定来看，人类共同遗产具有以下特征：首先，对人类共同遗产来讲，任何国家都不得对其提出主权要求。生物剽窃者认为，获取遗传资源无须经过发展中国家的事先同意，因为广大发展中国家对遗传资源并不享有主权。其次，人类共同遗产可以供所有国家公平开发。基于此，西方发达国家的育种公司以及制药公司等机构通过大肆在发展中国家开展物种搜索，从而建立自己的"基因银行"。生物剽窃者对人类共同遗产进行了扭曲的、片面的解释。"人类共同遗产"这一概念的提出主要是基于对一些发达国家试图通过扩展领土、从而占有全球公域并大肆开发其资源的担心，新独立的国家（20世纪六七十年代以后）却想分享对其他主权国家管辖范围以外的资源开发利用。1967年，马耳他常驻联合国代表团在联合国大会第22次会议上提议，应该增加二项议程——将国家管辖范围以外的海床、洋底及其底土以及自然资源认定为"人类共同遗产"。并解释了提出这一提案的原因：在一些发达国家中，新技术日益发展的背景下，海床与洋底将不再是国家管辖范围以外的区域，相反，这一区域将迅速成为国家占有与使用的对象。此外，发达国家极可能通过投放军事设施使这一区域军事化，并进一步为其本国利益开发这一区域的资源而忽视该等资源对全人类的巨大潜在利益。从本质上看，人类共同遗产可以保护地球资源，并且可以将其传递给子孙后代，不能造成对该等资源的破坏。因此，人类共同遗产的内涵还应包括为了全人类的利益，为了和平开发利用、妥善管理以及利益分立的目的。通过管理局的设立，海洋法公约将对国际海底的开发、利用纳入有序管理的体制之下，并且也体现了上述内涵。但是，生物剽窃者利用现代知识产权制度获得了对遗传资源及其衍生品的垄断权利。这样一来，广大发展中国家将很难从遗传资源的保护中获得经济利益。这违反了人类共同利益原则关于平等分享利益的内在要求。

二、专利法保护

通常情况下，生物勘探的流程可以分为七步：（1）生物资源信息搜索；（2）调查；（3）材料筛选与测试；（4）进一步调查；（5）产品测试和开发；（6）专利申请；（7）商业销售。由此观之，生物勘探者会先利用生物技术对其获得的遗传资源进行改良或提纯，而不是原封不动地提交给专利主管机关并申请专利保护。因为生物剽窃得以获利的关键就在于其所研发出的新物种或产品能够得到专利法的承认，所以他们一般会研发出新物种或者可以向消费者出售的产品，在专利权保护的客体上体现为从"方法发明"扩大到"制品发明"。生物技术涉及的对象主要包括动物、植物与微生物二类。微生物、植物及动物的新品种的专利法保护分为：

第一，微生物新物种的可专利性。1972年，微生物学家查克拉巴蒂发明出一种能够快速分解石油的细菌，并基于此项发明提出了专利申请。由于自然存在的细菌均不具备此种特性，因此，此项发明能否获得专利保护对处理原油泄漏问题具有重要的意义。查克拉巴蒂针对此项发明提出了三项权利主张：（1）对这种细菌的研发方法提出专利请求；（2）由可以在水上漂浮的物质构成的接种质；（3）就使用该等细菌主张专利。前两种主张均得到认可，但第三项权利主张被拒绝。查克拉巴蒂遂向专利局上诉委员会提出上诉，但是，上诉委员会认为这种细菌的特性在自然状态下并不存在，以"有生命的物质不可获得专利"为由驳回了查克拉巴蒂的请求。查克拉巴蒂到关税与专利上诉法院继续上诉，本案在关税与专利上诉法院的上述进程十分波折。因为该法院之前已经有先例确认"有生命的微生物不得获得专利"这一规定，但在审理查克拉巴蒂案时，法院却推翻了先例。最后，案件在最高法院的审理也推翻了该先例，并且发回关税与专利上诉法院要求重审，关税与专利上诉法院遂撤销了其对查克拉巴蒂案的原判决，并将其与先例合并审理。经过重审，关税与专利上诉法院对查克拉巴蒂案维持原判，并认定查克拉巴蒂发明的细菌应该获得专利保护。专利与商标局申请对该案的调卷令，此案件遂来到最高法院这里。美国最高法院在审理本案时需要解决的是"有生命的微生物能否获得专利"这一核心问题。伯格大法官认为《专利法》中"可专利的发明"并没有排除人造微生物的可专利性。原因如下：（1）"制品"以及"物质合成"的概念较宽泛，立法者的本意在于扩大"可专利的发明"的范围。（2）能否获得专利的关键在于该项成果是自然的产物还是人为的发明。查克拉巴蒂发明的细菌并不存在于自然状态下，并且满足了专利的各项要求。所以，该项发明应该被授予专利。尽管该判决并没有消除争议，但是，其构成了美国生物专利制度的基石，并为其后关于微生物、动植物本身获得专利保护打开了方便之门。

第二，植物新品种。从国内外立法来看，关于植物新品种的保护主要包括两种方式：（1）专门法保护；（2）基本法中关于专利保护的特别规定。传统专利制度对植物本身并不保护，例如，从中国《专利法》的规定就可以看出，动物和植物新品种并不能被授予专利，但对动植物新品种的生产方法可以授予专利。该规定的原因在于：（1）植物是自然界的产物，而自然界的产物是不得被授予专利保护的；（2）以《巴黎公约》为基础的普通专利制度，在制定时即以无生命的工业产品的技术方案为保护对象，具有生命和繁殖特性的植物新品种当然不在其保护范围；（3）传统专利法一般要求专利申请人在专利申请书中详细地介绍其新发明，这对于植物新品种来说是极有难度的，因为植物之间的区别，并非几段文字就能简单说清楚的。植物育种者的权利保护请求的确具有正当性，因为获得一种植物新品种，需要进行大量的科研实验以及投资、研发，而且研发出来的新品种还很容易通过留种进行栽培传播。国际社会于20世纪早期就已经开始着手建立对植物新品种的各项法律保护。例如，美国于1930年通过了《植物专利法》，该法确认了对通过无性繁殖进行培育的植物新品种进行保护。为了使植物新品种获得植物专利保护，《植物专利法》相较于普通专利法放宽了对"说明"的要求，要求为"尽可能合理地完整描述即可"，该法直观地体现了植物新品种的专利保护方式。植物新品种的立法进程较为缓慢，各国规定因国情相异而各不相同。经济全球化的趋势迫切需要一部具有同一法律约束力的国际条约对相关贸易进行规范。1957年，第一次植物新品种保护外交大会在法国召开。1961年，《国际植物新品种保护公约》诞生，该公约于1968年生效，其后该公约又经过多次修改而日益完善。1997年，中国亦颁布了《植物新品种保护条例》，该条例基本反映了《国际植物新品种保护公约》（1978）的要求。

第三，动物新物种。目前，各国专利保护范围均呈现扩张趋势，该趋势使得动物新物种逐步获得可专利性，而使其成为专利保护的客体。美国基于其立法的前瞻性和判例制度的灵活性在扩大专利保护范围方面一直走在世界前列，如最著名的动物专利案例即为美国的"哈佛鼠"专利案。近年来，各国受经济全球化和科技飞速发展的影响，专利制度日益受到重视。在商业利益的驱动下，遗传资源和传统知识的规模化应用随之而来，专利保护的问题亦逐步提上立法日程。

三、传统知识的冲突解决

传统知识包括基于传统的文学、艺术或科学作品，表演，发明，科学发现，外观设计，标记、名称和符号，未公开信息和所有其他在工业、科学、文学或艺术领域内产生的基于传统的发明和创造，同时，其将"基于传统的"进一步解释为"知识系统、创造、创新和文化表达一般地从一代传向下一代，通常被认为与特别的民族和地域有关，并随着环境变化而经常地演化"。所以，"传统"并非与知识的性质有关，而是与其被创造、保存或传播的方式密切相关。根据知识产权与遗传资源、传统知识和民间文学艺术政府间委员会第十二届会议所形成的文件《保护传统知识：差距分析草案（修订）》得到法律保护的传统知识应具备如下条件：（1）其产生、保存和传播具有传统和世代相传的特点；（2）与世代保存和传播该传统知识的传统或土著社区或人民有显著联系；（3）属于被公认持有该知识的土著或传统社区或人民的文化特征的组成部分，这些传统社区或人民是通过保管、监护、集体拥有或文化责任，被公认持有该传统知识的。这种关系可能已经正式或非正式地体现在习惯或传统做法、礼仪或法律中。但是，传统知识所具备的上述特征使其与现代专利制度格格不入：首先，传统知识具有集体性，这种集体性体现在某项知识或技能往往是一个社区累世经年的经验总结，考虑到社区内部个人的地位、等级的差异，很难确定一项传统知识的发明人，尽管专利制度允许共有关系的存在，但是传统社区同样有自己的一套习惯法则，共有关系能否被社区全体接受还有待进一步考察；其次，传统知识获得专利就要面临被公开的风险，值得注意的是，某些传统知识在社区内部具有神圣的宗教色彩，社区成员并不希望对外公开；传统知识面临的最重要的挑战是知识产权的获得需要满足新颖性或创造性等实质要件，传统知识的形成已经经历了成百上千年的历史积淀，传统知识的内容已在社区内部公开，其新颖性或创造性的证明存在困难，也正基于此，西方国家以传统知识已经属于公有领域为由，拒绝授予传统知识以专利。单纯从可行性方面论，传统知识如何在实践中获得专利保护便是亟须解决的难题。首先在专利申请中，申请人须提供一整套证明其发明在先的材料，而传统知识则往往是以口头形式世代相传。其次，社区无法用现代科技语言描述其欲申请的专利，即使获得专利，社区成员的分散性亦使得专利权人在其专利被侵权时要承担的维权成本成为不得不面对的问题。

第二节　与贸易有关的知识产权协议

一、《生物多样性公约》的相关规定

在发达国家中，其产业界在持续不断地进行生物资源的勘探和掠夺的同时，出于商业的目的来对发展中国家的遗传资源进行开发和有效利用，造成了发展中国家遗传资源的持续耗竭，使得生物的多样性遭受到了严重的破坏。鉴于当前的现实状况，使得我们必须尽快制定并实施合理的国际以及国内的法律制度，来解决面临的危机。但是，此类国际性的事件需要发达国家和发

展中国家之间，在涉及国家、产业、经济、科学以及非政府等方面给予友好配合和合作支持。因为全球主要的生物资源都分布在南半球的发展中国家，而发达国家则又主要位于北半球，主要对生物资源进行商业开发的国家恰恰是这些发达国家。并且，由于产业界是依据知识产权的制度来确立各自产业的垄断权，所以他们可以通过回收已有研究再次开发投资，在一定的时期内取得一定的收获。鉴于此，各国在对《生物多样性公约》的制定和缔结过程中，需要将现有的知识产权制度考虑在内。众所周知，对生物技术的开发研究，以及基于对该技术背后的衍生产品的研究，都会受到知识产权的保护，以此来推动技术上的革新。因此，知识产权是否能够得到南北半球诸国的承认和认可，将直接影响到这项国际公约的谈判和制定结果。

基于以上的分析，我们可以看出，在这场国际公约谈判中，对遗传资源所有权掌控的问题上升到了白热化的阶段。因为当前还没有对遗传资源所有权的相关法律规定条文，这更加助长了发达国家的掠夺行为。对于发展中国家来说，位于北半球发达国家的企业在南半球范围内无偿获取本不该属于他们的资源，这一行径已经招致了许多发展中国家的憎恨心理。此外，发达国家还假借道德义务之名，对南半球的发展中国家提出了加强生物资源保护的要求以及持续利用的发展模式。后期，发展中国家在进行关于《生物多样性公约》的国际谈判的过程中，对共同遗产的理论表示了强烈的一致性反对。与此同时，他们还提出本国拥有境内生物资源的受益权的口号。在遗传资源和信息行使方面，该权利的提出是为了对发达国家进行限制。在这次谈判中，发展中国家和发达国家相互讨价还价，基于公平合理的原则最后达成了共同协议：双方本着公平合理的原则，为了更好地利用这些遗传资源，将共同分享从遗传资源的使用中取得的效益。在这项公约中，为了对北半球的发达国家在发展中国家境内进行无偿的生物资源勘探采取一定的限制策略，南半球的发展中国家向发达国家提出了分享他们在遗传资源价值的技术研究之外，还提出了对发达国家在开发出来的相关产品上取得的部分收益的要求。因为这两个重要方面，才促成了这次公约的顺利缔结。虽然公约中规定了对发达国家在知识产权制度、遗传资源以及类似遗传资源的保护，但是，公约却没有对发展中国家的遗传资源和传统的知识产权进行保护。相反，该公约却试图保持北半球发达国家对遗传资源进行无偿索取的行为。发达国家忌惮发展中国家可能会转让技术，而这将势必对发达国家带来损失。因为这种状况的存在，发达国家才会在公约中提出对发展中国家知识产权制度的尊重和遵守。

虽然在《生物多样性公约》第 16 条第 3 款规定中，有涉及对遗传资源的技术转让。但是，却没有对其做出明确的技术转让的规定。在这条规定中，也仅仅是对缔约国采取立法、行政或者其他的政策性措施做出了规定，但规定本身也是为了方便发达国家获得遗传资源所达成的缔约。此外，在这个条款中，没有对国家义务的履行方式做出相关规定，而是较为模糊地表明义务的履行方式由缔约国双方各自来决定。在《生物多样性公约》第 16 条第 3 款中，对相关的知识产权、专利和技术的保护，也做出了明确的条文规定。公约中的任何义务的制定和履行，都必须以遵守国际法和涉及知识产权的国际法 TRIPS 协议为大原则，同时也应当遵守其他由世界知识产权组织监督实施的多边公约《欧共体关于生物多样性发明法律保护的指令》。在《生物多样性公约》第 16 条第 4 款中，在第 3 款的基础上，为了南半球的发展中国家的政府机构、私营部门的利益，将缔约国的义务扩大到了私营部门，这是为了能够更方便地转让技术。但是，在公约中仍然没有对南半球的发展中国家和私营部门联合进行技术开发或转让作出规定，也都没有对其义务做出相关的规定。假使该义务没有倡导作用，只有约束力，发达国家在这种条约的规定下，势必不会参与公约的缔结。在《生物多样性公约》第 16 条第 5 款中，对北半球的发达国家破坏全球的知识产权制度做出了强调。在该条中，为了确保知识产权制度的成功实施，对缔约国相互之间的协作做出了违背公约的规定。但是，同样还是将缔约国的义务，作出了较为模糊的规定。

现在，缔约国之间仍然存在这些问题却未能解决。所以，在《生物多样性公约》的第 22 条规定中，为了确保维护缔约国在现有国际公约和相关协议中的权利义务，还是将该公约置于国际公约的大框架之内。但是，在现有的国际公约中对缔结国相互权利和义务的规定，会严重威胁，甚至损害生物多样性。在这一点上，上述规定并不符合在《联合国海洋法公约》中规定的权利和义务。需要重点提出的是，在《生物多样性公约》的第 22 条中，提及了符合这条规定的，诸如《北美自由贸易协定》《罗马条约》《马斯特里赫特条约》和《关贸总协定》等现有国际协议。由于在这些国际协议中包含了涉及贸易的国际协议，但是却不是以保护生物的多样性为主要的调整对象。

关于把生物的多样性作为主要的调整对象的重要条约，主要包括《拉姆萨尔公约》《世界遗产公约》和《濒危野生动植物国际贸易公约》等重要条约，特别是世界贸易组织协议中 TRIPS 协议。

二、TRIPS 协议的规定

TRIPS 协议作为世界贸易组织协议中的重要组成部分，其指出："加强知识产权所有人的权利，减少知识产权所有人的义务，这些都是新知识产权制度最重要的特征"。对于生物技术产业来说，知识产权制度很重要。目前，知识产权领域里已经纳入了生物技术，这定会促进生物技术产业的发展。

在知识产权领域，TRIPS 协议于 1995 年初开始生效，是最为全面的多边协议。该协议经由知识产权和贸易协定拓宽了知识产权的范围，并对知识产权要保护的最低标准做出了具体规定。在《关贸总协定》中规定，缔约国必须向知识产权提供最低标准的保护。世界贸易组织的成员国虽然能够提供很全面的保护，但是，这里的保护却不能抵触到 TRIPS 协议中的规定，诸如世界贸易组织的成员国对传统知识的保护，虽然能够受到国内立法的保护，但是却没有在 TRIPS 协议中制定具体的规定条文。对于 TRIPS 协议来说，这减少了国际贸易中的交易障碍和扭曲交易，有效地促进了对知识产权的保护的同时，确保了知识产权在执法程序和具体行为上，不会变成在合法贸易上的障碍。此外，对生产和使用技术知识的人来说，基于互惠互利的原则，这将会极大地促进技术的创新、传播和转让。

作为在知识产权领域里最为全面的多边协议，TRIPS 协议涵盖了知识产权领域的版权、专利（包括植物新品种保护）、集成电路布图和工业外观设计以及测试数据等内容。在 TRIPS 协议中，为了方便各个成员国履行义务，各成员国有一年的过渡期来实施协议，而发展中国家和最不发达的国家，则分别有四年和十年。但是，在过渡期内，各成员国还必须严格履行涉及保护知识产权的临时义务。在 TRIPS 协议中，第 3 条至第 5 条协议，针对外国国民在知识产权领域中的最惠国、国民待遇的两项基本原则，进行了明确的规定。对于最惠国来说，严格禁止对不同外国成员国的成员进行区别性对待。而对外国国民来说，严格禁止对成员国本国的国民进行区别性对待。TRIPS 协议对成员国在知识产权上的行使上做出强制性要求的同时，也向他们提供了合理的司法程序和救济手段。

专利作为知识产权的一个重要部分，将会对《生物多样性公约》目标的实现造成很大的影响。TRIPS 协议对技术的保护制定了相关协议，并且在第 27 条中，对成员国关于具有新颖性、创造性或者工业实用性的所有技术领域的产品和方法的专利保护方面做出了相关规定，并将制药技术在内授予的专利排除在外。TRIPS 协议同意成员国阻止将人类、动植物疾病的诊断和治疗方法及其生产和繁衍方法纳入已经授予的专利。但是，该协议却为微生物提供了在生产方法方面的专利保护。除此之外，TRIPS 协议第 27 条第 2 款还规定了成员国可以将本国境内凡是具有商业利用价值的产品和方法，置于授予专利之外，前提是以保护公共政策、人和动植物为条件，或是为了避免严重损害环境。但是，以上所有的协议，都需要遵守国民待遇的大原则，即使政府方面也禁止对本国或者外国商品实行差别化待遇。TRIPS 协议第 27 条，也对专利做出了相关规定，即很多的发展中国家可以对其发现的有必要修改的专利中涉及的某些技术进行删除。在动植物专利方面，即使协议中规定了成员国对动植物专利的授予可以由本国决定，但是，还是会受到来自这些领域的专利的贸易压力。

对南半球的部分发展中国家来说，其对 TRIPS 协议提出的修改，在能够保障自身分享到发达国家在利用遗传资源获取收益的同时，还能保护好本国的传统知识。以上虽然在 TRIPS 协议中有涉及，但是却与不涉及该问题的 TRIPS 协议存在潜在的冲突。TRIPS 协议为知识产权在国际贸易中提供了法律框架及依据。TRIPS 协议建立了知识产权的最低标准，与 TRIPS 协议相关的争议被纳入世贸组织争端解决机制管辖范围，规定了交叉报复的制裁办法，为履行协议以及其他知识产权保护公约提供了保障。这使得 TRIPS 协议和 世界知识产权组织管辖范围与其他国际公约相比具有明显的优势。正因为如此，发展中国家力求在 TRIPS 协议的框架下实现突破，通过修改 TRIPS 协议达到保护基因资源的目的。TRIPS 协议并未强制要求在申请专利时必须披露专利使用的基因资源的来源，但 TRIPS 协议第 29 条要求发明的公开应当清楚、完整，并有利于普通技术人员的实施。TRIPS 协议第 29 条还规定了专利申请人的义务和条件：（1）缔约方要求专利申请人必须对其发明做出清楚和完整的说明，便于普通人员的应用，要求申请人指出发明人在申请日或在优先权日（如果提出优先权要求的话）所知道的实施其发明的最佳方案。（2）缔约方有权要求专利申请人提供该项专利相应的外国申请和其审批情况的资料及情况。从文义上看，只有在掌握了基因资源的来源或目的情况下，才能便于相关领域的普通技术人员实施发明，专利申请人才必须披露这一信息。也就是说，如果基因资源的来源信息对发明的事实不是必要的条件，那么不要求披露专利中使用的基因资源的来源。所以，根据第 29 条第 1 款不会必然地导致要求专利申请者披露基因来源。第 29 条信息公开的目的是能让普通技术人员能够实施专利，并不是让基因资源的提供者参与到基因资源的商业化利用中分享利益。显然 TRIPS 协议中的来源披露与发展中国家所要求的来源披露相去甚远，披露的意义完全不同。有的国家提案对 TRIPS 协议第 29 条本身进行修改，将基因来源披露的强制性要求加入第 29 条中。但按照目前的情况来看，这种要求显然是短时间内不能够实现的。

三、《生物多样性公约》和 TRIPS 协议的冲突

《生物多样性公约》和 TRIPS 协议在条约的目的、宗旨以及实现的机制和法律手段上完全不同。第一，TRIPS 协议是通过给予人类智力创造的成果以私权保护，从而促进发明创造，而《生物多样性公约》则以环境保护和生物多样性的持续利用为根本目标。第二，TRIPS 协议制定了一整套具有可实施性的详细规则，为成员国限定了本国保护知识产权的最低标准，同时利用 WTO 框架下的监督制度保证公约的切实履行，而《生物多样性公约》只是一个框架性公约，即使多达 180 个国家签署或批准了该公约，且具有了国际法效力，但是公约缺乏具体可操作的条款，其实际效果十分有限。因此，《生物多样性公约》的实施主要依靠各成员方本身的积极行动，但是如何实施，实施到何种程度，都由成员国自己确定。这就大大影响了公约的实施效果。第三，TRIPS 协议与《生物多样性公约》在目标原则上存在冲突。TRIPS 协议体现的是鼓励创新以促进经济发展，追求的是经济效益，而《生物多样性公约》体现的是 TRIPS 协议对资源的保护，对可持续发展的保持。在 TRIPS 协议中，可持续发展的原则并无体现，只是在马拉喀什建立《马拉喀什建立世界贸易组织协定》序言和《农业防定》的序言中涉及了"可持续发展的目标及环境问题的保护"。应当说，可持续发展原则在一定程度上制约了经济的发展。这表明《生物多样性公约》必然要对 TRIPS 协议产生一定的影响。两个协议立法目的的不同导致彼此之间发生了严重的冲突，主要表现在以下几个方面：

首先，基因资源的国家主权、惠益分享与知识产权权利人的专有权之间有冲突。《生物多样性公约》第 3 条规定，各国都有按照其环境政策开发其领土上自然资源的主权权利。因此，任何国家要在他国取得基因资源，就必须得到资源提供国的"事先知情同意"，若双方不能达成一致意见，那么自然资源的所有国有权拒绝提供相应的基因资源。TRIPS 协议以促进自由贸易为宗旨，因此以尽可能便利地取得资源为主要目标，在生物资源保护的问题上将生物资源放在了知识产权保护的框架之下，没有重视国家对生物资源的主权，

未规定知情同意制度。惠益分享在农业基因资源保护领域里是指农业基因资源的提供者有权从农业基因资源的获取者那里得到相应的经济补偿，分享使用有关的农业基因资源所带来的利益。惠益分享是《生物多样性公约》的核心理念之一，设置惠益分享目的在于使农业基因资源丰富的国家能够在资源利用中分享利益。这实际上是在缓解农业基因资源的保护和利用中所产生的南北矛盾的一种方法。因为基因资源丰富的国家主要是发展中国家，而技术发达有能力进行生物资源利用和开发的主要是发达国家。然而，对于惠益分享的问题，TRIPS 协议却没有相应的规定。

其次，两个公约的价值追求不同。两个公约在商业价值和社会价值上的侧重各有不同。《生物多样性公约》是迄今为止生物多样性保护领域和可持续发展方面最重要的成果，其宗旨是：保护生物多样性，持续利用其组成部分以及公平合理分享由基因资源获取而产生的利益。从公约宗旨可以看出，该公约基本所涉及的是与国际贸易有关的法律问题，所以其关注的重点是商业利益的保护。

再者，两个公约规定的可操作性程度不同。《生物多样性公约》提出和制定了在获取和利用基因资源的过程中的分享惠益机制，其规定具有很大的原则性，并且缺乏可操作性，需要各个缔约国以国内法加以具体规定，但相比之下 TRIPS 协议的可执行性更强。例如，在利益分享上，《生物多样性公约》只是确立了利益分享的原则及框架，对利益分享并没有提出有效的管理制度及设计，也没有充分反映资源保有者的切身利益。《波恩准则》将基因资源提供者的利益分享方式具体分为金钱利益和非金钱利益。由于利益分享的公平合理原则具有不确定性，因而使其缺乏可操作性。

最后，争端解决机制的强制性程度上有所不同。TRIPS 协议规定了不遵守最低标准的争端解决机制，而《生物多样性公约》缺乏具体的基因资源和传统知识的争端解决程序。TRIPS 协议规定不遵守最低标准，由 WTO 组织下的 TRIPS 理事会负责具体的审议和实施。如果 WTO 的成员国对其他成员不履行 TRIPS 协议规定的义务提出了异议，有权要求与不履行义务的成员国磋商，如果磋商不成，即可向 WTO 争端解决机构起诉，经专家组审议后，败诉方还有权要求上诉机构复审。"一旦确定了成员国存在违反最低标准的行为，受影响的国家就可以在世贸组织范围内，对违反义务的国家在 WTO 协议包含的任何领域适用交叉报复。"《生物多样性公约》虽然确定了国家与公约之间的争端解决机制，但是缺乏解决关于基因资源和传统知识具体争端的程序规则，在基因资源利益分享的实现机制上，只有通过道义说服的方式，加上获取基因资源合同博弈来实现。它更没有 TRIPS 协议所特有的国际强制力，这使得对发展中国家基因资源权益的救济机制存在重大缺漏。

综上所述，由于 TRIPS 协议在 WTO 框架下强有力的执行，专利制度在全球得到了空前的统一和发展，而《生物多样性公约》作为刚刚起步的基因资源保护国际公约，与 TRIPS 协议相比，在一定程度上缺乏执行力，因此在全球范围内形成了对专利权强保护、对基因资源弱保护的格局。TRIPS 协议和《生物多样性公约》的宗旨和目的不同，其制度设计也不可能相同。如果硬将《生物多样性公约》所规定的内容搬入以 TRIPS 协议为蓝本指定的本国专利法中，将会产生逻辑上的不严密，也就最终达不到保护基因资源的目的。下一章将分析中国新修改的专利法将《生物多样性公约》的来源合法性和来源披露强行加入《专利法》中所产生的问题。

四、知识产权的地方及土著区域差异

在《生物多样性公约》和 TRIPS 协议中，虽然对生物多样性的保护，与可持续利用生物资源相关的传统知识、创新方法，以及习惯行为所产生的利益进行合理分享的重要性和可取性都做出了强调，但是，对这种传统知识和习惯做法的保护都是在知识产权制度之内，却又都在 TRIPS 协议之外。传统知识具有的特性，将其排除在知识产权，特别是专利的范围之外。由于各国在专利制度上的差异，部分国家在对专利授予上使用先申请的原则，其他国家则使用的是先发明的原则。其中，对于先申请的原则，一项新的发明在还未正式申请专利前，如果并没有和已有的专利相同或相似，就可以授予正式的专利。相反的话，就拒绝授予正式专利。但是在美国，专利申请人的技术在发明前就已经被美国的其他人知道甚至使用，或是在已经授予正式专利，或是在其他刊物公开发表或发售过，也将被拒绝授予专利。不过，如果传统知识能够追溯到社区或地理区域的具体出处，同时，也没有被公开传播或者记载过，还是可以受到专利的保护，相反则不被专利所保护。TRIPS 协议并不曾对发达的国家、地方社区和土著地区共同分享利益做出任何的规定。如果这些地方也想要分享到合理的利益，就必须通过知识产权法来制定严格的准则，对专利客体和使用时所依赖的信息来源按要求进行披露，并提供其他国家对此已经表示同意的证明。

在波恩召开的《生物多样性公约》的第 6 次缔约国际大会上，获得的所有成果都是基于获取的遗传资源和利益的公平分享，即常规意义上来说，《波恩准则》可以制定合理的战略，以此来帮助缔约国、政府和其他的利益相关者，特别是在获取的遗传资源和利益的公平分享的立法、行政或者政策措施的制定和实施方面。《波恩准则》对获取遗传资源和利益的分享能力的提高，做出了相关的规定。在这些规定中涉及了在获取遗传资源和利益分享的知识产权上的实施作用，但是因为时间和篇幅有限，在这里将不再赘述。同时，在对遗传资源、传统知识、创新方法、习惯方式和与之相关的惯例问题上，《波恩准则》进行了简明的阐述和有益的尝试。我们基于该行动计划草案，在缔约国的大会上，提出了鼓励缔约国和政府在知识产权申请的时候，为了保护生物的多样性和可持续利用，只需要确保所申请的客体有涉及或者有使用到这些相关知识的建议。此外，缔约国际大会还需要在世界知识产权和其他国际性组织的帮助下，肩负收集和分析的任务，特别是研究知识产权制度对获取遗传资源和可持续利用带来的影响。世界知识产权组织要求在申请专利的时候，对某些信息进行披露。缔约国际大会邀请了世界知识产权组织对这些信息的披露方法进行技术上的研究，同时向第 17 次召开的缔约国际大会呈报相关的成果。其中，所涉及技术发明过程中使用的信息是遗传资源、遗传资源的来源国、使用的相关知识和创新方法及习惯方式、相关传统知识和习惯方式的来源国。虽然，缔约国际大会积极鼓励并建议各个缔约国和各国政府，为了实现基于承认知识产权义务的获取遗传资源和利益的公平分享，而修改《生物多样性公约》和 TRIPS 协议，但是从短期内的结果来看，这些努力都没有达到预想的目标。此间，诸如美、日等主要的几个发达国家反对对 TRIPS 协议进行修改，并在知识产权的保护上做出了积极响应。

通过以上的分析论述，从更为积极的一面来看，缔约国相互之间都会承认在 TRIPS 协议第 8 条款中所涉及的无法消除的问题。在对未来制定的 TRIPS 协议中的实施问题进行的讨论中，这些核心问题依然存在。即便国际上一直追求对生物多样性的保护和可持续发展，但其能否实现，在很大的程度上取决于这个根本问题是否能够得到解决。

第十二章　执法与责任

第一节　森林资源保护执法的困惑

中国森林资源执法出现问题的原因主要有五个方面。

一、自然生态脆弱

中国是一个多山的国家。全国总面积的 2/3 是丘陵、山地、高原等地形，全国土地总面积的 1/2 为海拔 1000 米以上的山地、高原，这样的地形极其容易造成山地森林的水土流失。中国的沙漠、戈壁及沙化土地占国土总面积的比重居高，一度达到了 17.6%，荒漠化土地面积更甚，达到了总国土面积的 27.3%。中国总人口数约 14 亿，随着上述数据的变化，人口与土地的矛盾愈演愈烈，中国的自然资源人均占有量在全球范围内处于中下游水平，约为世界平均水平的 1/3①。各类天灾在中国层出不穷，有森林大火、旱涝、台风、龙卷风、冰雹、雷暴、冻结、暴风雪、雾灾、地震、沉降、山体滑坡、泥石流、崩塌、土壤侵蚀、风暴潮、灾难性海浪、赤潮等等。洪水是中国许多灾难中发生最多的，洪水泛滥的地区主要包括珠江中下游、长江、淮河、黄河、海河、辽河和松花江，主要集中在人口密度大、经济较为发达的东部地区，这是非常有害的。例如，"1954 年的长江洪水淹没了 4755 万亩农田，造成 33000 人死亡，直接经济损失高达 100 亿元。1998 年夏季，在中国长江流域和东北地区发生的百年罕见的特大洪水更是触目惊心"②。历史上所称的"三大天灾"为旱灾、水灾与虫灾。在中国，旱灾是危害范围最广的灾种，中华

---

① 张才琴．森林资源法制化管理模式研究［D］．博士学位论文，武汉理工大学，2011.
② 同上。

人民共和国成立前由旱灾引发的饥荒而导致的人口死亡动辄数百万,甚至上千万,大大超过水灾和其他自然灾害。

森林病虫害和森林火灾是主要的森林灾害。森林病虫害发生面积自1949年以来增长迅速,1980年后更甚,损坏的面积已超过100万亩且还在迅速增加。20世纪50年代到90年代,全国范围内共发生60余万起森林火灾,受影响的森林总面积为36万公顷,年度全国森林受害率是8%,而世界平均受害率只有1%。

二、人类长期破坏

中国森林资源剧减的主要原因为激增的人口数量和欠发达的科技水平。人口数量不断增长,为了生存与温饱,人类砍伐、焚烧森林后作为农业和畜牧业的土地,成片森林转化为农牧场地。当煤炭和天然气还没有被广泛地发现及使用,"火田狩猎""刀耕火种"使得森林的破坏相当严重,人们依靠木柴做饭、取暖、烧窑、冶炼,造舟车、修桥梁、筑栈道,王朝建造的宫殿和寺庙,也摧毁了许多森林[1]。历朝统治者忧虑叛乱,恐惧民众会啸聚山林,因而纵火烧毁的森林面积不计其数,森林被战争破坏在中国历史上也从来没有停止过。抗日战争中,"三光"政策的实施使森林草木被肆意焚毁,帝国主义列强的掠夺摧残对中国森林资源的破坏也极大。鸦片战争后,俄罗斯占领了东北部和西北部,遭受荼毒的森林资源达150余万平方公里。森林的消失使得水土流失更为严重,导致干旱、洪水等灾害在脆弱的生态系统中形成了恶性循环。"原来的森林退化为草地甚至沙漠、裸岩,使森林恢复更加困难,由于生态失调,导致森林病虫害加重,森林生产力降低。由于自然或人为原因引发的森林大火,也造成大片森林的迅速消失。科学技术不发达,社会对林木、能源、原材料的需求增大,生态危机加剧,诸如旱涝灾害、水资源缺乏、土地沙化等,使森林面积逐渐减少。历史证明,中国森林资源的大量消失,导致了一系列环境和社会问题。"[2]。

土地荒漠化的加剧,大大压缩了中华民族的生存空间,林木匿迹,灾害频仍,洪涝、干旱、荒漠化、水资源紧缺、水土流失、生物多样性降低、病虫为害等等自然灾害,引发社会灾难。

---

① 张才琴. 森林资源法制化管理模式研究 [D]. 博士学位论文,武汉理工大学,2011.

② 同上。

三、生态环境压力陡增

一个地区的发达程度与人口的增长速度成反比。随着人口的不断增加，食物消费的需求也大幅增加，脱贫致富的需求也同步上升，来自生存和发展的双重压力导致了对粮食和牲畜等生活资料的需求也在不断增加。中国相对贫瘠的土地资源不在少数，在气候条件方面，尤其是降雨，每年都有很大差异，致使粮食生产的稳定性非常差。质量有限的耕地，加上获取充足粮食的压力，使农民不断开荒拓田，从森林中获取土地资源，这样的情形带来的后果不言而喻，家庭成员数量越多，生存的压力就越大，耕种更多耕地的冲动和行为就越多。有专家表示，目前西北地区已形成 1700 万公顷荒漠化土地，社会活动所致的农业用地和过度开采等比重居高，一度达到 85.1%。因此，人口的增长速度在很大程度上会对该地区森林生态环境产生影响。据此可知，导致森林生态环境恶化的最主要原因就是人类的经济活动。

显然，对于生活在贫困地区的居民来说，输入和输出之间的间隔更长，输入在父母年轻时发生，输出在父母年老时发生。投资也一般比产出大得多，育儿、教育、医疗等的发展一定不能少。但是很多投资并不意味着有相应的回报。父母对孩子的"贡献"从他们出生开始，甚至一些父母继续"贡献"到 60 岁，给孩子提供的是"终身服务"，但回报通常只能在父母年老之后进行。父母为子女服务超过 40 年，但子女的回归期通常只有 10 年。为什么农民愿意生育更多？如果涉及个人，我们可以将他们的生育偏好归因于自然的本能和生活习惯。在自然条件相对苛刻的地区，养育孩子以防止老年的概念深深植根于人们的心中。农村医疗保健相对较差，如果农民的孩子生病或发生其他事故，还有其他孩子可以登顶，并且老年护理的责任总能得到承担。此外，如果在大量的孩子中产生一个优秀的人，父母不仅可以获得养老，还可以享受更好的养老条件。可以看出，无论哪个方面，想有更多的孩子是由老年人的需求决定的。

四、盲目追求经济效益

传统的逐利观念在民众心中根深蒂固，生态保护意识则非常薄弱。一直以来，由于认知水平的限制，多数人未能正确认识到社会经济发展与生态环境保护的矛盾关系。民众的可持续发展的理念有待培养，许多地区和行业的发展都面临着复杂的状况。20 世纪中国"以粮为纲",这不可避免地导致了大面积的森林破坏。砍伐或破坏森林,将破坏森林综合植物和野生动物的栖息地,破坏生态的平衡。《森林法》第 39 至 41 条规定了破坏森林环境的法律责任。现在,我们在法律上要求砍伐森林和林木要进行赔偿。法律责任不仅仅是社会群体的评价和希望的表达,也透露着国家的评价与希望。西部地区森林覆盖率为 9.88%,这比全国森林覆盖率低。新疆森林面积的覆盖率从 20 世纪 50 年代的 30%下降到目前的 18%。"青海森林覆盖率为 0.3%,宁夏为 1.45%,甘肃为 4.33%,三个西北省市(不包括陕西)的森林面积仅为 400 万公顷,仅占全国总面积的 3%。西部森林面积的减少和森林覆盖率的下降表明,西部森林生态环境遭受着严重损害"①。"在重庆歌乐山、南山、缙云山等森林公园乱建别墅群,破坏森林的现象也非常严重。如何对造成森林生态破坏的严重行为给予有效的法律制裁,是我们不得不重视的问题"②。

五、执法措施弱化

中国正在逐步建立和完善关于森林资源保护的法律制度,同时也在强化林业执法体系的各项建设,在全国各地相继建立了林业执法机构,如森林管理、森林公安木材检查、森林检疫等。林业执法机构在执行立法精神、执行法律规范和打击违反森林法律法规的罪行方面颇有建树。国内林业行政执法系统中有许多子系统及基本单元的执法机构,如乡镇林业站、木材检查站、森林公安派出所、森林管理检查大队、野生动物保护站、苗站管理和森林植物检疫。为了统一组织和协调林业行政执法工作,各级林业部门的县林业局设立了资源和林业行政管理部门(司、处、科、股)、野生动物保护(司、处、科、股)、森林公安分局、派出所等。根据《中华人民共和国森林法》《中华人民共和国野生动物保护法》《中华人民共和国种子法》《森林法实施条例》和《野生植物保护条例》以及地方法律、法规,处理滥伐滥捕,调查和处理非法运输木材、非法采伐木材加工等违法行为和其他对森林资源的破坏性违法行为。2004 年 9 月,原国家林业局改革"林业综合行政执法",林业部门行政执法机构接受了整合③。2005 年上半年,林业部门对 201000 起各

---

① 张才琴. 森林资源法制化管理模式研究 [D]. 博士学位论文,武汉理工大学,2011.

② 同上。

③ 侯彦杰. 国有森林资源法制化管理体系研究 [D]. 哈尔滨:东北林业大学,2006.

类违法行为进行了调查处理，收集了 319700 立方米的木材，收回了 228.7777 万元的经济损失，实施了 212300 件行政处罚。然而，现行林业执法体系的建设和发展与实际需要严重脱节，法律规范与实际执法存在一定程度的差别，森林行政执法力度仍然很薄弱，区域林业行政机构的执法人员人数缺口仍然严重不足，执法与林业行政执法之间的资源分配不合理，林业执法任重道远。《森林法》为林地管理、采伐限额管理、木材流通管理和森林安全等森林管理提供了许多任务，但其并不涉及执法所需的社会执法资源的合理分配。林业执法部队建设的财政支持体系也尚不完善，维护林业的开支主要是来自行政执法的收入，大多数森林地区都有严格的地方财政，但许多地区没有固定的财政资源。

此外，从行政执法调查中提取有关证据具有相当的难度。第一，如在砍伐森林、以非法方式出售木材等一些行政案件中，因证据不易保存或当事方不合作，证据很难获得。第二，证据也很难实施。第三，干预执法。随着中国改革的不断深化，以及西部大开发的不断进行，在中国西部，政府的投资建设力度不断加大，各种建设项目与日俱增，致使滥伐森林的情况也有所增加。然而，由于大多数建设项目是政府行动或国家建设活动，林业执法行动屡遭干预，阻力相对上升，许多案例难以按照正常有效的流程进行调查和执行。第四，执法乱象成为客观事实。由于行政执法资金有限以及执法人员工资水平不高等因素，在许多单位和执法人员中出现了多头执法的情况。第五，执法人员素质良莠不齐①。部分执法从业者森林管理是兼职。因此，案件的质量无法提高。第六，部门与部门之间的执法冲突不易协调。第七，现有的执法机构既是执法人员也是执法监督者。在裁判与运动员中分饰两角，使执法监督流于形式。

在一些地方林业法律普及过程中，参与者只有一部分林业干部和林业工作者，有些宣传内容单调死板，缺乏新颖性和吸引力，仅仅局限于一部分林业法律法规，很少涉及其他相关内容。法律普及不能宣传到实际操作中②，还没有深入开展，也没有取得实际效果。

---

① 张才琴. 森林资源法制化管理模式研究 [D]. 博士学位论文，武汉理工大学，2011.
② 侯彦杰. 国有森林资源法制化管理体系研究 [D]. 哈尔滨：东北林业大学，2006.

第二节　森林执法的法律责任

一、森林生态系统功能的认识

政府和人民群众都应该充分认识到森林生态系统功能的重要性。森林是一个生态系统，而不是简单的森林集合，不能形成自然循环的森林不能称为严格意义上的森林。森林地区中通常有许多不同类型的生物，如植被和野生动物，它们相互影响并相互作用，使森林具有许多重要的生态功能。我们强调大量的植树造林和一片种植园的形成，然而，缺乏其他植被和野生动物，就不能形成真正的生态系统。加强森林保护法律责任不仅可以保护植被和野生动物，还可以保护森林的生态功能。中国的森林生态环境极其脆弱。大部分地区干燥，年降雨量低于 800 毫米，西北地区低于 400 毫米，三分之一的地区年降雨量低于 100 毫米，一旦植被被破坏，土壤就会迅速消失，土壤变薄或岩石裸露、云贵高原、四川西南部、青藏高原、洛矶山脉、荒山、喀斯特地貌比比皆是，还有许多戈壁海滩，中国自然环境呈现出森林草原—草原—荒漠草原—沙漠的演变过程。如果忽视森林资源，破坏率将增加数倍。因此，恢复和维护森林生态的任务非常严峻。

二、森林的生态补偿机制

好的森林生态环境有利于社会全体成员，部分不法分子为了一己私利破坏森林环境，其后果不应由社会全体成员来承受，而应由违法者来承担相应的法律责任。法律责任的确定应考虑两个因素，违法的成本和法律责任的实现。从违法的成本上分析，违法的成本太低将不能有效制止破坏森林的违法行为。根据《森林法》的规定，如果森林砍伐或其他林木被砍伐，林业主管部门应当责令责任人应承担重新种植的费用。从法律规定来看，违法成本很低，非法砍伐森林可以弥补损失和重新种植，对责任人没有额外的惩罚性规定，其可能将继续采取措施来摧毁森林资源，以获得更大的利益。如果对于砍伐或盗伐森林资源进行罚款，加大违法成本，将增强对违法行为的打击力度，保护森林资源不受破坏。

三、政府和社会的责任

在破坏森林的法律责任中，中国没有明确政府和社会的法律责任。森林是一种分布地域广、总量极为丰富的资源，森林的主要所有权属于国家，个人或者企业对森林的保护作用是非常微弱的。森林保护的主体应该是政府和社会。评价政府的业绩不能仅仅以经济生产的总量作为标准，也要把环境和资源因素考虑在内。据了解，中国经济增长对资源的损耗比发达国家高出许多。在20世纪的最后二三十年，国际上的森林管理体系发生了重大的改革，从法正林体系发展为生态系统管理的理论体系。对于后者，不同的国家有不同的名称，美国叫生态系统管理或者新林业，欧洲叫自然林业或半自然林业。结合西部森林生态脆弱的特点，科学的森林管理体系显得尤为重要。政府要树立多重的森林价值观，尊重森林自然性、多样性、持续性、复杂性的客观规律，减少人为干预，充分发挥自然本身的调节力量，政府要加大力度使森林管理走上科学的轨道。另外，追究森林保护行政责任的责任主体应有所扩大，由以往仅适用于具体行政违法行为的直接责任人和负有直接管理责任的公务人员扩大到地方行政首长，他们也应成为森林保护行政责任制度规制的对象。

社会也是森林保护的主体。作为社会组成成员的全体公民，也有保护森林生态环境的义务。如违反这一义务，同样应受到法律的制裁。我们还认为，可以把义务植树作为公民所在单位个人考评的指标之一。在地广人稀的西部，光靠政府林业主管部门的管理显然是不够的，应发动更多的政府机构、社会团体、企业协助管理其邻近的森林。例如某公司设立的工厂附近有大片的用材林，虽然林木的所有权属于国家，公司对森林也有看护的义务，如果由于公司的过失导致森林严重破坏，公司也应承担相应的法律责任。

四、依法行政

最重要的是加强执法队伍的建设。林业主管部门有指导、管理辖区内森林的职责，也有要打击破坏森林违法行为的责任。加强森林公安对破坏森林违法行为的打击力度能够有效地保护森林资源。中国现行的森林法律规定了森林公安的职责，可以代行部分行政处罚权，但森林保护治安管理的相关法律责任还需进一步完善。第一，进一步细化法律责任。森林公安负责维护辖区内的社会秩序，治安涉及面广，森林保护治安案件有自身的特点，可能既涉及森林保护的内容，也有其他一般治安案件的内容。在处理这方面的治安案件时，应始终把森林保护放在第一位，同时兼顾其他方面的利益。第二，强化危险行为的法律责任。森林破坏的一个重要因素是对一些危险行为的防范力度不够，森林公安应加强治安巡逻，对可能危害森林的违法行为如用火不规范等进行行政处罚，切实保护森林资源不受破坏。第三，大幅度增加行政处罚罚款金额。增加违法违规行为成本，能有效遏制违法违规行为。此外，在司法程序上，设立司法审查程序和司法移送程序，并保证行政复议、行政诉讼和申请强制执行的一致性。

现行森林法规定的法律责任存在一些不明确之处，比如规定了某种行为构成行政违法，应受行政处罚，严重行为在一定程度上要负刑事责任，在刑事责任确立后，没有规定原有的行政责任如何承担。又如某种行为构成犯罪但情节轻微，但没有规定是否应转送公安进行侦察。美国、日本等发达国家的方法值得学习，将行政责任与刑事责任整合，形成所谓的行政刑法。森林的保护措施应考虑法律效力问题，才能实现保护森林的最终目标。

《森林法》自1998年修订以来，成为保护森林资源的强大武器。其明确了国家、集体、公民在保护森林资源、合理开发林木的权利和义务，有关单位和个人违反森林环境保护法律法规应当承担的法律责任。完善森林保护制度，关键是完善森林保护的相关法律责任，法律强制力的保障和体现表现在法律责任的落实上，没有有效合理的法律责任追究制度，法律条文将不能很好地执行。落实法律责任是法律价值最终实现的手段。法律责任的实现是一个系统的问题，要求法律责任的规定既要体现法律公平，也要便于执法人员追究违法者的法律责任。森林保护的法律责任主要是行政法律责任、民事法律责任和刑事法律责任，民事责任向行政责任的转变更符合环境保护和现代法制建设的要求。

五、责任的处理

（一）行政法律责任

1. 行政法律责任的特征

（1）行政法律责任主体的特定性。对于行政责任主体，一些学者主张行政责任主体应严格限制在行政权力主体范围内，以更有效地限制行政主体的权力。一些学者主张将公务员的责任视为行政主体的内部关系。一些学者主张包括行政主体，公务员和行政相对人作为森林资源行政责任主体，首先是行政法律关系的主体，也应是森林资源保护法律关系的主体。《森林法》规定，国务院林业主管部门的角色是全国林业工作的领导者、组织者和监督者，县级以上地方政府林业主管部门为本地区林业工作的负责人，专兼职林业工作人员则是乡镇人民政府林业工作负责人。一般情况下，林业部门及其公务员可以成为森林资源保护的主要行政责任主体，违反森林资源行政法规的公民和个人也可以成为行政责任主体。为处理某些紧急事务，林业部门临时招募的工作人员在部门指令下作出行政违法行为，其行政法律责任由行政主体承担。林业部门内部监督主体在实施行政监督的过程中，因为监督不力导致森林生态环境破坏的，监督主体将承担相应的行政法律责任或刑事责任，政府作为保护森林资源的主体，也应作为行政责任主体。

（2）实施了破坏森林生态的违法行为。实施的违反森林资源保护行政法律法规行为，属于违法行为。行政部门破坏森林生态环境，造成一定有害后果的，应当受到行政处分或者处罚。行政违法行为是行政法律责任产生的前提，仅仅有法定的义务和职责并不必然导致行政违法，只有行政主体怠于履行或不履行法定义务并违反行政法规才能构成行政违法。林业部门必须在履行公务职能时才可能构成行政违法，同时，政府的不作为使森林生态环境遭到破坏的，一样要承担不作为的行政责任。

（3）行为人的行为不构成犯罪。如果行为人的行为违反了行政法规的规定，构成犯罪的，按照刑事诉讼原则，依法追究，依法调查。《森林法》第46条规定，从事森林资源保护、林业监督管理的林业部门工作人员滥用职权，玩忽职守，搞不正之风，以权谋私，并构成犯罪的承担刑事责任；如果不构成犯罪的，依法给予行政处分，依法征收。从法律的角度来看，如果承担了刑事责任将不再承担行政法律责任。公务员犯罪，其单位应当给予行政处分。这是基于公务员制度的内部规定，其内容完全不同于行政法律责任。

2. 行政法律责任的承担

（1）行政主体的法律责任。包括政府、进行直接管理的主管部门和内部监督机构。行政主体的法律责任按承担对象分，可分为向国家承担和向行政相对人承担两类。行政主体代表国家实施行政行为，应向国家负责，下级行政机关按照上级行政机关的指示对上级负责。行政主体是非法的，上级行政机关有权对其实施行政处分。

（2）行政公务人员的法律责任。公职人员执行行政行为，有具体和抽象之分，公职人员是行政机关的执行者，代表行政机关采取具体行政行动，行政机关因公务员过错导致行政机关违法的，行政机关应当承担法律责任。在行政机关内部，公务人员对于个人行为的过失，向行政机关承担法律责任。具体到森林环境保护的法律关系中，如果主管部门有违法行为，将对主管部门负责人的法律责任进行调查。例如，林业部规定，如果林业主管部门未能认真履行五种职责之一，则由该部门的主要负责人、直接负责人和处理人员承担后果。

随着森林行政管理部门数量的增多，综合性的加强，参与森林管理的行政公务人员将隶属于许多行政部门。所以，还应具体规范各相关行政部门中公务人员的法律责任承担方式。

（3）行政相对人的法律责任。行政相对人的法律责任体现在行政相对人违反森林保护行政法时，应当受到行政处罚。这里需要强调的是，若行为构成犯罪，依法追究刑事责任，不构成犯罪，对违法行为进行行政处罚。从现行的相关森林法律和法规可以看出，行政相对人应承担的法律责任主要包括：①履行法律义务。砍伐林木的单位或者个人不按照规定完成植树造林任务的，发给采伐许可证的部门有权在完成植树造林任务前不再发给采伐许可证，并强制要求对方履行法定义务。旅游企业具有维护森林公园生态保护的法律义务，公民、集体和单位在森林造林管理中具有法律义务，公民、集体和单位在保护森林生态环境方面具有法律义务。②接受行政处罚。包括命令刑、资格刑、财产刑和自由刑。③损害赔偿。

（二）民事法律责任

1. 民事法律责任的产生

随着中国市场经济的深入发展，林业体制改革正在进行中。森林的功能也由早期的保持水土、提供木材等朝向新型的森林功能发展。比如森林旅游服务功能，向人们提供风景游览、旅游产品；森林的经济生产功能，向人们提供特质的干鲜果品、林产品、木制品和药材等。森林的可持续发展要求人们有节制地享受和索取森林资源，这些由于市场导入而引起的森林生态保护革命，不可避免地要求将人们的市场行为纳入民事法律规范轨道，由此引发的损害森林环境的民事法律责任制度的规范化也必将开始。由此我们看出，传统的责任形式已经无法解决现行的森林生态保护和经济运作中产生的民事纠纷。

2. 民事责任的构成

（1）一般民事责任的四个要素是行为的非法性、损害发生的事实、行为与损害事实之间的因果关系以及行为人的主观过错。在森林损害民事责任的构成要素中，犯罪者的主观过错不是必要条件，行为人违反了《森林法》的规定，实施了破坏森林的非法行为，违法行为与损害事实有直接因果关系，行为人就应承担相应的民事责任。

（2）在森林资源民事责任的构成中，应强调无过错责任。森林资源的长远意义要求我们不仅要对我们自己负责，更要求我们对子孙后代负责，严格违法行为的民事处罚，就是加强森林资源的保护力度。无过错责任形式是我们追求森林资源保护目的所决定的。

（3）在民事责任的承担主体上，既可以是林业部门，也可以是其他相关的单位和个人，政府也可以承担不作为的民事责任。在民事赔偿数额的计算上，既要计算由于损害给森林造成的有形损失，也要计算无形损失。国外有人计算，损害一棵树，带来的直接损失是 30~50 美元，而带来的间接生态损失（包括这棵树吸收二氧化碳、生产氧气、固沙固土、调节气候、杀灭病菌、给人们提供娱乐等）是直接损失的 1500 倍，中国有学者估计为 20 倍左右。损失估算不宜太大，也不宜太小，我们认为在 50 倍左右为宜。

（三）刑事法律责任

中国古代就有破坏森林追究刑事责任的记载。《唐律疏议》中记载，"诸毁伐树木，准盗论"①。对于严重破坏森林环境资源的行为，必须加大惩罚力度，构成犯罪的，依法追究其刑事责任。刑法的罪刑法定原则，要求追究的破坏森林的违法行为，必须以《刑法典》和有关机关的补充和法律解释为依据。破坏森林环境资源的犯罪根据主体进行划分，可以分为两类，行政部门公务人员的犯罪和一般自然人或单位的犯罪。

1. 一般自然人和单位的犯罪

（1）重大环境污染事故罪。森林资源包括林地、林地内的野生动物和植物。环境污染对森林环境资源的破坏极大，化学物质可能破坏森林的土壤，妨碍林木或其他植被的生长，有毒物质可能令林内野生动物致死，化学物质污染的危害潜伏期很长，具有严重的影响，而且治理困难很大。此罪的犯罪行为表现为犯罪主体将有放射性、含传染病病原体或者有毒的废物或者其他危害废物在林地内随意堆放、倾倒及处置，致使重大责任事故发生、公共财产遭受重大损失或者人身伤亡，主观方面表现为过失。

---

① 王玉德、张全明. 中华五千年生态变化［M］. 武汉：华中师范大学出版社，1999.

（2）非法采伐、毁坏珍贵树木罪。林木也是一种植物，保护珍贵林木对于保存林木的多样性具有重要意义。保护森林不能仅仅停留在森林覆盖率上，还要考虑到林木的种类上。国家设立自然保护区，对珍贵林木进行保护。自然人或单位故意违反森林法的规定，未经省级林业主管部门批准，非法采伐、毁坏珍贵树木的，构成非法采伐、毁坏珍贵树木罪。此罪为选择性罪名，只要符合采伐、毁坏珍贵树木即构成犯罪。

（3）盗伐林木罪。按照《最高人民法院关于审理破坏森林资源刑事案件具体应用法律若干问题的解释》规定，所谓"盗伐"指"擅自砍伐国家、集体、他人所有或者他人承包经营管理的森林或者其他林木的，擅自砍伐本单位或者本人承包经营管理的森林或者其他林木的，在林木采伐许可证规定的地点以外采伐国家、集体、他人所有或者他人承包经营管理的森林或者其他林木的"。自然人或单位以非法占有为目的，盗伐森林或者其他林木，数量较大的，构成盗伐林木罪。本罪主观要求为故意，客观要求为盗伐数量较大。

（4）滥伐树木罪。持有经过林业主管部门批准的林木采伐许可证，在规定时间不合理不合规进行采伐，数量较大，已经严重破坏森林生态环境的，构成滥伐树木罪，主观上要求故意。森林资源的开采必须有限制地进行，各级林业主管部门有职责进行核查和监督。滥伐树木罪的成立与林业主管部门的失职密切相关，在追究单位和自然人滥伐树木罪的同时，也要追究相关林业部门公务人员的责任。

（5）非法收购盗伐、滥伐的林木罪。按照《最高人民法院关于审理破坏森林资源刑事案件具体应用法律若干问题的解释》规定，具体表现为行为人为了谋取利益，非法收购明知是通过上述行为伐取的林木，且收购数量较大。"明知"的含义指已知或者应知的情形，且"具有下列情形之一的，可以视为应当知道，但是有证据证明确属被蒙骗的除外：①在非法的木材交易场所或者销售单位收购木材的；②收购以明显低于市场价格出售的木材的；③收购违反规定出售的木材的"。

（6）放火罪、失火罪。故意放火危害森林的行为构成放火罪。认定放火罪时应注意行为在林地里故意放火构成放火罪。在森林附近故意放火，没有引起严重后果是否构成放火罪未遂，在实践中争议很大。根据法律规定，只要行为人故意放火有引起严重后果的危险就构成放火罪未遂。行为人在森林附近放火的，放火的地点、离森林的距离、火势的大小均是认真考虑的因素。森林失火行为的行为人主观是一种过失，没有造成严重后果的不构成犯罪。

（7）其他犯罪。主要是伪造、变造、买卖国家机关公文、证件罪，盗窃罪，聚众哄抢罪等。如高法司法解释所述，"伪造、变造、买卖林木采伐许可证，木材运输证件，森林、林木、林地权属证书，占用或者征用林地审核同意书，育林基金等缴费收据以及其他国家机关批准的林业证件构成犯罪的，以伪造、变造、买卖国家机关公文、证件罪定罪处罚。将国家、集体、他人所有并已经伐倒的树木窃为己有，以及偷砍他人房前屋后、自留地种植的零星树木，数额较大的，以盗窃罪定罪处罚"。

2. 林业主管部门或林业企事业单位工作人员的犯罪

（1）重大责任事故罪。本罪是特殊主体，必须是林业企业或事业单位的职工，且是直接从事生产、施工或者负责生产、施工的管理人员。主观方面为过失，客观上造成了严重的后果。非生产性的林业行政人员和其他服务人员，因玩忽职守致使林场遭受重大损失的，按玩忽职守罪论处。

（2）违法发放林木采伐许可证罪。"是指林业主管部门的工作人员违反森林法的规定，超过批准的年采伐限额发放林木采伐许可证，另一种情形是违反规定滥发林木采伐许可证，情节严重，致使森林遭受严重破坏的行为"。高法司法解释规定，具有下列情形之一的，属"情节严重，致使森林遭受严重破坏"：林木采伐许可证所批采伐数量累计超额，致使森林被采伐数量在十立方米以上的；违法发放林木采伐许可证，致使森林被违法采伐20立方米以上的；违法发放林木采伐许可证，致使珍贵林木资源被违法采伐的；批采国家禁伐的林木，情节恶劣的；其他情节严重的情形。本罪的主体很特殊，仅指各级林业主管部门的工作人员，不包括林业生产单位。本罪要求主观故意，且造成严重的损害后果。

（3）环境监管失职罪。负有对森林环境监督管理职责的各级林业主管部门和协管部门的工作人员严重不负责任，致使森林环境重大污染事故发生，森林资源遭受重大损失的，构成环境监管失职罪。行为人犯本罪同时有滥用职权、玩忽职守、徇私舞弊行为的，从重论处。

（4）其他犯罪。森林法规定，"从事森林资源保护、林业监督管理工作的林业主管部门的工作人员和其他国家机关的有关工作人员滥用职权、玩忽职守、徇私舞弊，构成犯罪的，依法追究刑事责任"①。根据不同的情况，可以分别以滥用职权罪、玩忽职守罪、徇私舞弊罪论处，尚不构成犯罪的，由主管机关给予行政处分。

---

① 姚贝. 论森林资源的刑法保护［J］. 扬州大学学报（人文社会科学版），2011（1）：21-31.

参考文献

［1］蔡运龙.自然资源学原理［M］.北京：科学出版社，2000.

［2］黄锡生，李希昆.环境与资源保护法学［M］.重庆：重庆大学出版社，2002.

［3］李洪远.生态学基础［M］.北京：化学工业出版社，2006.

［4］林业部森林法小组.外国林业法规选编［G］.北京：中国林业出版社，1986.

［5］戚道孟.自然资源法［M］.北京：中国方正出版社，2005.

［6］秦天宝.生物多样性国际法导论［M］.台北：元照出版有限公司，2010.

［7］沈月琴，等.森林可持续经营的政策支持体系［M］.北京：中国环境科学出版社，2004.

［8］薛达元，等.遗传资源、传统知识与知识产权［M］.北京：中国环境科学出版社，2009.

［9］张才琴.自然资源法制论［M］.北京：中国戏剧出版社，2006.

［10］库巴塞克，西尔弗曼.环境法［M］.北京：清华大学出版社，2004.

［11］马克思恩格斯全集：第1卷［M］.北京：人民出版社，1995.

［12］史怀泽.敬畏生命［M］.陈泽环，译.上海：上海科学院出版社，1992.

［13］舒马赫.小是美好的［M］.虞鸿钧，郑关林，译.刘静华，校.北京：商务印书馆，1984.

［14］堺屋太一.知识价值革命［M］.黄晓勇，韩铁英，刘大洪，译.北京：生活·读书·新知三联书店，1987.

［15］W·来斯.自然的控制［M］.岳长龄，译.重庆：重庆出版社，1993.

［16］包拓华，冯彩云.德国的森林生态环境建设及其启示［J］.中南林

业调查规划, 2005 年 (1).

[17] 包玉华, 孙巍. 中俄森林资源立法目的和基本原则比较研究 [J]. 林业资源管理, 2006 (5).

[18] 钭晓东, 郝峰. 科学发展观引领下的遗传资源知识产权法治保障战略论纲 [J]. 法学杂志, 2010 (11).

[19] 费本华, 王戈. 日本的森林资源及林业的管理状况 [J]. 世界林业研究, 2003 (1).

[20] 高文军, 李延星. 森林资源经营管理目的及内容概述 [J]. 林业勘察设计, 2006 (1). [21] 胡健. 论植物遗传资源的法律保护 [J]. 河南社会科学, 2010 (5).

[22] 黄兰秋, 陈婧, 高波. 基于云计算的林业信息服务研究 [J]. 林业经济, 2012 (11).

[23] 李丹. 中国集体林权流转和交易法律制度研究 [J]. 河南财经政法大学学报, 2012 (1).

[24] 王琰. 中国集体林权流转的法律问题探讨 [J]. 法制与经济, 2012 (4).

[25] 李海惠. 后集体林权制度改革中森林资源资产评估问题与林权抵押 (质押) 融资 [J]. 环球市场信息导报: 理论, 2013 (6).

[26] 李慧卿, 江泽平, 雷静品, 等. 近自然森林经营探讨 [J]. 世界林业研究, 2007 (4).

[27] 李世东, 翟洪波. 世界林业生态工程对比 [J]. 生态学报, 2002 (11).

[28] 李世东. 中国智慧林业路线图 [J]. 林业经济, 2014 (10).

[29] 刘东兰. 美国国有林生态系统经营 [J]. 世界林业研究, 1999 (3).

[30] 刘菲. 欧美遗传资源获取与惠益分享制度比较 [J]. 经济论坛, 2010 (1).

[31] 罗琼.《国际植物新品种保护公约》之保护模式及其对中国的启示 [J]. 法治与社会, 2011 (2).

[32] 马勇, 张旭, 郭颖, 等. 林业遥感云平台的系统结构与功能设计 [J]. 世界林业研究, 2013 (4).

[33] 钱庆, 姬晓军. 中国森林资源保护立法问题研究 [J]. 科技创新与应用, 2013 (22).

［34］曲笑岩．森林资源保护与管理存在的问题及建议［J］．黑龙江生态工程职业学院学报，2006（3）．

［35］王文灿，张志辉．森林资源的经济学属性与管理［J］．林业经济问题，2005（5）．

［36］吴汉东，锁福涛．中国知识产权司法保护的理念与政策［J］．当代法学，2013（6）．

［37］谢红军，张勇．浅谈森林资源资产价格及评估方法［J］．中国林业经济，2015（4）．

［38］许鲁艳．遗传资源知识产权保护的正当性分析［J］．信阳农林学院学报，2015（1）．

［39］杨爱华，吴位凡．对云南省森林资产流转的思考［J］．林业调查规划，2012，37（6）．

［40］于长江．信息技术时代林业管理策略分析［J］．现代农业科技，2015（5）．

［41］岳利娥．论集体林权改革中森林资源资产评估存在的问题及对策——以山西寿阳县为例［J］．江西农业，2016（4）．

［42］张才琴，唐绍均．西部地区森林生态保护与可持续发展［J］．农业经济，2007（10）．

［43］张才琴，唐绍均．西部森林生态环境的保护对全国生态环境的影响［J］．生产力研究，2006（10）．

［44］张才琴．森林生态环境保护与人口制约［J］．Cross-cultural Communication，2007，3（2）．

［45］张永利，杨峰伟，鲁绍伟．青海省森林生态系统服务功能价值评估［J］．东北林业大学学报，2007（11）．

［46］赵杏一．美国、德国、日本森林生态补偿法律制度研究［J］．世界农业，2016（8）．

［47］周海川．国有森林资源资产有偿使用制度探悉［J］．林业经济问题，2017（1）．

［48］周华生．森林资源流转的现状问题与对策研究［J］．农业与技术，2014（6）．

［49］朱艳．关于中国林业信息化建设的思考［J］．商业时代，2011（16）．

［50］SAXENA N C．印度的参与性林业管理［J］．林业与社会，1998

（4）.

　　［51］陈辉．中国森林资源物权制度研究［D］．哈尔滨：东北林业大学，2012.

　　［52］陈晓娜．集体林权制度改革效益评价及模式选择研究［D］．泰安：山东农业大学，2012.

　　［53］郭艳．福建武夷山生态公益林建设研究［D］．福州：福建农林大学，2015.

　　［54］何赛．集体林权流转法律问题研究［D］．贵阳：贵州民族大学，2017.

　　［55］何玉琴．集体森林资源资产评估的法律困境与出路［D］．长沙：中南林业科技大学，2014.

　　［56］胡喜生．福州土地生态系统服务价值空间异质性及其与城市化耦合的关系［D］．福州：福建农林大学，2012.

　　［57］菅妮．内蒙古草原碳汇协作管理的博弈研究［D］．呼和浩特：内蒙古工业大学，2017.

　　［58］李蕾．森林资源产权保护制度的经济学分析［D］．长春：吉林大学，2007.

　　［59］林琴琴．福建省集体林权制度改革的响应与评价研究［D］．福州：福建农林大学，2013.

　　［60］刘新晓爱．美国国有林管理法研究［D］．北京：北京林业大学，2016.

　　［61］马俊强．北京市县域农业资源管理信息化模式研究［D］．北京：中国农业科学院，2011.

　　［62］孟宪军．集体森林资源资产评估制度研究——以浙江省为例［D］．杭州：浙江农林大学，2014.

　　［63］裴昊铭．城市森林建设法律保障制度研究［D］．长沙：中南林业科技大学，2015.

　　［64］申金花．中日森林资源保护法律制度比较研究［D］．哈尔滨：东北林业大学，2003.

　　［65］孙伟．林业资源信息云计算服务体系研究［D］．北京：中国林业科学研究院，2012.

　　［66］汤勇．森林生态服务（产品）市场化交易制度研究［D］．武汉：华中师范大学，2012.

［67］田鑫．中国集体森林资源资产评估中存在的问题及优化对策研究［D］．昆明：云南财经大学，2015.

［68］王偲．伊春林区林木生物质能源发展战略研究［D］．哈尔滨：东北农业大学，2014.

［69］王洪波．中国林地现代管理模式关键问题研究与实践探索［D］．北京：北京林业大学，2012.

［70］王杰．农村林业资源管理与保护法律问题研究［D］．武汉：武汉工程大学，2012.

［71］王云靓．云南普米族生物多样性相关传统知识编目及传统林业管理案例研究［D］．北京：中央民族大学，2016.

［72］徐超．城市森林生态旅游效益评价指标体系研究［D］．南京：南京林业大学，2007.

［73］许文立．中国林业投入产出的效率与政策研究［D］．合肥：安徽大学，2013.

［74］余晓新．中国水源保护区生态补偿法律制度的探察［D］．西安：西安建筑科技大学，2012.

［75］詹木斯．尼日利亚农村可持续发展与减贫机制对农业新发展的启示［D］．杭州：浙江大学，2009.

［76］张乾城．张家界国家森林公园管理模式优化研究［D］．湘潭：湘潭大学，2017.

［77］张伟国．有林地流转制度研究［D］．哈尔滨：东北农业大学，2012.

［78］张元元．城乡一体化进程中森林资源法律保护研究［D］．重庆：重庆大学，2012.

［79］郑月月．基于循环经济理论的森林旅游生态补偿机制研究［D］．郑州：郑州大学，2017.

［80］BATES G M. Environmental Law in Australia［M］. Second Edition. Durban：Butterworths Pty Limited，1987.

［81］LAWRENCE S，DAVIS K. Forest Management［M］. Third Edition. New York：McGraw-Hill Book Company，1987.

［82］PETER H P. Property Rights and Forest Tenure System — Introduction to Forest Economics［M］. Vancouver：UBC Press，1990.

［83］WANG H，CI X，MENG X. Age Information Management［M］.

Berlin：Springer Berlin Heidelberg，2013.

［84］COLVIN J. The Scientist and Ecotourism：Bridging the Gap ［M］//
KEESLER J A. Ecotourism and Resource Conservation. New York：Association of
WelanManagers，1991.

［85］DANID W. Bromly. Property Rights as Authority Systems：The Role of
Rules in Resource Management ［M］//UHLER R S，MARGOLICK M. Emerging
Issues in Forest Policy. Vancouver：UBC Press，1992.

［86］ABDELGALIL E. Deforestation in the Dry Lands of Africa：Quantitative
Modelling Approach Environment ［J］. Development and Sustainability，2005，6
（4）.

［87］BRYAN H F. Dean Runyan ［J］. Ecology and Tourism. 1991，18
（1）.

［88］JONATHAN R E. The UK Heritage Coasts，An Assesssment of the Eco-
logical impacts of Toursim ［J］. Annals of Tourism Research，1987，11 （9） .

［89］JURASINSKI S. The Rime of King William´ and Its Analogues ［J］.
Neophilologus，2004 （11） .

［90］KEITER R. Ecosystems and the Law：Toward an Integrated Approach
［J］. Ecological Applications，1998 （5） .

［91］MARK B. Orams，Towards a More Desirable Form of Ecotourism ［J］.
Tourism Management，1995，16 （1） .

［92］PERRY R H. Institutional Arrangements Directing Use and Management
of Forests ［J］. Forest Resource E-conomics and Policy Research-strategic Direc-
tions for the Future，1989，5 （89） .

［93］PETER H P. Forest Policy in Canada：the Interface of Private and
Public Interests ［J］. lUFRO，1990，4 （41） .